张掖市,甘肃省地级市,位于甘肃省西部、河西走廊中部,以『张国臂掖,以通西域』得名,是古丝绸之路重镇,新亚欧大陆桥要道。现下辖甘州区、临泽县、高台县、山丹县、民乐县、肃南裕固族自治县六个区县。

张掖市名胜古迹众多,旅游资源丰富,人文景观奇特,有西城驿(黑水国)、四坝滩、东西灰山、八卦营、骆驼城、许三湾、明海城、皇城故址、长城烽燧等众多历史遗址,有大佛寺、木塔寺、马蹄寺、金塔寺、文殊寺、童子寺、钟鼓楼、明粮仓、总兵府等石窟庙宇及古建筑遗迹,有国家湿地公园、润泉湖公园、甘泉公园、黑河森林公园、军马场、扁都口、海潮坝、大堵麻、大野口、隆畅河、摆浪河、正义峡、沙漠公园、巴尔斯雪山自然风景区等融南国秀色与塞外风光为一体的自然景观。

全国第二大内陆河黑河贯穿全境,张掖市也因水得利,成为甘肃省商品粮基地,自古就有『金张掖』的美誉。张掖市瓜果、蔬菜种类多,品质好,产量大,畅销全国,是著名的西菜东运基地。乌江大米、金花寨小米、临泽小枣、高台红椒、民乐紫皮大蒜等更是个中翘楚。张掖小吃品类繁多,搓鱼子、拉条子、臊子面、面筋、酿皮、炒炮仗、揪面片、鱼儿粉、牛肉小饭等让人回味无穷。

凉遗存。西域晕染，明暗立体，佛光耀彩，弥补莫高不足；梵音回旋，延展敦煌诡奇。卓玛让象，宝莲仙踪；马蹄禅寺，百代磨砺。是以雪原湖畔，星河灿灿；塞外风韵，美景历历。

乐哉张掖！良田沃野，牛肥马壮；以酒代茶，欢饮举觞。肉大如方，香醉中豪气尽显；枣小如核，甘甜中不慕他乡。乌江贡米，晶莹珠碎；粗粮炊饼，味殊绵长。端阳时节，以金饼裹糕；追思屈子，糯米为引，高粱为基。一首凉州词，载誉扬古今；诗因杯名世，杯以诗增辉。临泽小枣，处处张掖黄酒，中药十味，酿造精工；汲祁连雪水酥脆多汁，甘甜味美。唯夫大漠绿洲，小吃誉原。西北大菜，筵席领场。苹果梨上品，民乐雪域王；古为皇家御膳，今乃百姓日常。炒拨拉，一锅同享，杂味互彰。鱼儿粉，地道逢夏令，化食凭原汤。集五谷精华，待八方来客；令居者不远徙，慰游者不思乡。

伟哉张掖！汉武开疆拓土，霍将二出河西；都尉置设护府，四郡列踞两关。使者相望于道，商贾各族所交；悍将功勋明史，河西道柳，家黄昏独怜。西路军，古道扬，忠骨盈雪，悲壮河西；半世纪，定尘埃，实事求是，军魂流传。左公遗事，年年春风；河西古绿满天山。历史话剧，层层积淀；古韵新风，重展新颜。尔乃古之西域粮仓，令陇右苍生钦羡；今之粮种基地，使同行莫不慨叹。

祁连草原，水丰草肥；牛羊满山坡；多个民族，和谐共处，共绘新画卷。

至矣哉！古之张掖，边鄙之地，金戈铁马，波澜壮阔；外风汉俗，传教授道，千年沧桑。近之张掖，革命党兴，热血英烈，名传青史，气壮山河，徐李将军，魂归沙场；今之张掖，塞上绿洲，土肥野沃，农牧共兴，国泰民安，恭迎盛世，谱写华章。呜呼！看今朝，县乡公路，四通八达；兰新铁路，通衢东西。乡企园区，全国楷模，现代农业，绿洲称奇。是以一山一水皆情怀，扬古韵新风；宜居宜游金张掖，铸时代辉煌。

张掖赋

刘山

丝路明珠，雍州古地；荒漠绿洲，塞上江南。汉武开疆，郡作张掖，因泉如饴，州乃称甘。东邻飞燕之故乡，西望巍峨之雄关；巍巍祁连作屏障，茫茫草原为幕帘。南枕祁连而北依合黎，古道重地，土地肥沃而林茂粮丰，海纳百川。既揽北国山奇，千里冰封，万壑雪积；又赋南国水秀，河渠植茂，沃野畴田。是以膏壤佳地，林海涵水，草原牧畜，农耕植茂，粮油盛产，鱼米之欢。于是乎乃叹曰：不望祁连之巅雪，错将张掖认江南。

奇哉张掖！小桥流水，夏有南国风韵，大漠孤烟，冬藏塞上风情。古之张掖，连片苇溪，遍地古刹；一片山光，半城塔影。今之张掖，千年弱水，穿城而过。四海风烟，沃野妙境。万亩湿地，临城毓秀，大漠沙场，造化钟灵。亚洲卧佛，塞上名刹，弘扬佛法；《大般若经》，稀世之珍，普度众生。尔乃北凉古都，唐时重地。火化三昧，木塔奇寺。大梁立柱，斗拱连接，无一钉铆，浑然一体。首层入三摩地，登极乐天；二层西天正觉，宝代金绳；塔顶势凌霄汉，钟声迷离。山丹佛寺，山佛一脉；风和景明，紫环绕缠。春夏之交，游人如织，车马连属，景况非凡。镇远城楼，城定邑中。东为旭升，金城春雨；西为宾成，玉关月笼；南为迎熏，翘首猎奇览胜，寻古探幽，抚案品茗吟诗，清风悠然。于是乎仰望山顶之积雪，冥冥乎如错识季节；俯察周遭之鱼米，恍恍乎似误入江南。

美哉张掖！七彩丹霞，藏于村落，色如渥丹，灿若明霞。南群险峻，如龙蟠壁立高峰；北群旖旎，如芙蓉翘楚图画。立于其上，远观祁连群山，奇峰突起，峻岭横生，近看村落民居，错落有致，宛入梦涯。忆古关大斗拔谷，商旅往来，驼铃阵阵，雪峰间兵戎相见；看今朝扁都峡口，沃野田园，风景如画，梦醉时万里金花。祁连北麓，平湖山丹，气势磅礴，连绵起伏，七彩斑斓，清溪流韵。虎踞龙盘，飞瀑溅诗；地宽域衍，称雄九域。山丹马场，水草丰茂，猎猎军马，雄健剽悍，粗壮结实，驰骋天际。白塔观海，大漠浩浩；黑河畅想，夕照依依。草原神曲，万般传情；高原牧歌，瑰丽多姿。千佛洞、万佛窟，文殊山、西来寺，前崖后壁，北

文物里的张掖

文物里的甘肃丛书

张建铭 编著

读者出版传媒股份有限公司
甘肃教育出版社
甘肃·兰州

图书在版编目（CIP）数据

文物里的张掖 / 张建铭编著. -- 兰州 ：甘肃教育出版社，2025. 6. --（文物里的甘肃丛书）. -- ISBN 978-7-5423-5893-6

Ⅰ．K872.423

中国国家版本馆CIP数据核字第2024Q7283J号

文物里的张掖
WENWU LI DE ZHANGYE

张建铭　编著

项目策划　薛英昭　刘正东
项目负责　刘正东　张福英
责任编辑　刘正东　白海善
封面设计　华　伟

出　版	甘肃教育出版社
社　址	兰州市读者大道568号　730030
电　话	0931-8436489（编辑部）　0931-8773056（发行部）
传　真	0931-8435009

发　行	甘肃教育出版社　印　刷　山东新华印务有限公司
开　本	787毫米×1092毫米　1/16　印张　18.75　插页　2　字数　234千
版　次	2025年6月第1版
印　次	2025年6月第1次印刷
书　号	ISBN 978-7-5423-5893-6　定　价　98.00元

图书若有破损、缺页可随时与印厂联系：0531-82079130
本书所有内容经作者同意授权，并许可使用
未经同意，不得以任何形式复制转载

目录

文言物语话张掖……………………………………001

第一单元　泥质红彩闪灵光
——弱水之畔的远古文明

形肖神备、孔武有力的石人祖……………………005
红黑交织、高雅神秘的网格纹彩陶罐……………010
脱谷去壳、提速增效的石推磨……………………013
简洁粗朴、实用为上的直线纹夹砂红陶罐………017
稚拙原始、刻绘古朴的榆木山岩画………………020
第一单元　结　语…………………………………026

第二单元　铜鹰立鹿振金声
——饮马长河的先秦风雅

毂辐连体、形制规整的铜车轮……………………029
云缠乳突、兔首悬浮的铜当卢……………………033
纹饰精美、器型浑厚的云雷纹铜盉………………036
肌体强健、头角昂扬的铜麋鹿……………………041
尖喙厉目、霸气十足的鹰首铜饰…………………045
第二单元　结　语…………………………………050

第三单元　战马弩机边塞意
——『张国臂掖』的大汉气象

结构精致、设计巧妙的铜弩机……………………053
神俊英武、风华遗世的铜驹木马…………………059
正衣辟秽、护佑士卒的军中铜镜…………………064
锈而不朽、见证农耕的汉代铁铧…………………069
四灵镇守、镇煞辟邪的封墓画像砖………………074
杂记军政、琐写屯戍的居延汉简…………………078
第三单元　结　语…………………………………086

第四单元 石窟经卷魏晋风——五凉文化的生发气息

儒生开凿、佛徒造像的薤谷石窟 …………………… 089

隐匿深山、凌空千年的悬塑飞天 …………………… 097

想象奇异、灵思飞逸的神话画像砖 ………………… 106

烹牛宰羊、宴乐融融的彩绘壁画砖 ………………… 112

状若莲花、光耀塞北的铜吊灯 ……………………… 120

寄身方寸、证史正名的童子壁画 …………………… 125

第四单元　结　语 …………………………………… 130

第五单元 驼铃胡腾盛世歌——唐宋时期的丝路荣光

穿越走廊、汇通丝路的胡商牵驼模印砖 …………… 133

高鼻深目、手舞足蹈的胡腾舞铜人 ………………… 139

流行丝路、汇通天下的波斯萨珊王朝银币 ………… 146

光鲜华丽、高低随意的折足鎏金盘 ………………… 153

声韵宏远、雄浑大气的飞天神兽唐钟 ……………… 158

历经劫运、流转甘州的敦煌唐写经 ………………… 164

娴静清雅、亲和安详的宋三彩观音像 ……………… 178

鹿鹤齐鸣、龟蛇同行的宋代仙人镜 ………………… 183

第五单元　结　语 …………………………………… 190

第六单元 酒壶兽头大漠情
——彪悍豪放的西夏元遗风

翻滚自如、当关守要的西夏铁拒马	193
粗狂狰狞、凶悍威猛的西夏兽头瓦当	198
若醒若寐、侧睡千年的室内大卧佛	204
宣令诸神、诏告各方的黑河桥敕碑	215
口沿如莲、形体敦实的僧帽鸭嘴流铜壶	223
宣示身份、通关传信的罗罗斯铜牌	230
第六单元 结 语	236

第七单元 龟鹤蝠鹿祈延年
——明清以降的甘州遗韵

头脚反对、立卧自如的鎏金四喜铜娃	239
端庄无比、优雅至极的释迦佛铜坐像	245
金书银绘、富丽堂皇的大明北藏经	252
尊奉神佛、化度众生的明清水陆画	259
笔点清池、独立鳌头的魁星点斗铜造像	270
龟龄鹤岁、福禄双全的千寿铜烟瓶	277
第七单元 结 语	284

后 记　286

文言物语话张掖

说起张掖的历史，很多人可能都知晓"张国臂掖""丝路重镇""塞上江南"，从张骞"凿空"西域、霍去病西征、汉武帝立郡，到魏晋儒学继绝扶衰、佛教东渐、北凉故都；从隋炀帝西巡、唐宋丝路交汇融通，到甘州回鹘设帐、西夏统治、元朝置甘肃行省，再到明王朝设甘肃卫、清代甘肃提督驻地甘州府城……这是我们从史料记载和文献研究中知悉的张掖，似乎历史脉络清晰，城池轮廓分明。可是，如果我们抛开书本上抽象生冷的文字，行走在张掖的山川大地，对那些关于时代的演进变化、朝代的兴亡更替、英雄人物的面貌和故事、先祖先民的生活场景和细节、地域村落的风物习俗、部落民族的情趣爱好和审美趋向等，我们还能有具体的认知、真切的感受和穿越时空的体验吗？答案是肯定的，那便是留存至今的一处处古迹和一件件文物带给我们的感悟。

张掖的古迹遗存和馆藏文物数量虽然比不上中原文明核心区的丰富众多，但就地域特色和奇光异彩而言却毫不逊色，印证了中华文明多元一体、满天星斗、群星璀璨的显著特征。古老悠久的开发历史，广袤开阔的地域特征，独特丰富的地理资源，锁钥走廊的重要位置，民族交融的前沿区域，农耕文明、游牧文明及西方文明的交互渗透，使张掖成为一片历史文化沃土，遗存的文物古迹自然也深深地打上了这片土地特有的烙印。甘州西城驿（黑水国）故址，山丹壕北滩、四坝滩遗址，民乐东西灰山遗址、八卦营古城及汉墓群，高台骆驼城、许三湾遗址，肃南明海城、皇城故址等众多古迹遗址，大佛寺、木塔寺、马蹄寺、金塔寺、文殊寺、童子寺、钟鼓楼、明粮仓、总兵府等石窟庙宇文化及人文遗迹，在张掖境内广泛分布，涵盖了新石器和青铜时代马家窑文化马厂类型、齐家文化、西城驿文化、四坝文化类型，夏商周时期骟马文化、沙井文化，以及秦汉至明清各代的文化层级，出土了一大批品类众多、年纪齐备、地域特色鲜明、文化内涵丰富、极具研究价值的历史文物，征集收藏于省市和县区政府及民间博物馆，成为张掖历史文化悠久浑厚、丰富灿烂的实证。

在一般人的脑海里，文物古迹往往是荒芜的城垣、残破的瓦砾和博物馆里那些隔着橱窗、静止而陌生的器物。其实，它们是无声的史书，是沉静的生命体。如何让这些沧桑、静止、冰冷、陌生的文物，成为我们感知历史、探视过去、勘察古今的路径和向导，在我们面前变得鲜活生动、亲切熟悉，也就是"让文物活起来"，使荒野古迹和馆藏文物与我们亲切对话、真切交流，成为我们进一步走进张掖、熟知张掖、热爱张掖、建设张掖的文化因子和助力元素，是"文物里的甘肃"丛书编纂的宗旨和要求，更是《文物里的张掖》追求的目标和热度。编著者从张掖境内众多古迹和馆藏文物中，选取不同时期不同类别、富有代表性的42件（处）珍品，旁及其他文物200多件，力求以精美逼真的图片、深入浅出的诠释、生动形象的描摹、通俗有趣的关联内容、文物背后的故事链接以及反映的社会现象透视，让读者对张掖历史文物及其文化现象和底蕴，有别样的认知与审视。非曰能之，唯孜孜以求，倘能达标一二则幸甚，敬请读者正之谅之。

第一单元

泥质红彩闪灵光

——弱水之畔的远古文明

形肖神备、孔武有力的石人祖

图1-1 新石器晚期人祖,石质,长25.5厘米,底部直径9.5厘米。现藏于张掖市(甘州区)博物馆

面对这件石器(图1-1),不知底里的人肯定会心生疑惑:它是古人挑选磨制的破碎器,还是有意打磨、供人观赏或另有他用的原始艺术品?抑或两者的功能兼而有之、长期使用,形成了眼前的这般模样?其实,如果我们对原始社会生殖崇拜现象有所了解,则会恍然大悟,会心一笑。你看它根部粗壮结实,茎身挺拔强劲,头部浑圆高耸,整个器物粗犷质朴,造型略显夸张而不失逼真,神韵灵动,充满张力,一种孔武有力、勃然而发的雄性阳刚之气油然而生。显然,这是原始社会后期人们由女性生殖崇拜向男性生殖崇拜倾斜、母系氏族向父系氏族过渡的体现。它是原始人精心制作的艺术品,也是有所寄托、表达生殖崇拜的图腾器。

关于女性生殖崇拜,考古实证频见于新石器时代的陶器、岩画上,典型的是半坡文化的鱼纹陶、马家窑文化的蛙纹陶,有的写实,有的写意,有的逼真,有的抽象,红底黑纹,鲜艳醒目,让人过目难忘。考古界通行的说法是,鱼和蛙多子多产,繁殖力强,女性像鱼,孕

上：图1-2 变形鱼纹陶
下：图1-3 变形蛙纹陶

妇像蛙，春暖花开，鱼游蛙鸣，生机勃勃，充满旺盛的生命力和生殖力。另外，乳状纹青铜器、女臀形陶器、女阴形状器等，都是女性生殖崇拜的表现。（图1-2、图1-3）

男性生殖崇拜，在新石器时代晚期及后来更为广见，出土的多为形状器，有石祖、玉祖、陶祖、木祖等，如甘肃天水出土的仰韶文化石祖、新疆小河墓地的大量木祖柱，以及至今一些少数民族仍竖立在村口、寨门的石木祖等，都是男性生殖崇拜的体现。汉字"祖"，《说文解字》等释为形声字，"示"为神祇，"且"表音，有始庙、祖庙、先始、初始、人之本、人之始、人神等意；而中国最早的辞书《尔雅》释义为："祖者，且也。"郝懿行疏："祖，金石文字作且。"《九经古义·尚书上》："祖，古文字皆作且。"《礼记·檀弓上》："夫祖者，且也。"对"且"的释义，《说文解字》《尔雅》《礼记》《九经古义·仪礼上》及注疏也有"且，始也""且者，器成之始粗略也""古鼎文祖字皆作且"等相同或相近的解释。可见，祖的最初拼写应不是形声会合，而是表示神庙、祖器或地上供案或奉物形状的象形字"且"，祖应是后起字。而有人据此又认为，"且"最早可能是男性生殖器的形状，表示人之初、人之本，意为人的诞生始于男女生殖之根源。从古代生殖崇拜的角度讲，这种说法有一定道理，但还缺乏充足的训古依据。

在原始先民的眼里，男女生殖是一种充满神秘

上：图 1-4 高台伏羲女娲画像砖
下：图 1-5 高台人面蛙身模印砖

的现象，他们既无法解释风雨雷电等种种自然现象，也不了解自身生殖繁衍的生理现象，见到妇女腹中能生出新的生命，感到神秘而奇异，从而心生敬畏和崇拜；见到雄性与雌性结合能使雌性生育，就像种子播撒在大地获得丰收一样，因此对雄性的力量产生敬仰和向往。在生产力低下、生存环境艰难恶劣的条件下，能多子多孙繁衍后代，性和生殖既是本能，也更是生存接续的需要，男女生殖崇拜也就成为必然。

从世界各地的考古和研究发现来看，生殖崇拜是原始社会非常普遍的一种风俗，是原始先民追求幸福、向往美好、希望子孙绵绵氏族兴旺的一种朴素表达。这在东西方的神话传说、出土文物、遗存古迹及各个时期的雕塑、绘画等方面，都有十分普遍的体现。比如在非洲发现众多男根模仿物的遗迹，埃塞俄比亚南部高大的男性器石像，西非的史前巨石，东非的男性器墓碑，津巴布韦的男性器形饰品，一些木雕石雕艺术中关于母亲形象的塑造、男女交媾的情形刻画和对两性生殖器的夸张表现等，都是先民生殖崇拜意识的反映。欧洲法国、奥地利等出土的许多原始女性偶像，往往不注重人物面部和身体结构的细节，而强调肥大的躯干，突出硕大的乳房、饱满的大肚子和生殖器，对生殖能力的敬仰和崇拜表现出巨大的热情和强烈的意识。

中国早期彩绘、丝织物上的伏羲女娲图，如马王堆辛追夫人墓、新疆吐鲁番阿斯塔那古墓、张掖高台骆驼城古墓出土的伏羲女娲交尾图，着力突出这两位人类始

祖下体蛇身交互缠绕的形态，也是对男女生殖交合、生命诞生的会意表达，只是表现得相对含蓄和隐秘。(图1-4、图1-5、图1-6)

原始先民最初的生殖崇拜，在后世又派生出各种千奇百怪、五花八门的风气习俗，令人眼花缭乱、脑洞大开。在欧洲一些地方，为了使禾苗旺盛、庄稼丰收，播种之类的农活要由女性来承担，并要举行某种神秘的仪式，如日耳曼人的播种要由已婚妇女且最好是孕妇担任，东普鲁士妇女要裸体到田里去播种，还有的地方把母乳洒向土地以祈丰收。在东南亚爪哇一带，当水稻抽穗扬花的季节，男人们要与妻子一起到田间查看，还会在田间地头进行性事，他们相信这样会促进作物加速结籽成长。印尼的安汶，当丁香园可能歉收的时候，男人们会在夜里给树木授精，意思是要像使女人怀孕一样使丁香园丰收。非洲的乌干达人，如果妻子不能怀孕的话，丈夫认为会影响果园的丰收而把她休了；相反，如果夫妻生了双胞胎，就表明生殖力很强，会使果园兴旺、土地丰收。(图1-7)

生殖崇拜现象，不仅在人文遗迹和生活习俗中普遍存在，在自然地理中也有很多栩栩如生的形象，例如泰国甲米帕南海滩的圣女洞，中国贵州的双乳峰，江西龙虎山的仙女岩，广东信宜的女阴树，内蒙古阿拉善的人根峰与母门洞，张掖外星谷的祖根柱和冰沟丹霞的阴阳柱等，天造地化，鬼斧神工，惟妙惟肖，生动传神，被人们以联想和想象赋予生殖和阴阳的象征意义，借以表

上：图1-7 民乐金山博物馆藏石祖图
下：图1-8 张掖冰沟丹霞人祖柱地貌

达天道自然与人文世界的相通相合、天人一体、道法自然的认知理念。（图1-8）

话题回到张掖的馆藏石祖。与天水武山馆藏的仰韶文化石祖的粗犷古朴相比，张掖的这件石祖显得更为精致，形象也更加逼真，写实性和艺术化的融合恰到好处，雄性的刚硬和力量呼之欲出，表现力和感染力也更为强烈，让人产生丰富的联想和想象。它应晚于仰韶文化时期，当属马家窑文化早期的张掖先民创作的生殖崇拜图腾器。同时也可说明，在原始文明的进化过程中，张掖先民与其他各地一样，在中华文明的同心圆中共同思维着、创造着、奋斗着、进步着。

红黑交织、高雅神秘的网格纹彩陶罐

图1-9 新石器时代马家窑文化马厂类型网格纹彩陶罐。泥质红陶，口径14厘米，底径6.6厘米，腹径18.5厘米，高14.9厘米。1999年5月出土于甘州区大满镇西闸村，收藏于张掖市（甘州区）博物馆

在博物馆中看到这件彩陶实物时（图1-9），虽然它口沿和腹部釉面多处脱落，器身布满修复的裂纹，尽显残旧沧桑之气，但那淡雅高贵的中国红，庄重深沉的黑色，规整而略有变化的经纬交织网格纹，束颈和腹腰的横向粗黑装饰线，上下反向、错落对称的"L"形神秘字符，配以敞口束颈、球腹平底的端正器身和平滑对称、与束颈勒口形成内圆外弧的拱桥形双耳，使整个器物显得端庄大气、典雅精致，高贵中透出神秘，古朴中蕴含几何美学元素，其高超的陶制工艺和审美水平，让4000年之后的我们肃然起敬。

据考证，张掖的这件网格纹"L"字符形双耳彩陶罐，属马家窑文化时期马厂类型器物。马厂类型文化，最初由瑞典考古学家安特生在1924年于青海省民和县马厂塬发现并因此得名，与之前在甘肃省广河县半山村发现的马家窑文化半山类型属同类稍后，是

图1-10 高台馆藏马厂类型圆圈纹彩陶

半山文化在青海湟水区域和甘肃中西部分布发展的文化类型，距今约4350—4050年之间，有的说法是4350—3800年之间，包含了稍晚的西城驿文化、四坝文化类型。

马厂文化类型以彩陶最为突出，在张掖出土和征集的器物也相对丰富，主要有壶、瓶、罐、碗、盆、杯等，以瓶、罐数量居多，早期的黑红两彩双耳罐、小粗陶双耳罐、短颈侈口长颈直口壶，中期的瘦身长颈彩陶壶，晚期的单色红陶双耳壶、素面敛口瓮等，在市县区博物馆内均有收藏。（图1-10）

与半山类型相比，马厂类型彩陶进一步丰富和变化，球腹造型更加美观，单耳筒状杯等新器型增加，彩陶花纹也由半山类型表示田园土地的四圈纹减变为两圈纹，增加了各式各样的蛙神纹，同时变体神人纹、变体蛙神纹、波折纹、回形纹、卦形纹、菱格纹、三角纹等大量出现，并趋于抽象变形和解构重组，多以红黑两色或红底黑线为主构图，线条粗犷大胆，画风豪放纯朴，意境高古神秘，近似于后来的写意画形式，因此从某种程度上说，中国写意画的源头，可以追溯到马厂类型彩陶甚至更早。

张掖的这件网格纹彩陶，还有一个非常引人注目的地方，就是醒目突出的"L"符号，这在马厂类型的其他彩陶上也有大量发现，大都是墨绘，一般出现在器物腹身的彩绘空白或下腹部无纹饰处，常见的有"〇""×""卍""+""—"等形状。有学者认为，这些符号可能是当时一些氏族部落的记号，也可能是文字的前身，对研究汉字的最初起源有着重要的意义。张掖这件彩陶的"L"符号，在同类器物中显得尤为特别，它的粗大厚重，与网格的细密轻纤浑然一体，上腹部的正绘，与腰线及下腹部的反向绘制镜像斜对，使相邻的两个"L"构成画面的主体和中心，在完美的几何图案中形成了自然而醒目的标志性符号，也使整个器物于浑厚中蕴

上：图 1-11 高台馆藏马厂类型回形网纹彩陶罐
下：图 1-12 民乐馆藏红衣黑彩几何纹罐

含灵动风韵，古朴中彰显神秘气质，足见古代工匠发现美、驾驭美、创造美、表现美的高超能力。（图 1-11）

考古研究和学术界普遍认为，马家窑文化彩陶分布区域之广、时间跨度之久、蕴藏数量之大、造型纹饰之美、文化内涵之深，都达到了世界彩陶文化的最高峰。有海外学者认为，在距今 5900—5100 年间，随着羌族逐步由甘肃东部向中部及青海迁移，由仰韶文化发展而来的马家窑文化，在扩展中加速文明化的进程，达到了远古时期中国及世界制陶业的辉煌，并渐次向西传播，使甘青西部及河西走廊一带，从原始狩猎方式逐渐转变成农耕和游牧文化相结合的生活方式。

这一点，从甘州明永西城驿、山丹龙首山草场洼、四坝滩及民乐东灰山西灰山、高台的六洋坝等遗址的考古中得到了实证。草场洼出土的单耳筒状红陶杯，高台县六洋坝出土的侈口鼓腹红衣黑彩罐，以及前面所述的网格纹 L 字符形双耳彩陶罐等，都是马家窑文化马厂类型彩陶辉煌期的代表器，其中部分彩陶多用黑彩，齐家文化特色鲜明；四坝滩、东西灰山挖掘出土的夹砂红陶、青铜器等，考古学家认为与马厂类型相近而又有所不同，被单独命名为四坝文化，其中还采集到骨器、猪牛羊鹿齿骨和小麦、大麦、粟、稷、高粱等多种作物的碳化籽粒，表明距今 4000 年前后，先民已在这里从事原始农业和畜牧业。从中也有力地证明，河西走廊的张掖，自古以来就是民族融合、文化交流的通道节点和前沿集市。（图 1-12）

脱谷去壳、提速增效的石推磨

图 1-13 新石器晚期马家窑文化马厂类型—四坝类型时期石推磨。磨盘长 48.5 厘米，宽 21.5 厘米，手柄底面长 23 厘米，宽 14.8 厘米。2009 年出土于民乐五坝墓群，收藏于民乐县博物馆

半山类型之后，马家窑文化进入马厂类型，随着地域分布发展为两支：一支以甘肃中部兰州以西和青海中东部为主，后发展为齐家文化；另一支沿河西走廊向西北发展，经西城驿类型过渡演变为四坝文化，并向西进入新疆中部。这个时期距今约 3900—3400 年，相当于夏代晚期和商代早期。

张掖境内的四坝文化，以山丹四坝滩遗址、民乐东西灰山遗址、甘州黑水国遗址早期遗存为代表，出土的文物也相对丰富，有石器、骨器、陶器、青铜器及动物齿骨、农作物碳化籽粒等遗迹。

图中这件石器（图 1-13），于 2009 年出土于民乐县五坝墓群，是一套谷物加工的组合用具，据考证属四坝文化时期。常见的新石器时代同类石

图 1-14 民乐县金山博物馆圆柱状手柄石磨

磨器，一般由长方形或椭圆形的磨盘与圆柱体磨棒组成，圆柱磨棒（图1-14）在磨盘上前后滚动使谷粟稻麦脱粒去壳，这便是原始的石推磨。这种圆柱磨棒虽然在滚动时比较省力，但着力点和摩擦面都很小，工作效率也就打了折扣。而五坝墓群出土的这套石磨却比较特别，尤其是手柄不同一般。

一块椭圆形的石头，打磨出一个面积最大的长方形平面，以最大的受力面承受最多的谷物；一块圆柱状的石棒，其中的一面也打磨成受力面最大的长方形平面，另外三面稍加打磨，成为与双手掌心相合、把握舒服、推拉有力的手柄。打磨应形就势而富于匠心，力学原理的应用非常自然而又有改进创新。操作者用便于用力的手柄在磨盘上前推后拉，手柄的推压力度、手柄与磨盘的摩擦面和摩擦力都明显增大，比起滚动摩擦的圆柱形石棒来，这种平面圆握的石柄单位时间内磨出的谷物数量明显增加，劳作效率也随之提高。这看似小小的进步，在远古社会却是经验与时间的长期积累，是张掖先民在四坝文化时期劳动实践与创新智慧的结晶，就是这手柄改造后的一推，将原始的石磨推向了一个劳动效率明显提高的新阶段，"推磨"这一工具和词语，也在变化演进中沿用到了4000年之后的今天。民乐馆藏的这套石磨，也因此被誉为"河西第一磨"。

与出土石推磨的五坝墓群相距不远，便是著名的东灰山遗址，位于甘州区和民乐县的中间地带，在张掖城东南30公里处的民乐县六坝镇北部的荒漠沙滩之中，是一座由灰土与沙土堆积而成的沙土丘，呈东南—西北走向，南北长约600米，东西宽约400米，高出地表5~6米，被当地群众称为"东灰山"。由此向西约10公里处，是另一座沙土丘——西灰山

遗址，与东灰山遗址遥遥相对。东、西灰山向东南约60公里处，便是四坝文化因之而得名的山丹县四坝滩遗址。自20世纪50年代始，陆续有陶片、陶器等被发现和出土。距东、西灰山西北50多公里，有甘州区明永乡的西城驿文化遗址，为马厂文化向四坝文化的过渡类型，在2013年曾出土了大量4000年前的小麦碳化颗粒。

1985年7月和1986年8月，著名农学家李璠先生先后两次到民乐东灰山遗址考察，经过研究后于1989年发表了《甘肃省民乐县东灰山新石器遗址古农业遗存新发现》一文，公布了在东灰山农业考古方面发现的大量碳化小麦、大麦、黑麦、高粱、稷、粟、胡桃等农作物标本，经中国科学院地理研究所碳十四实验室测定并经数轮校正，确定其年代数据为5000±159年。著名考古学家贾兰坡先生据此认为，在一处新石器遗址中发现这么多种类不同的植物碳化籽粒，在我国尚属首次，现今黄河流域的主要农作物在该遗址中几乎都找到了它们的祖先，也证明早在5000多年前，我们的祖先就在黄土高原及该地区从事农业耕种和选育农作物品种。（图1-15）

1987年4—5月，甘肃省文物考古研究所与吉林大学考古系对东灰山遗址进行了发掘，出土了大量石器、陶器、骨器及动物齿骨等，并同样采集到了不少农作物碳化标本。出土的石器主要有砍砸器、刮削器、斧、刀、锛、凿、磨棒、磨盘、球、环状器等生产工具及少量装饰品；骨器主要有锥、针、匕、凿、纺轮等生产工具和用羊肩胛骨、脊骨等制成的少量卜骨；陶器主要有壶、罐、盆、鼎、豆、器盖、盘等生活日用容器和纺轮、陶埙、陶铃、陶牌饰等少量生产工具、乐器或装饰品；铜器主要为

上：图 1-16 张掖双墩子滩出土的汉代石磨盘
下：图 1-17 悬泉置出土的汉代石推磨

削刀、锥子等生产工具和镯子、耳饰等装饰品；动物遗迹主要为猪、牛、羊、鹿等齿骨，农作物标本主要为碳化麦粒等。此次采集的木炭标本，经国家文物局文物保护科学技术研究所碳十四测定并经数轮校正，确定其年代为 3770±145 年，相当于夏代晚期。结合其他考古科研院所对同属四坝文化的山丹县四坝滩遗址、玉门火烧沟遗址、酒泉干骨崖遗址等碳测结果，李璠先生最早采用的东灰山碳化籽粒距今约为 5000 年的说法可能有误。无论如何，张掖先民在距今 4000 年前后即从事农业耕作和畜牧业养殖，应是相对确定的说法。（图 1-16）

而距六坝东灰山遗址只有数公里的五坝墓群出土的这套"河西第一磨"，无疑是对东灰山粮谷碳粒和张掖地区早期农作物种植、农耕文明发展的有力证明和最好诠释。试想，在石磨同期及更早更远的时代，如果没有相对发达的农业生产和大量的谷麦作物，就不会产生并逐步演化出这样劳动效率相对较高的磨合式手推磨。甚至由此可以推断，至少在这类石磨产生的数百年前甚至更早的时间里，我国西北地区已开始种植小麦，而河西走廊的张掖是宜耕宜牧的农耕文明兴发区之一。（图 1-17）

简洁粗朴、实用为上的直线纹夹砂红陶罐

图1-18 马家窑文化四坝类型直线纹夹砂红陶罐。高11.8厘米，口径8.5厘米，底径5.5厘米。泥质夹砂，红衣黑彩。1958年出土于东灰山遗址，收藏于民乐县博物馆

马家窑文化中晚期，进入河西走廊的马厂类型文化演变为四坝文化，张掖境内山丹四坝滩遗址、民乐东西灰山遗址出土的夹砂红陶、青铜器等，是四坝文化的典型器物，从中反映出马厂文化西进过程中中原与西北、农耕与游牧文化的碰撞与交融。

这件直线纹夹砂红陶罐（图1-18），出土于民乐东灰山遗址，除口沿稍有磕损、一耳残缺外，品相基本完好，陶衣红中泛橙，色彩鲜亮，黑彩束状直线纹从束口向鼓腹呈发散形排列，集束线与陶衣色间隔有序，线条奔放大胆，粗犷中显精细，规整中显变化，腹下部的四个乳突，增加了原始厚重、稚拙奇特的神秘感，整个器物沉稳浑厚、古拙质朴，但又给人以无拘无束、自由豪放的感觉，已明显带有北方游牧民族的气息。

张掖出土的四坝类型陶器，主要以日常生活用器和生产用具为主，品类有壶、罐、盆、鼎、豆、盘、陶轮等。壶有四耳壶、三耳壶，双耳彩绘壶、素面壶，无耳壶等；罐有四耳、双耳带盖罐，双耳单耳彩绘罐、素

上：图1-19 民乐馆藏双耳彩陶罐
下：图1-20 民乐馆藏几何纹罐

面罐，大小双耳、单耳罐等；盆有双耳、单耳盆；鼎以方鼎为主；豆有粗柄豆、细柄豆；器盖形制多样，钮有圆形、方形、花瓣形、矛头形等；盘有素面、划纹、彩绘等。另有少量陶埙、陶铃、陶牌饰等乐器或装饰品。（图1-19）

从陶器品质看，张掖四坝文化类型承继了马厂文化辉煌期的特点，器物造型讲究，形制规整，沿袭了红衣黑彩的典雅风格，彩绘的图案、线条、符号也大体相近，但总体上逐渐弱化了祭祀、礼乐和装饰的功用，向更加生活化、实用化发展。口、腹、耳及高矮大小、容量形状等设计以方便日常使用为目的，彩绘图案由追求精细极致向简洁写实、粗犷随意演变；陶质也不再讲究纯净，有了不同程度的夹砂，质地比较粗糙；烧制工艺也趋向简易，器色虽以红色为本，但因烧制时氧化不均，呈现出砖红、橙黄等色调，或因受温不匀、火候偏低、烟熏水涸而出现斑褐色、灰褐色、灰黑色等劣次现象。这是马家窑文化晚期彩陶文化在河西地区的演变迹象。

而东灰山出土的直线纹彩陶罐（图1-18），当是马厂类型过渡到四坝类型后的早中期作品，器物造型的规

整、黑彩绘制的讲究等方面保持了马厂类型的精工细作，器物质地、烧制工艺则开始滑坡，鼓腹底部的乳突、黑色彩绘奔放的线条，又是北方民族风格的体现。它对于研究四坝文化的中晚期演变、民族文化的交流发展具有重要的意义。（图1-20、图1-21）

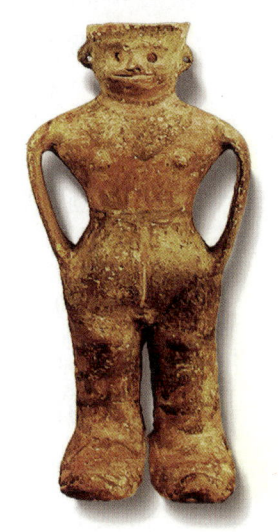

　　四坝文化类型彩陶，虽然在整体上逐渐失去了马家窑彩陶文化鼎盛期的辉煌，但它在河西走廊经历了农耕文化与游牧文化结合交融的浴火洗礼，走向生活化、实用化的发展方向，使王侯贵族的祭祀礼器和专享用品，走进了西北边塞的农家田园、牧区毡帐，进入了寻常百姓家，并因此形成了鲜明的地域特色和农牧交融的独特风格。尤其是出现了一些彩绘、刻画和雕塑相结合的陶具、铜器，如富有北方草原民族特征的三犬并立于钮盖的彩陶方鼎、鹰形陶盖、羊头把手杯，富有西域人形体特征的立体人形彩陶罐，具有西亚、欧亚文化特征的四羊首青铜权杖首等，说明当时整个河西走廊地带四坝文化的先民们，已经走出了原始荒蛮的生活时代，跨入了文明社会的门槛，且有了比较普遍甚至相当活跃的地域交流、民族交流和各种文化交流活动。（图1-22）

稚拙原始、刻绘古朴的榆木山岩画

一匹马，用最简单的线条勾勒，连马头也用一条弧形单线构成；马背上的人，几乎是写意的点画，弯弓射箭处，是一种奔跑的动物，从月牙状的弯角，可以看出是一头野牛；猎人的前方、野牛的旁边，是一只体型小巧、奔跑追逐的猎狗；画面的下方，还有嘴部叼食猎物的猎豹或老虎、奔跑的野牛、站立的山羊等，线条极其简略，动物形体特征却十分明显。这种画像很像我们看到的儿童画，造型稚拙，点线随意，内容让人在联想中会意，而斑驳的石面、残损的笔画，显然经过了风霜雪雨的经年洗礼和漫漫岁月的无尽侵蚀，一种万千斯年的沧桑古远扑面而来——是的，这是儿童画（图1-23），是我们人类进化史上幼年时期的画，不过，它不是少儿眼中的神奇世界和奇异想象，而是成人对生活现象的描摹和写实。我们的先祖，用最原始的石磨石或铜铁器磨石的方法，在打猎、放牧、劳作的闲暇之余，花费相当的工夫，创造性地来消磨漫长的时间、丰富单调的生活，却无意识地以一种可以久驻长存的硬纸坚笔，纪录了当时的生存环境、生存方式、生活状况和意识情趣，并且一越数千年，成为今天我们勘查历史年轮、追寻古人足迹、探求远古社会和先民生产生活状况的钥匙和密码。

榆木山位于肃南裕固族自治县大河乡韭菜沟一带，方圆百里，属山地、草原、丘陵交互地貌，古岩画是当地牧民在榆木山深处坡地石岩上发

图 1-23 肃南裕固族自治县大河乡榆木山岩画狩猎图。宽约 80 厘米、高约 60 厘米的岩面上，有猎人、猎狗、野牛、山羊、老虎或猎豹等形象

现的。1987年夏天，张掖地区文物普查队到肃南裕固族自治县开展文物普查工作时听说之后，在当地牧民带领下进行了实地调查，发现古岩画主要分布在榆木山的黑石头沟、寡妇房地子等山沟的山坡石岩上。（图1-24）后来肃南裕固族自治县民族博物馆组织人员对榆木山一带进行普查，又发现老虎沟、石灰沟、象牙台子、木头井子、灰房地子、雷山等处也有岩画遗存。

榆木山岩画的内容，大多是描绘先民们放牧射猎的生活场景和马、牛、羊、狗、鹿等动物形象，还有个别表达生殖崇拜的男女交媾画面，以及一些形状奇特的图形或符号，可能是部落图腾或原始字符。这些岩画构图简单明了，造型粗犷朴拙，善于抓住物象的基本特征，很少刻画细节，却很形象逼真。尤其是动物形象栩栩如生，基于写实却又善于抽象概括，这源于对生活现象和生存世界敏锐而准确的观察力，显示出原始创作质朴浑厚的生机与活力，因而也就具有了持久的艺术生命力。岩画雕刻的笔法也很简单，多为单线条凿刻的线刻法，也有的岩画先凿刻出轮廓后再在中间剔除研磨呈阴凹状，是古岩画常用的剔地法。一些早期的岩画，部分石面破损碎裂、风化剥落，画面已模糊不清，只有个别动物形象尚可辨识；一些稍晚的岩画刻在表层脱落的二层岩面上，画面大多清晰可辨，保留基本完整。据相关考证研究，这些岩画的成形年代跨度较大，最早的可能在新石器时代中晚期，与张掖境内的四坝文化同期，相当于夏商

图 1-25 榆木山岩画

时期，有的可能是两周、战国至秦汉时期。岩画表现的内容应为河西走廊的少数民族游牧生活，可能为月氏、乌孙、匈奴、羌等族中的一族或多个支族，是夏商周至战国、秦汉时期河西地区祁连山一带游牧民族文化的体现，对于研究河西民族文化具有重要价值。（图 1-25）

　　榆木山所在的张掖市肃南裕固族自治县，位于河西走廊中部祁连山北麓，属黑河流域地带，历史上曾有多个游牧民族在此驻牧。上古时期，这里属古雍州之地，《尚书·禹贡》记载"黑水西河惟雍州"，在禹分九州之时，黑河地区划分在雍州地界。而在禹分九州之前，张掖及黑河流域一带属西戎旧地。西周时期，戎、狄等部族在这里游牧或居住。周穆王西征，西戎归顺。春秋战国时期，为乌孙、月氏先后占据。秦汉之际，匈奴击败月氏，这里成为匈奴右贤王的领地。秦汉之后直至明清时期，匈奴、羌、突厥、吐谷浑、吐蕃、回鹘、蒙古等众多民族先后在这里游牧或驻牧，现在居住在这里的裕固族，即是回鹘部族的后裔。因此，榆木山发现的岩画，应是这些游牧民族留存在祁连山区的文化印迹，画面中多为动物、狩猎等图形，也正印证了这一点。

　　在生产力低下的古代社会，特别是生活在山区的先民们，采集、狩猎、畜牧是其生产生活的主要方式，这些生产生活内容，也就必然反映在以消遣、娱乐、审美等为目的的精神生活和文化活动中，而岩画则成为能够形象记录和永久留存这类活动的首选方式甚至是唯一方式，也因此给后人留下了难得的历史信息。奔跑的野牛、鹿群，站立的岩羊、野狼，骑马飞奔、弯弓射箭的猎人，或前后夹击合力围猎，或相互对射似在决斗，以

上：图1-26 榆木山岩画1
下：图1-27 榆木山岩画2

及助猎的狗、畜养的羊……这一幕幕似曾相识的场景，仿佛离我们很近，但却穿越了数千年，让我们真切地感受到祁连山区游牧民族熟悉而又悠远的生活气息。（图1-26、图1-27）

西北游牧民族自古以狩猎善射著称，秦汉时期称雄于祁连山一带的匈奴即是如此。《史记·匈奴列传》载，匈奴的先祖是夏后氏的苗裔，尧舜之前有山戎、猃狁、荤粥等支族，居于北方，随畜牧而转移，逐水草而迁徙，畜养的多为马牛羊等，"儿能骑羊，引弓射鸟鼠，少长则射狐兔，用为食。士力能弯弓，尽为甲骑。其俗，宽则随畜，因射猎禽兽为生业；急则人习战攻以侵伐，其天性也。其长兵则弓矢，短兵则刀铤。利则进，不利则退……"他们靠畜牧狩猎为生，生活陷于困顿时则攻伐劫掠，没有固定的城郭但也常居耕地田园之内，各有各的领地，长期与月氏、氏、羌等为邻，善于使用强弓利箭这样的长兵器，也随身携带刀匕之类的短兵器，攻城略地时形势有利则勇往直前，不利时则迅速撤退，不以败退逃遁为耻。这是《史记》和《汉书》里都有记载的匈奴人习俗，与他们为邻或先后游牧于西北一带的月氏、乌孙、羌、氏、突厥、回鹘等部族，大多也有类似的特长或习性。诗仙李白《幽州胡马客歌》云："幽州胡马客，绿眼虎皮冠。笑拂两只箭，万人不可干。弯弓若转月，白雁落云端……虽居燕支山，不道朔雪寒。妇女马上笑，颜如赪玉盘。翻飞射鸟兽，花月醉雕鞍……"这些诗句，描写的是大唐时代游走或驻牧于北方的胡人及妇女的容貌、习性和特长，男子绿眼皮冠、弯弓如月，女人面如赤玉、跃马翻飞，他们驰骋大漠，笑傲朔雪，射雁逐兽，豪气干云。时至今日，生活在

图 1-28 榆木山岩画

祁连山区及肃南境内的裕固族、藏族、蒙古族等牧民，仍延续着这样的特性。如果追宗寻祖，可能会追溯到榆木山岩画中那些先民及其生活习性和生命特质。

数千年的时光，让生活于祁连山区的先民们的一切都隐匿于尘埃、消泯于无形，唯有这些沧桑斑驳的岩画，给后人留下了些许远古的信息，让我们得以窥见祖先们生活的一面，得以探寻历史的蛛丝马迹和生命的遗传密码。因此，这些看似单纯稚拙的涂鸦就显得弥足珍贵，对于研究古代民族的历史、生态、文化等意义非凡。它们是写在石岩上的原始史书，是先民留给我们的生活诗画和丰厚财富。

近年来，榆木山岩画引起了人们的重视，已被确定为省级文物保护单位，前往探寻、观赏和研究的人员日益增多，当地的牧民群众也有了保护自觉，过去无意识的破坏损毁现象不再发生，还出现了自觉自愿的民间守护人，如当地牧民杜成峰，从好奇到热爱再到坚持，20多年行走祁连山间，收集记录了上万幅岩画（本文岩画即由杜成峰提供），成为榆木山岩画真诚的研究者和忠实的守望人。另外，张掖境内焉支山北的山丹硖口长沟、龙首山甘州区平山湖东大山段山沟等处，也发现了古岩画，有待人们进一步探究其中的信息密码。（图1-28）

图1-29 张掖馆藏石斧

第一单元 结语

　　石斧、石磨、石人祖，陶壶、陶罐、陶纺轮……远古时期昭示人类文明的许多劳作工具和生活器物，在河西走廊和张掖地区均有考古发现。20世纪40年代至今，自山丹位奇、城南四坝滩发现马厂、四坝类型遗迹，民乐六坝发现半山、马厂等文化类型墓群，到后来甘州明永发现处于马厂类型与四坝文化过渡期的西城驿文化遗址，以及其他县区陆续发现马厂类型、四坝文化等遗址和器物，张掖境内先后发现了新石器时代马家窑文化半山类型、马厂类型、齐家文化、西城驿文化、四坝文化、骟马文化、沙井文化等多处各类型文化遗址，出土各类石器、骨器、陶器、玉器、碳化小麦、炉渣、灰坑、矿石等史前重要遗物，演化层级清晰，承接关系明显。其中民乐东西灰山、山丹四坝滩、甘州西城驿是四坝文化的代表性遗

上：图 1-30 张掖馆藏石铲
下：图 1-31 新疆小河墓地木祖

址，涵盖了距今约 4350 年至 3400 年之间的文明演进和文化发展遗迹，展示了新石器晚期张掖先民平川地区以农业种植为主、山区和草原地区以畜牧为主兼以采集和狩猎的生产生活方式，以及从事石器、骨器、玉器等加工和陶器烧制、青铜冶金等手工业活动的情况。而彩陶形式的向西过渡、几何纹的西式风格、青铜器的始萌、小麦等作物的种植、草原文化元素的融入等，无不显示出中原文明与草原文明、东方文化与西方文化交流与互动的迹象，从中也可说明，在汉代"凿空西域"打通走廊之前，河西地区和张掖一带自古即是连接中原和西域、东方和西方的地理通道和天然走廊，弱水地区悠久的历史和灿烂的文化，在史前时期就闪烁着耀眼的光芒。（图 1-29、图 1-30、图 1-31）

第二单元

铜鹰立鹿振金声

——饮马长河的先秦风雅

毂辐连体、形制规整的铜车轮

图 2-1 战国时期铜车轮。随葬器，青铜质，直径 14.5 厘米，车辐 11 根。1985 年征集于甘州区龙渠乡，收藏于张掖市（甘州区）博物馆

"国之大事，在祀与戎。"（《左传·成公十三年》）祀是祭祀活动，戎是兵戎军事。社会发展到城邦和国家时代，祭祀与战争成了国家最重要的大事，而进入青铜文明时期，青铜器物的最早功能则主要用于祭祀与战争，世界各地均是如此，中国也不例外。先秦时期，祭祀以礼、伐戎以征、冶铜以皿，是国家统治和民众生活不可或缺的部分。洛阳偃师二里头遗址等夏商文化遗存，特别是青铜、玉石、陶等大量礼器、酒器、兵器的发现，以出土实物印证了古书典籍中关于先秦时代的历史记述。

张掖境内发现的先秦时期青铜器相对较少，但从收集到的青铜车轮、盉斝酒器、鹿鹰马驼等饰品，也能充分反映出这一地区与中原文明的呼应联系及显著特征。

图中这一对青铜车轮（图2-1），征集于甘州区龙渠乡，车毂与车辐一体连铸，中有圆孔以套嵌车轴，轮体直径只有14.5厘米，素面无纹，形制粗朴，显然不是生活实用物，也不是艺术装饰品，只能是古人事死如事

生、具有一定身份等级的墓室冥器。经鉴定，属战国中晚期车马随葬器，与甘肃张家川马家塬战国墓葬、甘谷战国秦人墓葬发现的车马器相近。

铜车马丧葬器的出现，意义非同一般，它是战争军事、生活交通、祭祀礼仪等多方面文化现象的综合体现。

《诗经·小雅·十月之交》载："择有车马，以居徂向。"说明早在春秋时代以前，车和马已成为陆地的主要交通工具，担当了出行骑乘、物资运输的重任，尤其受到王公贵族的喜爱，不仅是交通运输工具，更是财富、身份、地位的象征，出行礼仪和祭祀丧葬礼仪也随之产生。东周时期，"天子驾六，诸侯驾五，卿驾四，大夫三，士二，庶人一"的车驾出行规定已经推行，不仅见于史籍记载（如《王度记》），近来在洛阳王城广场、洛阳伊川陆浑戎故都、南阳不见冢等墓葬中均有了考古实证。张掖及临近的武威等地，出土有汉代的铜立马、铜奔马、木马、木轺车、铜车马等，但秦汉以前的青铜车马器鲜有发现。而这对战国时期铜车轮随葬器的出现，说明即使在远离中原的西北地区，车马这样的交通和生活工具已经普遍存在，且随着阶级的分化伴生出关于车马的出行、使用、祭祀及丧葬礼仪制度。（图2-2）

屈原《楚辞·国殇》描写战争场面："操吴戈兮被犀甲，车错毂兮短兵接。旌蔽日兮敌若云，矢交坠兮士争先。凌余阵兮躐余行，左骖殪兮右刃伤。霾两轮兮絷四马，援玉枹兮击鸣鼓……"说明车马作为交通生活工具的同时，已广泛运用于军事战争。骑兵、木质战车及更坚固的青铜构件战车先后出现并规模发展，所以才会出现战场上车毂相互撞击、车轮深陷、兵车的左右骖马不死即伤、马绳纠缠在一起的惨烈情景。

先秦时期，不管是氏族部落之间，还是集权王朝形成以后夏讨方国、商伐鬼方东夷、周征犬戎，以及商灭夏与周灭商战争、春秋诸侯争霸、战国七雄争霸等，大小战争从未停息，争资源、争土地、争势力、争王权，是战争

上：图 2-2 秦铜车马
下：图 2-3 武威雷台汉墓铜车马

持续不断的根源，也是原始社会进入奴隶社会和封建社会之后的常态，而青铜器出现后首先被应用为战争武器，是非常自然的过程。被誉为兵器之王和天下第一剑的吴王夫差剑、越王勾践剑，出土时依然保持着2500多年前的寒光闪射、锋利如初的情形，纹饰精美，工艺精湛，代表了当时青铜器最为发达的楚越地区兵器工艺水平，也印证了春秋战国时期战争的频繁。

诸侯之争、贵族之战，除了吴戈越剑，代表生产力、财力、军力和国力水平的青铜车马器肯定不会缺席，而象征生前等级、身份、地位、权势及身后荣耀、丧葬礼仪的重要器物，也必然少不了青铜车马器的身影。后来"世界第一豪车"和"青铜之冠"——中国考古史上体型最大、结构最复杂、组合最精巧、驾乘关系最完整的秦代铜车马的出土，是青铜冶炼技术和铸造工艺综合水平的最高体现，更是对古代社会车马与人、车马与生活和军事、车马与阶层等级、车马与丧葬礼仪等紧密关系的最生动的诠释。据春秋战国时期记述手工业制造的文献《周礼·考工记》载："一器而工聚焉者，车为多。"说明制作木质车马、青铜车马的工艺，代表了当时手工业的复杂程度和综合水平，尤其是青铜车马的制作，包含了铸造、嵌铸、包铸、焊接及各种机械连接、机械加工等各类技术，反映了中国2000多年前金属制造的高超工艺和非凡成就。

张掖一带虽然没有发现秦汉之前的王侯墓葬车马坑，但从出现于甘州区的这一对战国铜车轮可以见微知著，管窥先秦时期西北地区车马与社会关系之一斑。这对铜车轮究竟出自何处？是源自本地还是外来输入？与它配套的车舆车轴等部件是什么材质形样，去了哪里？它的模型是交通乘车还是军事战车？享有这种车马随葬器的墓主人是谁，属什么地位等级？深入探究和揭示这些问题的谜底，对于研究青铜时代河西地区社会发展、冶炼技艺、车马交通、军事战争、丧葬礼仪，以及与中原文明的演化影响、呼应关系等方面，具有非常重要的意义。

云缠乳突、兔首悬浮的铜当卢

图 2-4 战国时期马首青铜饰件铜当卢。长 31.6 厘米，宽 12.5 厘米，右上部和左腰部边廓略残缺。1985 年征集于甘州区龙渠乡木笼坝村，收藏于张掖市（甘州区）博物馆

当卢，是古代系于马匹头部的装饰件，佩戴在马额两眼正中偏上部位，也就是马鼻革与额革交接处，用以装扮美饰马匹，也有说法是兼具保护战马额鼻的功能。"卢"通"颅"，当卢的意思即是正对或遮放在马头（的饰品）。这类饰品形式多样，材质各异，有皮革、木质、丝织、玉石、金属等种类，青铜当卢盛行于商周时期，秦汉流行金银或鎏金当卢，如陕西秦陵出土、闻名于世的秦铜车马，马头配饰的就是金当卢。

张掖市博物馆收藏的这件青铜当卢（图 2-4），于 1985 年征集于甘州区龙渠乡木笼坝村，经鉴定属战国时期文物。虽然右上部和左腰部的边缘略有残缺，却丝毫不影响它整体上优美的轮廓、精巧的造型、精致的涡云纹饰和生动的兔首形制。它上宽下窄，整体呈贴合马面结构的内凹外凸模型，正面鼓凸，反面内凹；上部宽面为球面体，正中是一个醒目的乳突，周围缠绕着相互勾连的阳凸涡云纹；腰身和下端自然内敛下垂，整体呈马首状，上面又套嵌一个正面兔首，双耳高耸，双眼圆

突,线条流畅生动,造型形象逼真。而略显夸张的兔眼、略带抽象意味的长耳和方唇,与上部的乳突涡云纹及下端代表马面鼻孔的两个小圆,形成上下呼应、相互顾盼的灵动气韵,从中又可窥见楚地和巴蜀文化的神秘诡异色彩。另外,从大小和长度看,这件当卢比其他地方发现的不同样式的当卢形制略大,特别是长度达到31.6厘米,下部腰身修长,佩戴时可从马额延伸到口鼻上方,由此可推断它可能还兼具保护马鼻的功能,很可能是一件属于战马的佩饰当卢。从它所处的时期看,应属西城驿文化、四坝文化之后骟马文化、沙井文化等青铜文化在河西地区演进和发展的代表器物。(图2-5)

  人类社会发展史上,动物界的马与人类的关系最为密切,在舟行马乘的古代社会更是如此,无论农耕民族还是游牧民族,无论平民百姓还是王公贵族,对马的青睐都非同一般,尤其是王公贵族和军士将领,对代表其身份地位或胜负依托的马匹钟爱有加,出行或出战时常常加以精心装扮、倾力护饰,用以显示气派、增添气势。《诗经·大雅·韩奕》诗云:"四牡奕奕,孔修且张……钩膺镂钖,鞹鞃浅幭,鞗革金厄。"汉郑玄注解:"眉上曰钖,刻金饰之,今当卢也。"孔颖达疏:"钖,马面当卢,刻金为之。所谓当卢者,当马之额,卢在眉眼之上。"《诗经·大雅·韩奕》中这几句诗的意思是:驾车的四匹公马神气昂扬,体态修长且高大雄壮,马颈上套着钩形铜饰,马额上佩戴镂刻的当卢,车轼车厢蒙饰虎皮豹纹,马辔马缰金光闪闪鲜亮无比。北周王褒《日出东南隅行》诗句"高厢照云母,壮马饰当颅",意为高高的车厢描绘着雷公云母图样,雄壮的大马装饰着精美的当卢。清代诗人李锴有"白马金当卢"之句,俊美的白马应佩饰黄金当卢。由此可见,古代贵族、骑士、侠客、浪漫的诗人等,对代表其身份、

上：图 2-6 马头装饰图
下：图 2-7 肃南馆藏明代铁当卢

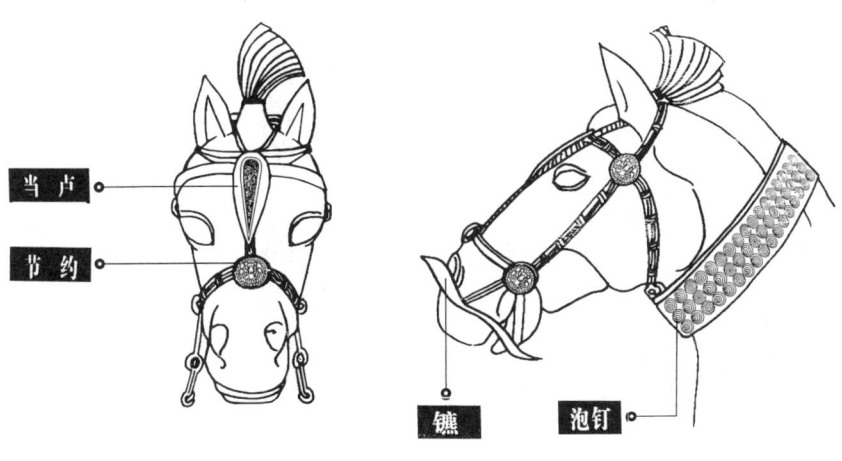

地位、爱好及心意所托的车马，从当卢、衔、镳、节约、辔缰等马冠马具，到轼、舆、毂、轴、轮等车器，无不精心装扮美饰，极尽豪奢华丽之能事。（图 2-6）

对游牧民族而言，马匹更是他们的最爱，是朝夕相伴、形影不离的朋友，是牧猎生活的得力助手和草原交通工具，也是攻伐争斗的战略资源。同时，游牧民族因常年与马牛羊驼为伴，执鹰牵狗，逐兔畜鹿，所以尤为喜欢以他们熟悉的动物形象，或作为民族部落的图腾崇拜和吉祥物，或用来装扮和美饰居住环境、生活用品及工艺美术品。张掖发现的这件铜当卢，就带有明显的草原文化气息，装饰马面又以马首本身作为整体形象设计，马首之上再以灵巧活泼的兔首作为局部图案修饰，是河西地区马文化（骑马文化）在青铜时期发展演进的典型器物。同时，典雅精巧、弧线优美的器型设计，醒目乳突、祥云涡旋、轮廓抽象的纹饰图案，又有中原铜器的沉稳雅致和楚蜀文化的神秘气象，显示出 2000 多年前青铜冶炼铸造的高超技艺与艺术创造上的独特匠心，也表明华夏文明在演进过程中，中原地区、楚越地区、巴蜀地区、北方及河西地区等文明星火的碰撞交流、相互影响、彼此渗透、融合发展。（图 2-7）

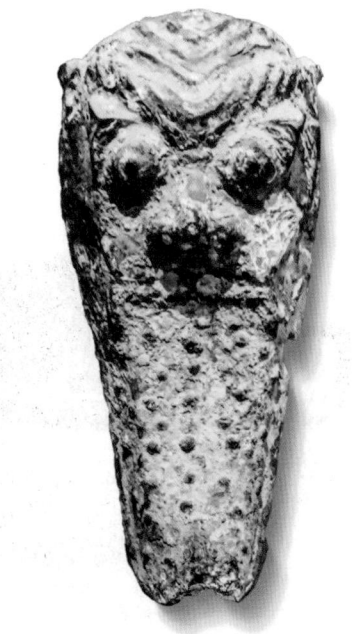

纹饰精美、器型浑厚的云雷纹铜盉

图 2-8 战国时期云雷纹铜盉。椭圆形,长 11.5 厘米,宽 8.7 厘米,高 6.7 厘米。1985 年征集于甘州区龙渠乡木笼坝村,收藏于张掖市(甘州区)博物馆

如果说前面提到的铜车马、铜当卢等反映了先秦时期"祀与戎"的一面,也即战争军事及丧葬礼仪的一个侧面的话,那么爵、樽、觥、斝、彝、罍等"以酒娱神"的酒器和鬲、甗、簋、豆、鼎等"以食敬神"的食用器,则既是各类祭祀礼仪各种等级规格的选择性礼器,也是日常生活礼仪和事死如生的丧葬礼仪的差别性用器。商代以前,酒器食器以陶器、角器、竹木器为主,商周时期,集权制王国进一步发展,生产力水平逐步提高,酿酒业逐渐发达,青铜铸造工艺也达到鼎盛和巅峰,各类祭祀活动和礼仪规范进一步完备,出现了大批形制不同、用途各异、铸造精良、工艺上乘的青铜食器和酒器。

图中的这件青铜器物叫作"盉"(图 2-8),是祭祀及日用酒器,主要用来调和酒水。东汉许慎《说文解字》:

"盉，调味也。从皿，禾声。"盉的形状和样式较多，一般是深腹、圆口、上有盖、前有流、左右有鋬，下有三足、四足或平底无足，盖和盉体之间有绳链连接。张掖市博物馆收藏的这件铜盉，于1985年征集于甘州区龙渠乡木笼坝村，经鉴定属战国时期，国家一级文物。

这件体积不大的椭圆形器物，一旦进入视线，便会深深吸引我们的注意力，引起探询的好奇与兴致。它是椭圆形与长方形的混合体，最长处11.5厘米，最宽处8.7厘米，高6.7厘米，与一只平常的饭碗体量相当，造型却非常特殊：鼓腹浑圆肥硕，颈部短缩而略微收束，平底无足，口部敞开，唇沿外折，既增加了酒的容量，又便于酒液倾倒和取用。器体长面的腹部正中，有左右两个对称的环形耳鋬，便于用手把握和提举；器体短面的口颈下方、高于环形鋬的十字交叉处，有两个对称的小环形纽，用于穿系绳链与盖相连并装饰器面。特别引人注目的是器体的装饰花纹：从颈下至腹面有上下三层纹饰，上部和中间用三道双勾平行线分隔，最上一层的带状面上，绘刻反向对称的上下两排"S"形云雷纹，小巧细密；中间一层是线角相连、整齐规范的一圈菱形图案，空白处遍布细小的变形云雷纹；最下一层是一圈倒悬的等腰三角形，均以上面的腰线为底边，内部也刻有左右对称的"S"形云雷纹；三角形以下为素面空白，使一个个三角形角尖悬空，显得尖锐而神秘。云雷纹是我国传统器物装饰中常见的纹样之一，张掖一带马厂文化、四坝文化类型的陶器上就常出现，它是古人对自然界云雷的观察、想象与艺术提炼而形成的图腾崇拜纹样，用以象征变化莫测、威猛神秘的自然神明。绘刻在陶铜器物之上，传达威严、庄重、奇异、神秘的意象，同时又具行云流水、曲折回环的变化之美和生动气韵，集神秘奇异与自然美感于一体。而张掖馆藏的这件铜盉，纹饰正是以规整精细而富于变化的云雷纹为主，图案架构以几何线条勾勒，使整个器物落落大方又卓然特立，浑厚庄重又精巧华丽，简洁朴素中透出诡异神秘。

在远古时代，无论家族、部落还是王国，对自然神灵的敬畏和祭祀，对先祖神祇的纪念和祈祷，是民众生活和王朝统治不可或缺的重要内容。向上天祈求祛祸消灾、风调雨顺，向祖先祈求护佑后生、保佑平安，是严肃庄重的大事，需要非同寻常的礼节仪式。祭祀礼仪中，要向上天神明和祖先之灵供奉佳肴美酒，也就是"以食敬神，以酒娱神"，以此来感动和愉悦上苍和祖先神灵，从而降福人间、荫佑子孙。给神灵敬奉酒食，当然不能用平常的盛放器具，于是就产生了煮食的鬲、蒸食的甗、盛放熟粮的簋、盛放菜肉的豆、炖煮或盛放肉食的鼎，以及盛酒取酒酙酒的爵、樽、觥、斝、觚、盉等样式不一、功用有别的木竹陶铜等各类器具。到了商周时期，青铜冶炼制造工艺逐步成熟，青铜手工作坊纷纷涌现，还出现了"长勺氏""尾勺氏"这种专以制作酒器为生的职业氏族。祭祀用具渐由青铜器取代，种类和样式也更加繁多，并由此产生了各类器具在使用场合、功能、程序、环节等方面的多种礼仪规定，形成了后来人们津津乐道的"周礼"制度。而"礼以酒成，无酒不成礼"，酒器作为极其重要的礼器，场合、等级、种类的分别更加严格，天子、诸侯、大夫、士的使用规格等级分明，各个阶层使用不同的酒器，以彰显不同的身份地位。

后来，随着朝代更替、诸侯纷争、王权衰落，礼乐制度逐渐松动崩坏，一些尊贵的礼乐器具开始向下层和民间流动。同时，随着农业生产的发展、青铜制造技术的普及和产量的提高、民众生活状况的改变，在祭祀与战争之外，民众对青铜器具有了更多的需求，这些原本造价昂贵、功用特别的器具，开始从祭祀礼仪、军事用途逐渐向贵族、士民的日常应用过渡，"旧时王谢堂前燕，飞入寻常百姓家"。

另外，农耕社会的稳定，生产力的发展，使粮食资源有了一定盈余，酿酒业随之发达，原来限于祭祀礼仪和王公贵族享用的酒，也逐渐成为平常士民的口腹之物，酒文化向民间延展。青铜酒器日益兴盛流行，种类、

图 2-9 从上至下依次为觚、角、斝、壶酒器图

数量空前增长，各种各样、大小不一的饮酒器、盛酒器、取酒器、调酒器、承酒器等应运而生，例如饮酒器有爵、角、觚、斝、觯等，盛酒器有樽、觥、彝、罍、卣、瓿、壶、冰鉴等，取酒器有勺、斗等，以及调酒的盉、承托饮酒器的禁等专用器具，五花八门，名目繁多。它们与各种制作和盛放粮谷菜肉的食器配套使用，既供神灵尊享，也供自身饮食娱乐，夏王桀的酒池肉林，商朝贵族的钟鸣鼎食、觥筹交错，东周王侯的歌乐饮酒之风，一定程度上反映了当时贵族阶层的价值追求和社会风向，也影响到后世一些人的处世观念和饮食习惯，对酒当歌、人生几何，葡萄美酒夜光杯，金樽美酒斗十千，喝酒吃肉，酒肉不分家，从此传承数千年，兴盛不衰。（图2-9）

从历史典籍和考古资料看，在先秦时期，黄河流域中原地区的青铜文化无疑最为成熟丰富，长江流域吴越楚蜀地区则以璀璨耀眼著称；从青铜文明的发源传播、西入东渐、东西交流看，河陇一带则是我国青铜制造的最早萌生地。河西走廊是东西方文化的交接地带，欧亚文明和草原文化由此向东传播，中原文明和农耕文化由此向西扩展，并形成后来举世闻名的玉石之路、丝绸之路，而青铜文化也最先在这里东西交汇、西进东渐、融

图 2-10 上海馆藏吴王夫差盉

合发展,从此在中原地区及楚蜀一带达到空前绝后的辉煌。张掖是河西走廊的重要节点,是农耕文化与草原文化、西方文明与东方文明交汇的前沿地带,青铜文化必然在这里留下生发的痕迹,虽然没有中原和楚蜀地区丰富灿烂的考古实物,但就存留发现的一些青铜文物看,地域特色和文化意义毫不逊色,形成了富有特色的骟马文化、沙井文化。

就张掖市博物馆收藏的这件云雷纹青铜盉而言,铸造虽然没有上海博物馆收藏的吴王夫差盉、美国弗利尔美术馆收藏的商代人面盉那样纷繁复杂,却显现出北方民族简约浑厚、圆润饱满的草原气息,即使在 2000 多年后的今天,岁月沉淀的褐斑绿锈,也难掩它曾经的华丽与光鲜:古朴大方、庄重典雅而又不落平常、追求独特的器形设计,繁简得体、素雅洁净的线条结构,富于变化、营造神秘的云雷纹饰,精描细刻而不失简约明了,稳重与创新、美感与实用完美结合,凝聚了西北民族的智慧与匠心。(图 2-10)

肌体强健、头角昂扬的铜麋鹿

图 2-11 战国时期铜麋鹿。长 10.4 厘米，高 8.5 厘米，范铸中空，腹下开缝。国家一级文物，1985 年出土于甘州区龙渠乡石崖洞穴内，收藏于张掖市（甘州区）博物馆

看到这件体积不大的青铜饰品（图 2-11），相信人们会一眼看出它是我们熟悉的动物形象——花角鹿，并会惊诧于它的惟妙惟肖、生动传神：立鹿体格健硕，肌肉丰满，四肢粗短强壮，腰颈肌线充满张力，前肩后臀弹性十足；鹿首上扬，双唇开张，双目圆睁，双耳后贴，臀胯后倾，四肢前蹬，似急速奔跑中突然刹车停步而昂首鸣叫；高大的鹿角由四个带钩连环组成，从头顶向身背纵向盘绕，既形象逼真，又颇具抽象写意风格，形神毕肖；短尾附臀紧缩，符合身足用力的特征，脖下鬃毛随颈项伸张而呈平行前倾状，与鹿角同具写意风味，意韵全出。整体造型捕捉了花角鹿最为典型的运动神态，质朴粗犷又准确传神，结构大胆奔放，线条纹饰简约生动，寓形象写实与抽象写意于一体，非长期观察、熟悉鹿性、高度概括、精准提炼和独具艺术匠心而不能。（图 2-12）

张掖市甘州区龙渠乡一带，属祁连山

上：图 2-12 铜立鹿（四件套）
下：图 2-13 从上至下依次为双鱼、双驼、狐狸、鸟形饰品

浅山丘陵区与山前平原区交会地带，古弱水之黑河干流在这里自祁连山鹰落峡口出山，木笼坝村就在河流出山口附近，在先秦时期应属乌孙、月氏、匈奴、西羌等游牧民族争雄驻牧的草原。在1985年张掖市文物普查和征集活动中，这里收集了一批富有价值的古文物，其中有先秦时期的兔首铜当卢和一批七件花角铜立鹿饰品，并在周边的临泽、肃南地区征集到了双鱼形、双驼双龙形、驼首形、鸟形、鹰形、虎形、狐狸形、卧马形、双马形等一批小型铜饰，经鉴定同属战国时期。根据其文化特征及张掖地域历史推断，这一批饰品应为当时在张掖一带活动的游牧民族所有，属河西地区骟马文化及沙井文化前期的典型器物。（图2-13）

早在新石器晚期及青铜时代，河西地区就是农耕文化与草原文化接壤、中原文化与西部文化交汇、东方文明与欧亚文明交流的通道地带和前沿互市，也因此孕育了独特的地域文化。这组铜立鹿，就是北方草原文化与中西方青铜工艺在河西地区交汇融合的结晶。

鹿，是草原民族最早逐猎和畜养的动物，它的活泼善跑、机敏灵巧，深为人们所喜爱，后来成了一些民族的崇拜图腾，至今祁连山区的藏族和裕固族牧民仍把它当作最喜爱的吉祥物和装饰品。同时，鹿的美好形象，也使中原民族钟爱有加，特别是对生活于黄河和长江流域、在先秦时期已逐渐稀有少见的麋鹿尤为青睐，把它作为象征国运昌盛的吉祥灵兽或重大宗教仪式中的重要

图 2-14 麋鹿剪影图

祭物。《诗经·灵台》云:"王在灵囿,麀鹿攸伏。麀鹿濯濯,白鸟翯翯。王在灵沼,於牣鱼跃。"麀鹿,有人释义为雌性麋鹿,与白色仙鸟均为吉祥物,诗句的大意是:在周王的灵台灵沼(园林池沼)里,肚大腹圆的麋鹿俯卧在地,皮毛油光闪闪,白色的大鸟翩翩飞翔,羽毛洁净发亮,满池的鱼儿在上下跳跃,一派和美吉祥的景象。《孟子·梁惠王上》记载:"孟子见梁惠王,王立于沼上,顾鸿雁麋鹿,曰:'贤者亦乐此乎?'孟子对曰:'贤者而后乐此。不贤者虽有此,不乐也……古之人与民偕乐,故能乐也。'"梁惠王看着园林池沼边的大雁和麋鹿发问:古圣先贤见到这样的灵物也喜欢和高兴吗?孟子借此表达对吉祥灵兽的看法和与民同乐的观点:国家安定祥和,鸿雁麋鹿才能显现灵瑞之象,如果与民同乐,见到麋鹿鱼鳖才能高兴欢乐,所以只有圣贤之君才能如此,不贤者即使拥有园林池沼和瑞兽灵物,也不会有真正的快乐。由此可见,早在先秦时期,中原民族就把麋鹿这种头脸狭长像马、角架分叉像鹿、蹄子宽大像牛、尾巴细长像驴的"四不像"看作祥瑞灵兽,并在后来又演化为传说中的羊头、狼蹄、圆顶、彩色皮毛、身高2米以上或是体似麝鹿、尾似龙蛇、身披龙鳞、头顶独角的"麒麟"形象。(图 2-14)

其实,"四不像"麋鹿在古时候曾广泛分布于东亚地区和我国境内。出土的野生麋鹿化石表明,麋鹿起源于距今 200 多万年前,距今约 1 万年至 3000 年时最为昌盛,数量达到上亿头,在我国长江、黄河流域,无论是麋鹿化石点还是标本数量都极为丰富。但在距今约 3000 年的商周前后,麋鹿的种群和数量却迅速减少,春秋战国时期野生麋鹿已属稀有动物,被捕捉后在王家园林豢养，东汉末年就濒临绝种，只在长江中下游湿地尚有残存。元朝时，为了供王公贵族游猎，残余的麋鹿被捕捉运送到皇家猎苑饲养，至清朝初年，野生麋鹿最后绝迹。清朝末年，北京南海子皇家猎苑内唯一一群人工豢养麋鹿，被八国联军捕捉贩运到西方，麋鹿从此在中国消失。其中被贩卖到英国的麋鹿，后来成功繁殖到250多头，1983年在有关人员努力下，部分个体送归中国故乡，之后有更多麋鹿回归或繁殖，部分被放生野外。至目前，作为中国祥瑞灵兽之一、国家一级保护动物麋鹿，在中国境内种群数量已超过万头，有20多个省份引进饲养或放生野外。

　　麋鹿以青草和水生植物为食，气候湿润、水草丰美的沼泽湿地是其喜好的生存环境，气候环境的变化、人类狩猎活动加剧等因素，是它们在汉代以后逐渐消亡的原因。张掖境内黑河干流出山口木笼坝一带出现的这批铜立鹿，被研究者普遍认定是麋鹿的形象，这不仅具有地域文化研究意义，也具有地域气候环境演变研究价值。麋鹿作为这一地区草原民族的吉祥之物，或许可以表明，远古时期祁连山区和黑河流域一带，曾是气候温润、水量丰沛的水草丰茂之地，适合于麋鹿这样的动物生存。而有关气候水文考古资料也表明，古弱水曾位列中国的七大水系，是禹治九州时西部最大的河流之一，它流归的居延大泽，水域面积曾超过2600平方公里，在汉代时仍超过720平方公里。发源和拥有如此河流的祁连山及张掖一带，出现麋鹿这样性喜湿润和水草的动物，应在情理之中。

　　从地域特色和东西方文化交流的角度看，张掖出现的这一批战国铜麋鹿，在中原地区出土的同时期文物中少有发现，却与阿尔泰地区所出的大角贴背卧鹿形饰很是相似，从中我们可以追寻到河西地区与西域地区交流互通的一些迹象。而铜麋鹿纯熟精良的铸造工艺，又显然受到中原地区的深刻影响。草原文化与农耕文化、华夏中原青铜文明与欧亚青铜文明的交互渗透、多向影响，在这批铜麋鹿的身上，或许可以探查出更多的信息密码。

尖喙厉目、霸气十足的鹰首铜饰

图 2-15 战国时期鹰首铜饰。长 8.9 厘米，宽 2.6 厘米，厚 0.7 厘米。20 世纪 90 年代出土于临泽县板桥乡壕洼村，收藏于临泽县博物馆

博物馆里，这件长度不到 9 厘米、宽度不到 3 厘米、厚度不到 1 厘米的红铜小饰件（图 2-15），在文物荟萃的展柜里自然毫不起眼。但是如果知道了它的来源、出身及文化特质，相信你会手持 8 倍放大镜，瞪大眼睛端详它不同寻常的特殊面目。当然，也只有近距离观察我们才能发现它的非同一般：它是一只鹰，却不是平时我们经常看到的雄鹰展翅一类铸造鸟禽全身模样的作品，它是一幅特写，只让人看到动物的局部，突出最富特征也最有神韵的所在——长而弯曲、喙尖倒钩的鹰嘴，给人以刚硬锐利、粗壮有力的强烈感觉；眼廓圆凸、眼部深凹，虽无眼眸细节，却更显深邃隐秘，仿佛寒光透射、凌厉无比；羽冠以简洁的三连环卷云形修饰，向后的一束冠毛圆中见方、方中露尖，显得威风凛凛、神气十足。整个饰件结构简单却生动传神，铸造粗朴却意韵全出，小巧玲珑却"鹰"气逼人，充满威猛强劲的张力。两三千年前手工艺人对雄鹰形貌特征的准确把握，善于提炼、化繁为简的高超手法和审美水平，让

今天的我们叹为观止。

这件鹰首铜饰，出自临泽县板桥乡壕洼村，是20世纪90年代村民李长军在开荒耕地时从土中捡得，同时被发现的还有几件驼首形、卧马形等小型青铜饰品，李长军一并捐赠给了临泽县博物馆。这件鹰首饰品是红铜质地，与其他几件青铜饰品属战国同期或稍早。红铜又名紫铜，在先秦时期出现的时间早于青铜，接近于纯铜，硬度、强度差于含有合金成分的青铜。从铸造工艺、动物形饰及文化特征、地域历史推断，这件红铜鹰首饰件和其他几件青铜动物形饰件，应是当时活动在张掖一带的游牧民族饰品，有研究者认为可能是匈奴人的饰物。

上古时期，张掖一带是西戎等部族生活的地方。戎、狄是西方和北方少数民族的统称，西戎，不是一个或某个民族的称谓，而是西部众多民族的泛称。先秦及秦汉时期，乌孙、月氏、匈奴等北方游牧民族先后占据河西地区。春秋战国时期，先是乌孙势力强大，后来月氏赶走乌孙，称雄于敦煌、张掖、祁连一带。秦汉之际，北方匈奴逐渐强盛，至冒顿单于、老上单于时期，匈奴先后击败月氏，张掖一带成为匈奴的领地。据《史记·大宛列传》《史记·匈奴列传》《汉书·张骞李广利列传》等史料记载，乌孙与月氏都驻牧在祁连、敦煌一带，乌孙势弱之后，月氏攻杀乌孙王难兜靡，抢占了乌孙的地盘，乌孙余部有的西逃远走，有的投靠了匈奴。乌孙王难兜靡的新生子昆莫被匈奴单于收养，及至壮年，有勇有谋，屡立战功，向单于请兵去报杀父之仇，率匈奴兵攻破月氏。后来昆莫收拢乌孙原有民众，率部远走西域，保持中立，不再向匈奴称臣。

月氏也是一个随畜移徙的游牧民族，与匈奴同俗，起初居敦煌、祁连间，强盛时控弦兵士达到一二十万，经常轻视欺压匈奴，至匈奴单于冒顿杀父自立，先忍后发，攻破月氏，月氏势力渐衰，到匈奴老上单于时，攻杀月氏王，将其头颅作为饮酒器具，月氏余部大部分远走西域，经过大

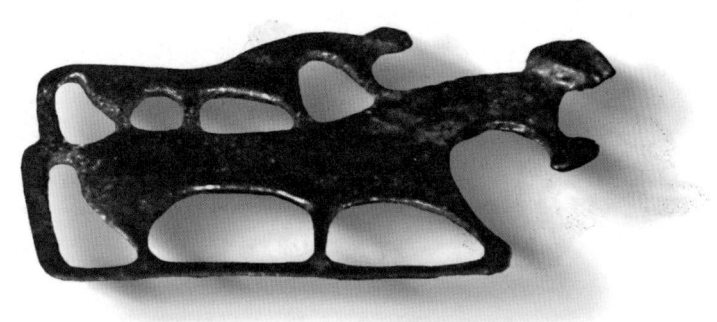

图 2-16 匈奴双马铜饰

宛、安息（现乌兹别克斯坦、伊朗等地），向西攻击大夏国并控制了这一带，在阿姆河流域建立了王庭，号称大月氏。还有少数没能西迁的月氏人，逃到祁连山中投靠了羌人，号称小月氏。（图 2-16）

  匈奴人的先祖是夏后氏苗裔，原有山戎、猃狁、荤粥等支族，一直游牧于北方。秦帝国时期，匈奴周边的东胡、月氏强盛，匈奴头领头曼单于与秦军名将蒙恬交战失败，匈奴人向北迁徙。到秦二世胡亥时自毁长城、谋杀蒙恬、六国诸侯叛秦、中原纷乱之际，匈奴趁机向南扩张，冒顿单于时期，匈奴势力渐盛。冒顿是匈奴史上的一代枭雄和英主，他本是头曼单于的太子，后来头曼与宠爱的阏氏生子，想杀冒顿另立太子，于是派冒顿到月氏当人质，想实施借刀杀人之计。冒顿到了月氏，头曼急攻月氏，月氏认为匈奴背信弃义欲杀冒顿，冒顿偷取良马逃回。头曼非常惊奇，认为冒顿机智勇猛，命令他统领骑兵。冒顿明白自己的危险处境并没有结束，于是开始有计划地训练听从指挥、忠诚于己的铁杆骑兵。他制造了一种响箭，严令部下射杀响箭所指的目标。为了令出必行，他采取了类似春秋时期军事家孙武三令五申、斩杀吴王阖闾爱妃的做法，先用响箭指向自己的爱马，士兵疑惧畏缩者立斩之，再用响箭指向自己的爱妻，疑虑畏惧者再斩之，终于训练出一支唯自己号令是从的铁血军队。待时机成熟时，冒顿趁跟随父亲打猎之际，响箭所指，万箭齐发，将头曼单于射杀于马下，从此自立为匈奴单于。

  冒顿继位之后，当时强盛的东胡欺他年轻初立，先后向冒顿索要宝驹千里马和所爱的阏氏，冒顿都一一答应，东胡王愈发傲慢，又提出索取土地的要求，冒顿大怒："地者，国之本也，奈何予之！"于是率军东进袭

图 2-17 匈奴虎形铜饰

击东胡,而东胡起初轻视冒顿,不做准备,冒顿引兵而至,一举击破了东胡。此后,冒顿向西击败赶走月氏,向南渡过黄河吞并了楼烦、白羊王的领地,收复了被秦将蒙恬占领的地盘和关塞,之后在对汉作战中于平城白登山包围了刘邦大军,迫使汉王朝订立了和亲盟约,匈奴空前强大起来,有"控弦之士三十余万",国土从西域延伸到辽东,广袤千里。冒顿将统治区划分为左、中、右三部分,牢牢控制了势力范围,而河西为匈奴右地,由右贤王统领。

至汉武帝时,霍去病出兵陇右,连续大破匈奴,汉王朝打通了河西走廊,掌控了河西地区,先后设置河西四郡,匈奴的势力迅速衰落,发出"亡我祁连山,使我六畜不蕃息;失我焉支山,令我嫁妇无颜色"的悲叹,纷纷向西逃遁潜隐。少数匈奴人逃入祁连山区,与先后逃散来此的月氏、突厥等部族余众相邻同牧,一直活动在祁连山一带。秦汉之后的 2000 多年间,匈奴、突厥、羯、氐、羌、吐谷浑、吐蕃、回鹘、蒙古等众多部族先后在这里出入游牧、相邻共居、交流融合,现在生活在河西地区的部分蒙古族、藏族、裕固族人,就是这些民族中相关部族的后裔。(图 2-17)

匈奴是一个强悍尚武的民族,据说他们崇拜聪明勇

上：图 2-18 卧马、鹰首铜饰
下：图 2-19 驼首铜饰

敢的狼和凶猛机警的鹰，有的部族以狼头为图腾，有的训练猎鹰作为助猎工具，并常以雄鹰形象为吉祥物和喜爱的饰品。因此，有人研究推断张掖出土的这件红铜鹰首饰品及骆驼、卧马、狐狸等一批战国时期的动物形饰品可能属匈奴人的饰物，并非没有根据和道理。或许只有匈奴这样性喜雄鹰、以鹰为伴的民族，才能以粗犷质朴、最为简练的形象，表达出雄鹰凶狠强悍、刚硬威猛的气质与精神。同时，这样一批富有草原民族强烈气息和明显特征的动物形象，再以简洁明快、成熟老练的铸造工艺呈现出来，当是中原青铜文明与欧亚青铜文明在河西走廊、祁连草原相遇融会的又一证物，也是骟马文化、沙井文化在张掖一带演进发展的代表性文物。（图 2-18、图 2-19）

第二单元 结语

　　四坝文化之后，活跃在河西走廊地区的月氏、匈奴、乌孙及其他"西羌"民族，被学界称为"骟马文化人群"，创造了以青铜动物饰品、三角纹骟马式陶器、马文化遗迹为代表的骟马文化，距今3500—3000年，大体相当于商代至西周初期，是分布于丝绸之路河西走廊中西端的一种青铜文化。与骟马文化同期稍后并多有重叠的沙井文化，是河西走廊青铜时代末期的一种文化，也是甘肃和我国年代最晚的含有彩陶的古文化，距今3000—2500年，约相当于西周中期至春秋晚期，遗物有彩陶、石器、铜器和铁器等。铜器有铜刀、铜镞等，陶器以夹砂红褐陶为主，陶质较粗糙，多为手制，器型较小，多单耳罐、筒状杯、双肩耳圜底罐等，纹饰有三角纹、菱形纹、网纹、鸟纹等，学界多认为与河西地区的月氏、乌孙等相关，殉葬中多牛马羊骨，也明显反映出沙井文化人群以畜牧业为主的特点。沙井文化之后，甘肃彩陶文化逐渐消亡和终结。

　　河西走廊的史前文明和先秦文化，由马厂类型向西城驿过渡，文化群体逐渐西移，发展为四坝文化并继续西进，演变为骟马文化、沙井文化。进入西汉后，随着汉王朝大一统局面的形成和汉武帝用兵河西建立四郡，河西地区的文化人群最终融入以汉民族为代表的华夏大族群之中。张掖作为河西走廊中段的襟带要地，新石器时代晚期和青铜时代便有文化种群生

图 2-20 甘肃馆藏战国鹰头铜饰
图 2-21 山丹馆藏商代铜爵

存,禹前为西戎氏旧地,禹时划归古雍州统辖,西周时期戎、狄等部族在这里游牧,春秋战国时期被乌孙、月氏占据,秦汉之际成为匈奴右贤王的领地。大禹导弱水入流沙、周穆王西游会见西王母等传说,即是五帝至商周时期黑河地区的文化影迹。(图 2-20、图 2-21)

铜车、铜马、铜当卢,铜盉、铜鹿、铜鹰虎……本单元所选张掖地区青铜文明的遗存器物,虽然种类和数量有限,但足以彰显河西地区和张掖一带先秦时期青铜文化的品位和特点,反映出以草原民族为主导的骟马文化、沙井文化在黑河流域演进与发展的典型特征。

第三单元

战马弩机边塞意

——"张国臂掖"的大汉气象

结构精致、设计巧妙的铜弩机

图 3-1 汉代铜弩机。青铜质，长 15.5 厘米，宽 3.5 厘米，高 9.5 厘米。民乐县八卦营汉墓、高台骆驼城遗址等均有出土，张掖市县区博物馆均有收藏

如果没有出土实物为证，我们可能很难相信，出现在《英雄》《三国演义》等现代影视剧中的那些箭镞如飞、流矢如雨的震撼场面，并不完全是虚构情节，而会发生在真实的战场，并且是 2000 多年前的冷兵器时代。是的，你没有看错，眼前的这件机械铜弩，会真切地告诉我们，飞箭流矢、连发成线的强弓硬弩，在汉代甚至更早时期，便已在两军对垒的杀伐战场大显身手。

图中的铜制弩机（图 3-1），机身完整，轮廓清晰，构件齐全，铸造精良，是装置在木质弩臂上发射箭镞的核心组件。机括主要由弩郭、弦牙、悬刀、望山、钩心、枢轴等部件构成，望山在上，弦牙、悬刀在下，通过郭体中间的大小方孔用钩心、栓塞枢轴连接，机郭前窄后宽，前端中间有放置箭镞的凹

图 3-2 弩机构件图

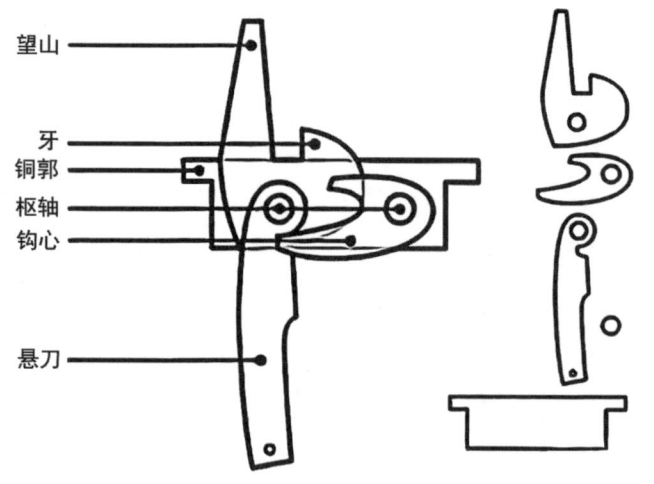

槽形矢道。汉代刘熙《释名·释兵》中对弩机结构有较为详尽的解释："弩，怒也，有势怒也。其柄曰臂，似人臂也；钩弦曰牙，似齿牙也；牙外曰郭，为牙之规郭也；下曰悬刀，其形然也；合名之曰机，言如机之巧也，亦言如门户枢机开阖有节也。"明末程宗猷所著《蹶张心法》对弩机的特点给予极高的评价："千斤之弩，挂于一寸之牙，发于半指之力，其妙无以加矣。"（图3-2）

弩的这些部件和构造，可以理解为步枪这一现代兵器中的器身、发射器、扳机和瞄准器等，望山与机郭采用一体合铸，悬刀、弩牙与枢轴嵌套组合，弩机侧边的钩心结构用于连接悬刀和弩牙，通过两个栓塞枢轴来装配和固定弩机。射击时，将箭簇放置在机郭和弩臂的凹槽内，用弦牙钩住弓弦，用望山这个准星来瞄准，手向后扳动悬刀，通过机械传动，弩牙下缩，借助弓弦的高速收缩，释放强劲的力量，使弩机上的箭镞随着弦的回弹而极速射出。这种利用机械动能的大弩，在力度、速度、准度和效率上远超人力单弓，极大地提高了穿透力、杀伤力和威慑力。

为了战争的需要，古代出现了许多远程投射兵器，如弓、弩、投枪、飞斧、投石机等，其中弓、弩的使用最为普遍。如果说弓是世界性的，那么铜弩的发明则独具中国特色。在中国渔猎史和战争史上，弓箭是游牧民族擅长的器具，而弩箭则是中原帝国军队的重要利器，因为用机括发射的弓箭，威力自然超越了人力弓箭。同时，随着金属冶炼、铸造技术的不断提高和战争实践中的不断改进，中原王朝将这一远程投射兵器的作用逐渐演绎到极致，直到宋代以后出现威力更大的火药器，弩的军事地位才逐渐弱化。（图3-3）

上：图3-3 民乐馆藏铜弩机
下：图3-4 张掖馆藏铜弩机

　　弩的起始时间已无从考证，从西汉时期的发达和成熟程度看，它的出现应不晚于春秋战国时期。东汉赵晔《吴越春秋》记载"弩生于弓，弓生于弹"，并记述了东周时期楚人琴氏发明弩机之说："当是之时，诸侯相伐，兵刃交错，弓矢之威不能制服。琴氏乃横弓着臂，施机设郭，加之以力，然后诸侯可服。"由此可知，在春秋吴越争霸时期已有弩机。魏晋史学家谯周《古史考》记载"黄帝作弩"，这一说法则将弩的历史提前到了史前时代，这可能只是传说，根据弩机的原理和制造工艺，它出现在远古时期的可能性不大，但初始于征伐普遍的春秋战国时期，成熟于战事频仍的秦汉之际，则是史学界比较认可的说法。

　　弩机的出现，在古代军事中具有举足轻重的地位，在冷兵器时代的战争中发挥了巨大的作用，是中原王朝大规模兵团作战、攻防皆备的王牌利器。尤其是到了汉代，随着官方集中制造、规模化和标准化生产能力的大幅提高，以及各地军工匠人不遗余力地改进改造，汉弩的形制种类、质量数量有了前所未有的发展，特别是在戍边守关作战中发挥了重大作用。据汉简及相关古文献记载，汉弩分一到十石等大小不同的种类，其中十石弩又称为大黄弩、黄肩弩、大黄力弩等，强度和威力最大，最高射程可达400米左右。《史记·李将军列传》记载，西汉名将李广于汉武帝元狩二年（前121）与匈奴作战时，在众寡悬殊的不利形势下，"广身自以大黄射其裨将，杀数人，胡虏益解"，以大黄弩射杀对方将领

图 3-5 弩床弩弓图

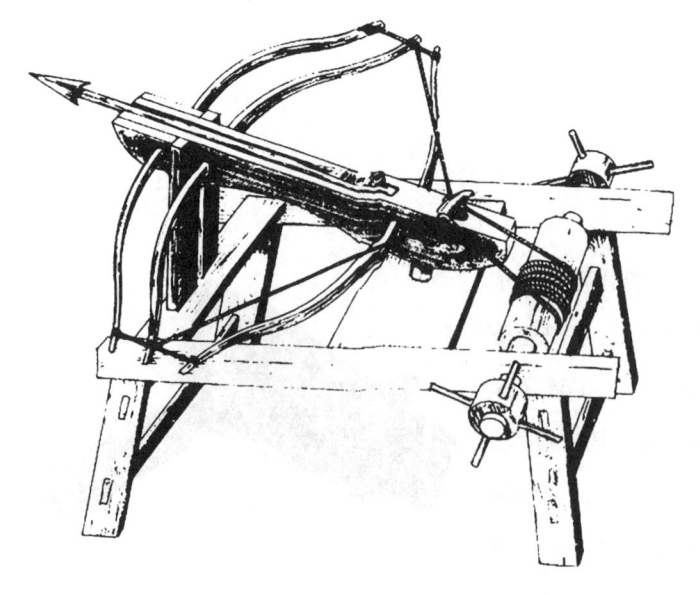

而扭转了战局。（图 3-4）

李广之孙李陵，曾受汉武帝之命率骑兵出敦煌迎接出征大宛的李广利回师，之后在张掖屯驻。天汉二年（前 99），李陵奉命出征匈奴，率 5000 步兵从居延出发，在浚稽山遭遇单于主力，被 3 万多匈奴骑兵包围，李陵率众苦战十多天，直到军中箭支消耗殆尽、无力再战也无法突围时，为图后起而暂降匈奴。李陵以寡敌众与匈奴数万人对抗十多天，所依仗的正是强弩这一远程利器。匈奴骑兵虽善骑射，但人力弓箭的有效射程不会超过 100 米，60 米之内能射中目标已属不易，自然与汉军射程数百米的强弩无法相比。汉朝军队组成以弩手为主的步兵兵团，指挥官有时就称为"强弩将军"。

东汉末年至魏晋时期，是弩机发展的最高峰，出现了诸葛连弩这样的神器。《三国志·诸葛亮传》载："亮性长于巧思，损益连弩，木牛流马，皆出其意……损益连弩，谓之元戎，以铁为矢，矢长八寸，一弩十矢俱发。"诸葛亮发明的弩，最初称作元戎弩，后世称为"诸葛连弩"，一次能发射十支箭，威力当然非同一般，而且据说发动之后可以触发三次，每次可以选择独立的目标。火力强威力大，体积和重量自然也偏大，单兵无法使用，所以主要用来防守城池和营寨。后来魏晋大发明家马钧对诸葛连弩又加以改进，成为五十矢连弩的大杀器。南北朝时期又出现了威力更大、"所至无不摧陷"的"万钧神弩"，《晋书》《宋书》《南齐书》等史书均有记载，但可能有夸大之嫌。这种神弩，与唐宋时期先后出现的车弩、床弩、神臂弩、豆寸子弩，以及西南民族使用的摧山弩等，应该机理相似，形制相近。宋代神臂弩的射程达到 340 多步，豆寸子弩的射程则达千步之远，是一种大型的攻城床弩，弩机安装在木架床上，靠绞车之力来拉动弩弦，一次可以发射数十支硬箭，成为冷兵器时代射程最远的大杀器。（图3-5）

宋代以后，火药逐渐应用于兵器上，出现了威力更大的火器，曾经在战场上叱咤风云的强弩，渐渐退隐了往昔的辉煌，不仅在战场上逐渐消失，就连遗存也失去了形迹，只有一些用于捕猎的小型弩机在民间流传。由于制造工艺复杂、体积庞大、规模化不足，抑或是官方有意销毁、不许军器在民间完整存留等原因，像诸葛连弩、摧山弩、万钧神弩及各类车弩床弩等，直到现在还没有完整的出土实物，发现最多的是像汉代铜弩机这样的金属组件。

张掖境内出土的汉代铜弩机，比其他地方相对较多，保存也相对完好，主要缘于这里曾是汉代西北的边关要塞和前沿阵地，汉王朝与盘踞在河西地带匈奴的对决，特别是霍去病出陇右西征时几次大的胜利，以及最终击溃匈奴使之西遁的主战场即在河西走廊。据《史记·卫将军骠骑列传》等记载，西汉初期，北方的匈奴对汉王朝形成包围侵袭之势，基于加强巩固中央集权统治、稳定扩大帝国边疆的策略，汉武帝派遣张骞穿越河西走廊，前往月氏、乌孙等西域诸国寻求军事同盟。元狩二年（前121）春，汉武帝派遣骠骑将军霍去病进军河西，年轻的将军英气勃发，挥剑直指祁连山，跨过焉支山，越过黑水河，首战即大破匈奴，收取休屠王祭天金人。当年夏天，霍去病再次出兵陇西，过居延，攻祁连俘获匈奴三万多人，大军所至威势震慑，造成匈奴内部分裂，迫使浑邪王杀休屠王率众降汉。第二年，汉武帝不给匈奴余部喘息的机会，再度吹响进军号角，霍去病长剑挥舞，又一次大破匈奴并一路追击，剑锋轻骑直达居延以北，在狼居胥山耀武扬威，筑坛祭天，立碑记功，高调宣示大汉王朝的威严和主权。同时，为进一步扬武立威、张国臂掖、稳固疆土、安定边塞，公元前121年至公元前88年，汉武帝在河西地区先后设置武威、张掖、酒泉、敦煌四

图 3-6 临泽馆藏铜弩机构件

郡,其中于公元前 111 年正式设置张掖郡,取"张国臂掖,以通西域"之意。经过张骞、霍去病等人的外交经略、武力攻伐,汉王朝打通了走向西域的河西廊道,张掖地区成为中原王朝向西伸展的肩肘关节和有力臂膀。(图 3-6)

可以肯定的是,在汉军与匈奴的这场生死对决中,除了运兵布阵、轻骑突袭的指挥谋略外,威力超群的强弩发挥了至关重要的作用。同时,在后来的李广利西征大宛、李陵接迎驻军及出师北上居延等一系列军事行动中,张掖都是必经之路和屯军之所,加之长期居留的边关守卒,所以遗留的铜弩机等军器和兵士用物定然不少,汉王朝的影响和活动印迹也广泛而深远。这从张掖境内高台骆驼城遗址、许三湾古城,民乐八卦营古城址及汉墓群,山丹汉长城及硖口古城,甘州黑水国遗址、屋兰古城址,肃南明海古城址,临泽蓼泉古城址等众多汉代文化遗存,以及出土的铜当卢、铜箭镞等军用器物和铜立马、木立马等装饰品、随葬品上也可得到印证。

神俊英武、风华遗世的铜驹木马

上：图 3-7 汉代青铜立马。高 24 厘米，长 22 厘米，重 2.32 千克，范铸中空。收藏于张掖市（甘州区）博物馆

下：图 3-8 汉代木雕立马。高 98 厘米，长 73 厘米，头、颈、身、腿等部位分段雕刻后嵌接粘连。出土于高台县骆驼城墓群，收藏于高台县博物馆

图中的马（图 3-7、图 3-8），均为随葬品，一为青铜铸造，一为木质雕刻，一个按比例缩小、精巧玲珑，一个近似实物、形体高大。二者均持站姿，体态高挑健硕，胸腹饱满，臀肌发达，颈部粗壮，嘴唇开张，马头高昂，鬃鬣飞扬，显得生机勃发、神俊非凡。所不同者，比例一小一大，青铜立马后肢略屈，身体曲线圆滑流畅、过渡自然，重于写实，宜于合范铸造；木质立马为甘肃出土木马之形体最大者，马体四肢直立，胸臀饱满，肌肉发达，颈首高昂，尾巴高翘，鬃鬣上扬，双眼圆睁，尖耳耸立，嘴唇大张如嘶鸣状，形体线条略显夸张，突出胸腹臀肢的饱满浑圆和肌肉张力，重在形象刻画，充分发挥了雕刻艺术的生动灵活性。总体看，两个立马体态相似，神气相同，高大威武、雄壮有力、生机勃勃、神采飞扬的形象和气概跃然而出，令人不由联想到中国旅游标志——那匹腾空飞跃、踏云超雀、代表大汉气象的"天马"，也不能不想到中国第一个皇家马场——甘肃张掖的山丹军马场。

图 3-9 武威铜奔马

提起汉朝,人们的脑海里往往会出现"大汉气象""汉唐雄风",从刘邦"大风起兮云飞扬,威加海内兮归故乡,安得猛士兮守四方"的《大风歌》,到汉宣帝"日月所照,风雨所至,莫不从服"的定胡碑文;从陈汤"犯我强汉者,虽远必诛"的豪言壮语,到班超"大丈夫当效傅介子、张骞立功西域"的投笔从戎,无不令人热血沸腾、激情昂扬,生发豪迈雄壮之气。的确,对于华夏儿女来说,汉朝有着非凡的意义,它是汉民族名称的由来,是中华民族第一个长时间大一统的王朝,是汉俗、汉服、汉语、汉赋、汉儒、汉典、汉律、汉治等汉文化的引领者和启承者。从汉高祖刘邦在战火烽烟中建国,到文景之治的休养生息;从汉武帝刘彻打击匈奴、开疆拓土,到汉宣帝刘询励精图治、恢复和发展农业生产,汉王朝在公元纪年前后成为空前强大的东方帝国,站在了世界的巅峰。它一统中原,北击匈奴,南平百越,奠定了中国的疆域基础;它上承春秋战国和大秦遗韵,下启魏晋风骨和唐宋风流,是中华民族和中国文化发展史上光辉灿烂的一段历程。相比于秦朝的暴政短命、宋末的衰微软弱、元朝的虎头蛇尾、清朝的黑暗屈辱,汉朝显得那么不同凡响,气象万千,蔚然大观,恐怕只有盛唐气象才堪比肩风流,让中华文明在世界范围内大放光彩。

(图 3-9)

行天莫如龙,行地莫如马。说起大汉气象,就不能不提到汉马形象。前文介绍"铜当卢"时我们已经提到,在舟行马乘的古代社会,无论游牧民族还是农耕民族,无论平民百姓还是王公贵族,对马的喜爱都非同一般。而到了汉代,汉王朝在开疆拓土、武力攻伐特别是对边疆游牧民族的作战中,对马的倚重更是无以复加,霍去病墓前马踏匈奴石雕,甘肃武威雷台汉墓驰名中外的马踏飞燕铜奔马,以及张掖出土的铜质木质立马等,都是汉代人上上下下对马有特殊情结的反映。汉代之马,不仅是交通发达、军力强大、国家兴盛的战略资源,业已成为中华民族昂扬奋发、开拓进取、英勇豪迈的精神象征。

与游牧民族作战,战马和骑兵不可或缺。攻击匈奴的河西之战,是汉武帝深谋远虑、精心筹划的结果。早在霍去病出兵之前,他就派遣张骞出使西域,为知地域、识水草、交结同盟外援做准备。后来得知西域的乌孙、大宛国出产良马,他更是处心积虑,采用重金交换、军事远攻等手段以获取良马。根据匈奴作战的特点,汉武帝大量征养战马、建设骑兵,大胆起用青年将领,军事和外交结合,开展了充分的备战工作。元狩二年(前121),武帝派年仅19岁的骠骑将军霍去病,于春、夏两季两次率精骑进击河西走廊的匈奴,长途奔袭,迂回纵深,以所向披靡之势大破匈奴各部,歼敌4万余人,并在同年秋再派霍去病率众迎接降汉的匈奴,关键时刻平定变乱,掌控了局势,监督和协助匈奴浑邪王率4万余众归汉。从此,汉王朝控制了河西地区,打通了走廊通道,实现了"断匈奴右臂"和"张国臂掖"的战略目标。之后,汉王朝把匈奴的"六畜蕃息"之地,变成了自己的屯兵牧马之所,开始在匈奴呼为天山的祁连山下养牧良马,有了大汉王朝在西部地区的第一家马场——大马营军马场,也即现在的山丹军马场。

据《史记》《汉书》《资治通鉴》及《甘肃通志稿》等记载,汉王朝河西之战打开了通往西域的道路之后,元鼎元年(前116),有人在敦煌渥洼水——即今天的月牙泉边,从野马群中捕得一匹神异非凡的灵驹,献给喜好良马的汉武帝刘彻,刘彻喜出望外,兴致勃勃作《天马歌》一首:"太一贡兮天马下,沾赤汗兮沫流赭。骋容与兮跇万里,今安匹兮龙为友。"10年之后,武帝又派遣贰师将军李广利于公元前104年和102年先后两次西征大宛,第一次失利,第二次围城后与大宛议和,获取了上等汗血宝马几

图 3-10 张掖馆藏铜立马

十匹、中等良马 3000 多匹后班师回国。

在汉武帝看来，周穆王巡游天下时渡黄河、逾太行、涉滹沱、出雁门、跨贺兰山、越祁连山、走天山而抵达西王母之邦和飞鸟解羽之所，行程三万五千里而驾乘的八骏，就是汗血宝马这样的神驹。这种通体发红、流汗如血、驰骋万里、以龙为友的天赐神马，被汉武帝称为天马，也即武威雷台汉墓出土的稀世珍宝、中国旅游标志"马踏飞燕"的天马原型。之后汉武帝诏令在中央王朝设立苑马寺负责马政，在祁连山大马营草原设置牧师苑，这便是山丹军马场的前身。（图 3-10）

山丹军马场位居敦煌、酒泉、张掖、武威河西四郡中部，扼控扁都口、平羌口、白石崖等甘青交通要隘，丰盛的水源，丰茂的草场，精良的马匹，使得这里备受汉王朝及后来王朝的青睐，相继在这里修筑城堡、设置烽燧堠墩屯兵戍边，设立皇家马场、牧养军马，为军队供给输送精良战马。北魏太武帝拓跋焘结束河西五凉纷争、统一北方之后，扩充山丹民乐大马营，高峰时养马 200 万匹。大业五年（609），隋炀帝西巡，出扁都口，过永固城，御驾焉支山会见西域 27 国王公使者，亲临大马营草滩，诏令设牧监，大量牧养官马。唐代继续在大马营设牧监，养马鼎盛时期良马超过 7 万匹。宋时武备松懈，大马营闲置。元世祖重新设置马场机构，派专吏镇守负责，扩大养殖规模，畅通供应渠道。明弘治年间，重新整修大马营公署、住房、仓库、马厩等，草场面积达 1300 多万亩，养马 4 万余匹。清康熙年间在山丹、民乐一带设永固营，修筑八寨驻守，后又增设马营墩守备，强化肃南皇城、山丹马营、民乐扁都口一带屯兵牧马事务监管。晚清时局动荡，大马营仍养马上万匹，左宗棠收复伊犁之战中，此地是清军补充马匹的重要基地。民国时期，大马营曾一度沦为马步青的私人

图 3-11 山丹军马场

牧场，1940年复归国民政府，组建山丹军牧场。1949年被中国人民解放军接收，后几度更名，民间一直称作山丹军马场，直到现在仍牧养少量军马。（图 3-11）

出土"马踏飞燕"铜奔马的武威雷台汉墓，距张掖山丹马场仅100多公里，出土张掖铜立马、高台木立马、行马画像砖的地方，距山丹军马场也均在方圆百公里范围之内。我们有理由推断，张掖及周边境内墓地出土的汉马形象，其原型可能就来自汉王朝设置在山丹大马营牧师苑的军用良马，它们应该具有大宛汗血宝马的血统。

"天马来，开远门。径千里，逝昆仑。"无论是汉王朝经河西走廊引进大宛汗血宝马等外来优秀马种，还是由山丹大马营马场培育牧养混血优秀马种，都使得张掖一带成为宝驹良马繁盛之地，也使其成为汉代养马业和马文化的代表地之一。从某种意义上说，张掖武威一带的汉马形象，就是大汉帝国意气昂扬、踔厉奋发、英勇无畏、勇于开拓的时代精神的缩影。

正衣辟秽、护佑士卒的军中铜镜

上：图3-12 汉代八乳禽兽规矩青铜镜。直径15.2厘米，厚0.3厘米，重185克。出土于八卦营汉墓群，收藏于民乐县博物馆

下：图3-13 汉代八弧连珠铭文青铜镜。直径18.5厘米，厚0.7厘米，重950克。出土于八卦营汉墓群，收藏于民乐县博物馆

汉代铜镜，无论各地博物馆还是民间都有大量收藏，形制、纹饰、数量都相对丰富。这是因为，春秋战国之后，封建礼乐制度瓦解崩溃，青铜礼器逐渐退出了历史的舞台，两汉时期青铜器已成为日常生活用具，铜镜就是其中之一。经过汉初休养生息政策和文景之治，两汉（包括新莽）时期的中原王朝逐渐走向了多民族统一封建国家的强盛阶段，经济和文化都达到了前所未有的高度，一个汉民族文化的开创和兴盛时期开始到来。陶瓷业的进步和漆器的发展，虽然代替了青铜器皿在祭祀礼仪和日常生活中的地位，但制铜工艺并没有衰退，且规模化生产水平有所提高，青铜制造由宗庙礼器转向了日常使用率比较高的铜镜等生活用具和饰品，且已发展为一般商品，官方和私营铸造业都得到了普遍的发展，迎来了中国铜镜史上的第一个巅峰，不仅在数量上远超前代，而且在形制和装饰上也出现了许多汉代特有的风格元素。如铜镜背面以镜钮为中心划分为四个或多个区域，每个分区装饰主题纹饰，简化地纹，突出主

纹，放弃了先秦时期常见的饕餮纹、蟠螭纹、纯地纹，出现了草叶纹、星云纹、瑞兽纹、神兽纹、画像纹、连珠纹、乳钉纹、连弧纹、规矩纹等新型纹饰。尤其是重视和突出铜镜的铭文，铭文形式和内容成为镜背纹饰的主要组成部分，纪年铭、纪地铭、姓氏铭及寄寓颂扬、祝福、吉祥之意的"尚方"铭、"日光"铭、"昭明"铭、"清白"铭、"善铜"铭、"铜华"铭等丰富繁多，造就了汉代铜镜种类繁复、形制多样、纹饰精美、做工精良的特殊品质，成为中国古代工艺美术的珍品。

"以铜为镜，可以正衣冠。"铜镜在古代社会具有许多重要的实用价值，除了用于照鉴容颜、整饰衣冠外，还有工艺装饰、光线照明、身手加热、礼品馈赠、信物、护身、辟邪、占卜等多种功能，在朝廷、庙堂、官府、家庭、军队、祭台、墓室等各个场所都能见到它的尊容。一面装饰繁华的大铜镜可以用于皇室、贵胄之家，一个简洁朴素的小铜镜则可用于百姓农妇、平民小孩、军队士卒。它可以是秦始皇"辨识忠奸"的照胆镜，也可以是汉宣帝巧如五铢钱的照妖镜；可以是夫妻别离破镜重圆的半镜，也可以是爱情忠贞、金铜之缘的贴心镜；可以是悬挂门庭的辟邪镜，也可以是察查影像、占爻卜卦的镜听；可以是透视背纹的透光幻镜，也可以是军中士卒挂系胸口的护身镜，还可以是镇压阴间无常、照亮逝人之路的冥镜……一面铜镜，真是照出人间万千世相。

图中的这两面铜镜（图3-12、图3-13），出自民乐县八卦营汉墓群，当为戍边士卒或随军家属用品，应该兼具正容、装饰、加热、护身乃至辟邪等多种功用。八卦营古城和汉墓群，位于民乐县城东南20公里处的永固镇八卦营村，与永固古城隔河相望，是一座古代军事防御城池，南扼祁连山扁都口，为甘青通道关口上的军事堡垒。古城坐北向南，平面呈凹形，由外城、内城、官城组成，城垣呈突脊状，面积279万平方米，内城、外城均设有护城河，南垣城门与护城河之间有吊桥遗迹，地表土层中有大量

图 3-14 八卦营汉

砖块、瓦片和各类陶器、铜器、钱币、印章,以及铁犁、石磨残块、铜箭头等。据考古分析,八卦营古城为汉代建筑,城防结构完善,具有严密的军事防御功能。古城旁边东山岭为同时代古墓群,应为守城军士和随军家属墓葬区。八卦营汉墓群面积达 2 平方公里,墓葬有土室墓、砖室墓,多为二室墓或多室墓,墓壁上彩绘有动物或放牧、征战、狩猎、耕作及日月星辰等图案,出土有钱币、陶罐、木马、弓箭、弩机、铜镜等文物,反映了当时戍边将士携带家眷、放牧屯田、自给自养、守卫边疆的生活信息。(图 3-14)

八卦营汉墓群出土的一批铜镜中,八乳禽兽规矩镜、八弧连珠铭文镜是其中富有代表性的两面铜镜。

规矩镜是西汉末期至东汉初期最为流行且流行时间最长的形制之一,最初由王莽政权为炫耀政绩而制作出一批华美精致的铜镜并成为汉镜中的上品,因铸造雕镂精细规矩而得名。规矩镜铸造形制非常标准,镜背一般划分为若干装饰区,以纽座为中心依次向外分为内、中、外区。纽座有半球形、方形、覆斗形等形状,围绕纽座形成的内区,饰主要花纹;中区多为卷云纹、鸟兽纹、四神纹、几何纹、博局纹等图案装饰,与外区之间形成圆形铭文带;最外层是外缘区,有全素或简单弧纹、绳纹、锯齿纹等形式。规矩镜布局严谨端正,纹饰精美细致,但因是规模化生产或作坊模仿

图 3-15 八卦营汉墓群出土铜镜

铸造多，同类型铜镜又显机械呆板少变化，给人以千镜一面的感觉。最有特色的是镜中的铭文，常有"尚方作镜真大好""朱氏明镜快人意""田氏作镜四夷服"等纪氏铭和"见日之光，天下大明""长乐未央""家常富贵""与天无极，与地相长""宜子孙，寿万年""月有惠，日有富，乐无事，常得意""内清质以昭明，光辉象夫日月"等祝福吉祥歌颂语，军中士卒随身携带的铜镜则多有"辟除不羊（祥）""长相思，毋相忘"等铭文内容。这些铭文或突出作坊姓氏招牌起到商品宣传效应，或承载对美好生活和未来愿景的希望与期许，或寄托相思之意和特定的情感，积淀着那个时代丰富的文化内涵。（图3-15）

八卦营汉墓的这面八乳禽兽纹镜（图3-12），就是典型的规矩镜。镜背中央为半球形钮，钮外饰四叶纹构成内区，以大方格区分，方格外与铭文带之间构成中区，四面各饰两个乳钉共八乳环绕，空隙间饰蛇鸟等禽兽图案，外区有两圈阳凸弦纹，中间为铭文带，铭文为"尚方作竟真大巧，上有仙人不知老，渴饮玉泉"共18字，镜边饰三重锯齿纹。铜镜保存完好，纹饰、铭文清晰，布局规整，制作精良，应当出自中原地区的生产作坊，被戍边将士或随军家属带到了西北边关军营——民乐八卦营军事城堡。

八弧连珠铭文镜，则是东汉中期到末期的代表镜型之一。这一时期的镜钮及镜面变得厚大结实，便于照全人脸，也宜于军用装饰和护身，镜背内区、中区增加了浮雕式连珠、连弧形及双夔纹、蝙蝠纹、画像、神兽等饰样，布局趋向活泼变化，区域划分和纹饰趋于简洁，通常有"长宜子孙""位至三公"等祝福吉祥语铭文。八卦营汉墓的这面八弧连珠铭文镜（图3-13），直径有18.5厘米，厚度达到0.7厘米，重量接近1公斤，半球形镜钮浑圆结实，钮周有12个浮凸连珠，连珠周围有一道栉齿纹和弦纹

图 3-16 张掖市馆藏汉镜

环绕,中区有 8 个阳凸连弧纹,与阴凹部分形成阴阳互间的规整几何图案,外区有内外两道栉齿纹构成铭文带,有长达 36 字的铭文,外缘平阔无纹。整体纹饰与著名的"铜华"镜相似而铭文不同,布局繁简适宜,镜体厚重结实,适宜于军队士卒做护心镜,系挂或镶嵌在甲衣的胸前位置,用于防护人体最重要的心脏部位。

研究者一般认为汉代军用防护镜通常是四乳四虺镜,而八卦营这一军事城池和墓地出土的一批铜镜,大小不一,形制多样,或许可以表明,汉代普通士卒特别是边关守卒使用的铜镜,应当没有统一的标准,可能根据各自的家境、喜好而佩饰,平时作照容、正衣、加热、装饰之用,战时作甲衣护身之用,还可能是随身携带的祈福辟邪吉祥物。(图 3-16)

"黑河如带向西来,河上边城自汉开。"祁连山下、扁都口外的八卦营古城,古城边丘冢累累的古墓,古墓中那一面面小小的铜镜,照见汉时边关城头的明月,照见万里长征、以关城为家的戍边士卒的辛苦日常,照见羌笛声声、胡笳悲切和长相思勿相忘的誓言,照见空老边关、将军白发征夫泪的真实世界。

锈而不朽、见证农耕的汉代铁铧

图 3-17 汉代深耕农具铁铧。生铁铸造，长 36 厘米，两翼最宽处 32 厘米，两翼中间最厚处 11 厘米。1990 年发现于甘州区平原堡，收藏于张掖市（甘州区）博物馆

面对这件锈迹斑斑的铁器（图 3-17），尽管它的边缘已经模糊不清，轮廓也不再清晰分明，可如果是在农村生活和劳作过的人们，仍会一眼看出它的真面目——犁地的铁铧。然而，你未必知道或很难相信，它藏身耕地已穿越近 2000 年的时光，如今破土而出，向我们述说和展示这片土地的农耕历史和曾经的文明辉煌。

农业耕作，是人类衣食之源、文明之根，是原始社会进入文明社会的重大进步和重要标识之一，也是从古至今延续不断的重要生产方式。作为农业耕作中最为重要的生产工具之一——犁的出现，极大地提高了古代农业生产水平和劳作效率，其演变和改进水平，代表着农业耕作的文明程度。农作物种植，需要破土松地、翻垦平整后才能播种，从原始的刀耕火种，到春秋以前的人工耒耜，再到战国时期畜力铁犁的出现，我国先民一直行进在探索和发明的前沿。中国是世界上最古老的农业国之一，也是最早使用犁的国家之一，犁的发明、发展，凝聚了中国人在农耕实践中不断探索的努力和心

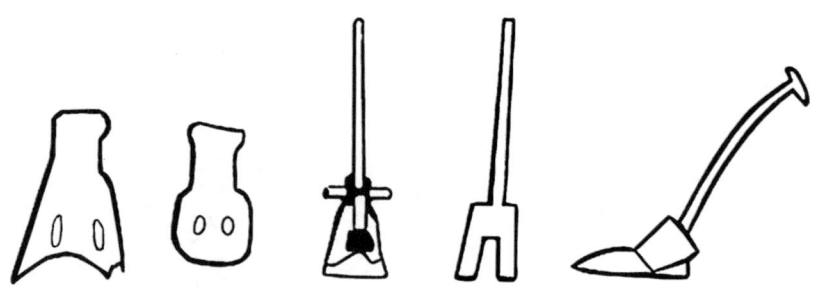

图 3-18 犁的前身耒耜

血,体现了先民们的勤劳智慧和创新精神。在机械化时代到来之前,它的结构原理和形制几乎保持了 2000 多年,说明当时在力学运用和结构设计方面已具有比较科学先进的实用水准,这也是我们面对锈蚀严重、面目模糊的汉代铁铧时,仍可一眼认出它的原因所在。时至今日,二牛抬杠的历史已然结束,古老的畜力犁已十分少见,但我们仍可在现代机械化新型农具上看到它的影子。

犁的历史,从某种意义上说就是农耕文明的历史。新石器时代的石刀石斧及犁形石器,是犁的萌芽,而靠人力不断挥动来翻土整地,不仅费时费力,还易损毁石器,生产力自然十分低下。商周时期青铜业的发展和铜犁的出现,是古代农具制造上的飞跃,但统治者和贵族垄断了稀有的青铜资源,只注重青铜礼器的铸造,不重视生产工具的发展,青铜犁具的使用范围非常有限,数量极少。到春秋战国时期,冶铁技术的兴起和铁器的出现,以及民间个体经济的发展,铁犁和牛耕得以配套使用,适应力学原理的畜力犁铧才逐渐发展,但限于经济社会条件,当时仍以耒耜这样的人力耕具为主,畜力铁犁的推广普及仍然有限。这从先秦时期的一些文献记载中可以得到印证。(图 3-18)

《淮南子·主术训》载:"夫民之为生也,一人跖耒而耕,不过十亩。"是说老百姓耕田种地,一个人用耒耜这样的人力工具,最多能耕作经营十亩地。《论语·微子篇》载:"长沮、桀溺耦而耕。孔子过之,使子路问津焉……耰而不辍。"孔子让弟子子路向正在耕作的长沮、桀溺二人问路,这两位隐士"耦而耕",是一人前面拉一人后面扶犁,两人合力而人

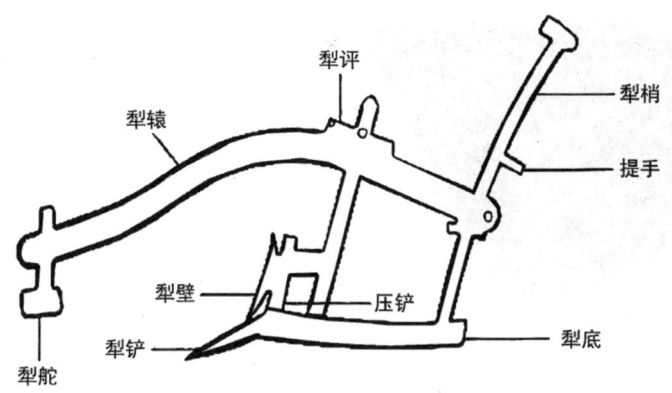

图 3-19 曲辕犁示意图

工耕作。《孟子·滕文公上》载:"陈良之徒陈相与其弟辛,负耒耜而自宋之滕……曰:'许子以釜甑爨,以铁耕乎?'曰:'然。''自为之与?'曰:'否。以粟易之。'"与孟子同时代的许行,主张什么事都应亲力亲为,陈良、陈相等人是许行的门徒,对他的学说非常信奉,从宋国到滕国长途前行都要亲自背着自家的耕作工具耒耜。为了反驳这种愚蠢的行为和主张,孟子向许行的弟子问了许多生活日常:许子必亲自先织布而后做衣穿衣吗?必先亲自种粟而后做饭吃饭吗?必先亲自织素丝而后做冠戴帽吗?许子以铁釜做饭、以铁犁耕地吗?是自己亲自冶铁做锅铸犁吗?答案是显而易见的,每个人不可能做到事事亲力亲为,分工、交易、合作、协同是经济社会发展的必然。其中提到许行、陈相等人使用的耕作工具,既有人力耒耜,也出现了铁犁。上述先秦时期的文献记载,说明春秋时期农业耕作仍以人力为主,大多使用的是耒耜这样的人力工具,畜力和铁犁配合耕作的方式还没有普及,生产效率还普遍不高。

  先秦时期的人力翻土工具耒耜,应是犁铧的前身。耒耜是耒和耜的组合,耒是木柄,耜是下端起土的部分,类似于铧。人力挥动耒耜耕作费时费力,于是逐渐改进出人力或畜力拉动而连续作业的犁铧,且犁头(即铧)经过了木质、铜质到铁质的长期演变,秦汉时期最终成为木柄与铁铧结合、构造合理实用的犁铧:扶柄和犁辕采用木质结构,减轻了牵引的重量且方便挪用;犁头全铁化,坚固耐用且增加了深耕的重力;铧口角度缩小到 90 度以下,入土锐利轻松;有的犁头增加了犁冠,呈"V"字形,适用于坚硬或沙石土质,保护犁刃且易于更换;有的犁身增加了犁壁,便于翻

图 3-20 民乐馆藏汉铁铧

土、起垄,提高了翻耕的效率和质量。(图 3-19)

两汉时期,铁犁等铁农具与牛耕开始广泛使用。西汉《盐铁论·水旱》云:"农,天下之大业也;铁器,民之大用也。器用便利,则用力少而得作多,农夫乐事劝功。用不具,则田畴荒,谷不殖,用力鲜,功自半。器便与不便,其功相什而倍也。"这段文字,把农具对于农业生产的重要性讲得简明而扼要——铁制农具是老百姓从事农耕的重要生产工具,如果工具便利,则花费力气少而收获大,农夫也就乐于耕作;工具不便利,田地就会荒芜,谷物生长不好,人们投入的劳动少,产出也就会大打折扣。工具的好坏致使劳作的效果相差数倍甚至十倍以上。而便利的铁制农具,还需要牛马等畜力配套使用,才能减轻人力劳动、提高生产效率。战国纷乱和楚汉战争之后,民生凋敝,国力空虚,西汉初年"自天子不能具醇驷,而将相或乘牛车",连天子驾车都找不出四匹毛色相同的马,将相出门乘坐的是牛车。经过休养生息、文景之治和武帝经略,民间牛马等牲畜数量有了很大增加,许多地区"牛马成群,农夫以马耕载,而民莫不骑乘"(《盐铁论》),一牛或二牛与一人或多人的"耦耕"——也即二牛抬杠的牛耕方式已经流行,除了一些畜力贫乏的人家和地势温湿不宜牛耕的地区,有条件的地方牛耕马种已成为普遍的耕作方式。考古资料表明,黄河流域的甘肃、内蒙古、宁夏、陕西、山西、河南、河北、山东,长江流域的云南、四川、湖北、湖南、江西、安徽、浙江、江苏,珠江流域的广西、广东、贵州,以及辽宁、福建、新疆等地区,都发现了两汉时期的铁农具,有犁铧、铲、

图 3-21 骆驼城遗址魏晋时期牛耕画像砖

镐、锹、锄、镰、耙、刀等多种品类，大小有别，样式不一，适用于不同地区的地质条件和耕作要求。一些地区还发现了先进的铁犁壁，耕地时可以辅助翻土、起垄、碎土，比欧洲的同类铁犁早 1000 年左右。（图 3-20）

　　张掖地界发现的汉代铁铧，对研究河西走廊和本地区的农耕历史和地域文化具有重大意义。张掖地跨河西走廊石羊河、黑河、疏勒河三大流域，其中西北地区第二大内陆河黑河纵贯全境，得祁连山水源涵养和黑河水滋润之便，既有"焉支山下好牧马"的丰茂草原，也有"绿荫丛外麦氄氄"的沃野田畴，自古就是宜牧宜耕、亦农亦牧的农牧交会区，山区、浅山区和山前区是月氏、乌孙、匈奴及西羌诸族驻牧或游牧的地方，平原宜耕区是农耕民族生产生活的地方，且农耕历史悠久，早在新石器晚期就有了农耕文明的印迹。前面提到的民乐东灰山文化遗址出土了 4000 年前的碳化麦粟颗粒和四坝文化时期的石推磨就是充分的证明，而这件汉代铁铧的发现，更是张掖大地农耕文明从新石器时代、先秦时期到两汉时期一直赓续不断、绵延发展的有力证据。（图 3-21）

四灵镇守、镇煞辟邪的封墓画像砖

图 3-22 西汉末年新莽时期封墓画像砖。方形，长 41 厘米，宽 39 厘米，厚 5 厘米。倪家营黄家湾滩墓群出土，收藏于临泽县博物馆。

汉代四灵神兽在铜镜、瓦当、画像砖等物品上比较常见，但像图中（图3-22）这样集"四灵"为一体、边长达到 41 厘米的大型特制方砖则非常少见。

所谓"四灵"，即青龙、白虎、朱雀、玄武四种神兽，古代称"四象""天之四灵"，属于远古星宿认知和崇拜的产物。中国古代把天空的恒星划分为"三垣"和"四象"七大星区，"垣"是城墙的意思，三垣环绕着北极星呈三角状排列，三垣外围分布着"四象"，即东苍龙、西白虎、南朱雀、北玄武，是说东方的星象如一条龙，西方的星象如一只虎，南方的星象如大鸟，北方的星象如龟蛇（龟蛇合体），总称为"四大神兽"。天空的星象随着季节转换，每到冬春之交的傍晚，苍龙显现；春夏之交，朱雀升起；夏秋之交，白虎露头；秋冬之交，玄武上

图 3-23 汉代模印四灵画像砖（甘州明永出土）

升。现在我们知道，这是地球围绕太阳公转而时空变化的结果，而古人认为是天之四灵也即四大神兽在掌控和镇守天空。

"青龙白虎掌四方，朱雀玄武顺阴阳。"四大神兽还被应用于易爻卦象和五行方位，是周易六爻卦象对应的"六兽"（也称"六神"：青龙、朱雀、勾陈、腾蛇、白虎、玄武）中的四兽，是五行和方位中对应的四种颜色和方位：东方青色为木，西方白色为金，南方赤色为火，北方黑色为水，中央黄色为土，而《淮南子》中所说五龙之一的黄龙，也即应龙，位居中央，是四方之中、四兽之长。左青龙、右白虎、前朱雀、后玄武，谓之天数，从中可知阴阳时序，所谓处堂上之阴可知日月次序，见瓶中之冰而知天下寒暑。而阴阳天数、五行次序又演绎出诸多神话传说和道教神祇。青龙是神话中的东方之神，为二十八星宿的东方七宿，其形像龙，主东方，属木，色青，又名苍龙，后来成为道教的东方七宿星君；白虎是西方之神，为二十八宿的西方七宿，其形像虎，主西方，属金，色白，称白虎，后来成为道教的西方七宿星君；朱雀是南方之神，为二十八宿的南方七宿，其形像鸟，主南方，属火，色赤，也称"朱鸟"，后来成为道教的南方七宿星君；玄武是北方之神，为二十八宿的北方七宿，其形如龟蛇一体，也称龟蛇，主北方，属水，色玄，后来成为道教的北方七宿星君。（图3-23）

从早期的天星四象，到汉代的四灵神兽，经过了长期的演绎变化。天之四象，是中国古人对天空星象长期观察和形象概括的结果，起源很早，史前文明时期就有了雏形。河南濮阳西水坡大墓，出土了6500年前的天文星象图，墓主人的身份非同寻常，左右两边各是蚌壳堆塑的龙、虎造

图 3-24 西水坡大墓蚌塑龙虎

型,形象栩栩如生,其中的龙是迄今为止考古发现的最早龙形,被誉为"中华第一龙";墓主人头顶、脚底的外围,发现了蚌塑的鹿、鸟形象和由蚌和人骨组合的七星勺柄,东西南北四个方位还各有一个殉人。考古研究者认为,这种墓葬形位,应是中国早期的四象四时星象图,龙虎鹿鸟是天之四象,四个殉人分别代表春夏秋冬四时,它们共同掌管天空和时序,负责天地通达和人神沟通,后来演变为青龙、白虎、朱雀、玄武天之四灵。阴阳五行和方位学说,盛行于战国末期,是将金、木、水、火、土五种物质与自然界的关系对应发挥,结合星象四灵说而演绎出五色配五方,于是有了主管二十八宿和四时方位及颜色的东方青龙、西方白虎、南方朱雀和北方玄武,以及位居中央的黄色应龙,并由此演化成一种无所不容、包罗万象的辩证思维和哲学学说。两汉时期,道教思想广为流行,天象四灵、阴阳五行与道教神学杂糅,衍生出四方七宿星君神祇说。(图3-24)

天星四象,方位四神,道教四方星君,自然是通天达地、神灵非凡,所以成为中国传统文化中主镇四方的四灵神明,被赋予正气镇煞、辟邪祛

灾的神异功能,常常绘制或雕刻在铜镜、画像砖、画像石、帛画及其他四面体物品上,摆放在朝堂、庙宇和家室,以及绘制在丧葬墓室里,以镇煞辟邪、祈福纳祥。这种神学思想、风俗习惯和文化现象,在汉代尤其盛行和普遍,张掖境内发现的考古实证也相对丰富,民乐八卦营汉墓出土的四灵神兽铜镜、甘州明永出土的模印四灵画像砖、高台骆驼城遗址出土的四灵墓室画和画像砖,以及临泽县博物

上：图 3-25 穹窿顶墓室及封砖处
下：图 3-26 画像砖大泉五十币样图

馆收藏的这块四灵画像封墓大方砖，都是汉代信奉和流行四灵神兽说的印证。

临泽馆藏的四灵画像大方砖，是穹窿式墓室用来最后封盖墓顶的特用青砖。汉代开始流行砖室墓，有长方形、券顶、穹窿顶等建造形式。券顶是从墓室两壁向上砌筑、顶部为半圆拱形的墓室，穹窿顶是从墓室四面向上建造、逐渐内收而形成四壁弧形、顶端半球状或尖状的墓室，最上端由特制的四灵画像方形大青砖封顶，意在由四灵神兽镇守墓室、祛煞辟邪，也可能还寄寓四方天神接引墓主人灵魂升天成仙或上达天堂之意。（图 3-25）

临泽馆藏的四灵画像封墓大方砖，外区由对角十字线分割布局，规整有序，疏密有致，四灵画像生动活泼，线条简洁流畅，画风粗犷奔放，朴素中显现厚重大气，一方画砖尽显昂扬豪迈、朝气蓬勃的大汉气象。

同时，这块画像砖还有一个非常独特和有意思的地方，那就是内区——画像的中央位置，特别醒目地嵌入了一枚"大泉五十"币样——一种新莽时期铸造的钱币，而且对角十字交叉线也即四灵图案的分区交界处，又各饰一枚圆形方孔币样图，从中心到边角共五枚钱币，构成由内向外四向延伸的"币网图"。这样设计布局的墓室封顶砖很有意思，既有四灵神兽镇守四方，又有大泉五十钱币内外交通，除了常说的镇煞辟邪、导引墓主灵魂升天等功能外，还有以阳界的钱币去开通冥界的路途、让墓主顺利过关登仙的用意，现在丧葬民俗里出殡时一路抛撒纸钱也是同样的道理，是古代丧葬习俗的一种传承和沿续。（图 3-26）

杂记军政、琐写屯戍的居延汉简

居延汉简，是20世纪初中国古文献四大发现（殷商甲骨文、居延汉简、敦煌遗书和明清内阁大库档案）之一。

"居延"之名出现于西汉，当为匈奴语的音译，一说即"祁连"的近音。居延是发源于祁连山的黑河水系——古弱水流归的地方，也即大禹"导弱水入流沙"的所在，就是如今的黑河中下游地区，包括现在的张掖市高台县正义峡周边、酒泉市金塔县和内蒙古自治区额济纳旗一带，西汉在此置居延县，属张掖郡管辖，东汉属张掖居延属国都尉管辖。1930—1931年，中国和瑞典考古学家联合组成的西北科学考察团，在这一地区发掘出了1.1万余枚汉代简牍，这些简牍被称为"居延汉简"。20世纪60年代至今，甘肃省博物馆考古队陆续在这里又发掘出2.1万余枚汉简，考古学界称其为"居延新简"。居延汉简前后发掘的简牍达到3万多枚，发现的地点实际已超出了居延的范围，因此有学者主张应称为"张掖汉简"更为准确。

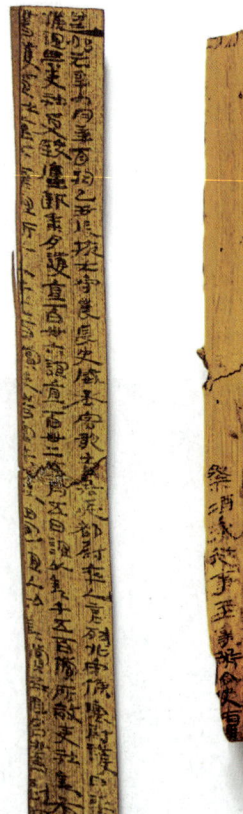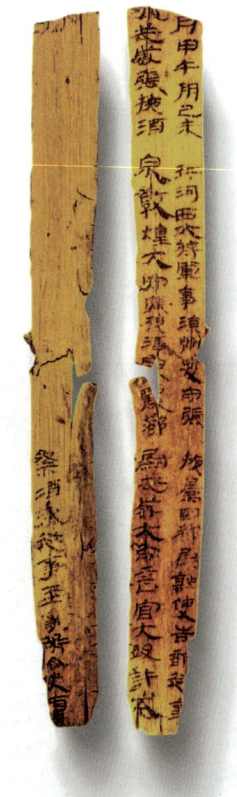

左：图3-27 汉代木简张掖郡太守府书。松木材质，长23.1厘米，宽2.4厘米，厚0.2厘米，简文正面三行书写。1974年出土于张掖西北的古居延甲渠候官遗址，现藏于甘肃简牍博物馆

右：图3-28 汉代木简河西大将军窦融书。胡杨木材质，长19.5厘米，宽2.1厘米，厚0.2厘米，上、下端均有残缺。简文正面两行书写，反面一行书写。1974年出土于张掖西北的古居延甲渠候官遗址，现藏于甘肃简牍博物馆

图 3-29 甲渠候官简

  居延汉简的出土地点有数十处之多，大都在长城烽燧、城鄣、关门等遗址，包括上下各都尉府、候官、部、燧及都尉府直辖的关卡等，当时均属张掖郡下辖的居延都尉府和肩水都尉府管辖。出土的简牍多为木质，另有个别帛书（如张掖都尉启信）。除了常见的文书简牍，还可分为檄、牒、札、册、符、传、觚、检、楬、缄、签、棒、削衣等各种类别，内容繁杂纷多，包括官府公文、书、簿、籍、课、案、条、券刺、科品令、录、算、劾状、记、计、奏、符、过所、致、式、信札、古书籍、律令等多种类型，其中又以官府公文和簿、籍等最多，主要为当时与军事、政治活动和边民生活相关的屯戍文书，也有和地方行政及社会、经济相关的其他文书，以及少数文献典籍。这些形式多样、内容丰富的简牍，既是大汉王朝经略河西边塞地区的直接证据，又是反映汉代河西军民及中原地区政治、军事、经济、文化和社会生活史的重要史料，也是研究汉代书法及中国书法演变、汉代文字及中国古文字和古汉语演进的重要资料。

  张掖郡太守府书（图3-27）、河西大将军窦融书两枚汉简（图3-28），均出土于居延甲渠候官遗址。（图3-29）

  张掖郡太守府书汉简为松木材质，长23.1厘米，宽2.4厘米，厚0.2厘米，保存完整，简文正面三行书写，为张掖太守府给居延都尉的下行文书,释文为"建始元年九月辛酉朔乙丑,张掖太守良、长史威、丞宏敢告居延都尉卒人,言殄北守候塞尉护、甲渠候谊,典吏社受致廛饭黍肉,护直(值)百卅六,谊直百卌二。五月五日谊以钱千五百偿所敛吏社钱,有书,护受社廛不谨,谊所以钱偿吏者审未发觉,谊以私钱偿毋罪名。书到如……"大意是说,汉成帝刘骜建始元年(前32)九月初五,张掖郡太守良、长史威、丞宏三人联名给居延都尉复文,记述了居延都尉下辖的殄北守候塞尉"护"和甲渠候"谊",在举行祠社稷祭祀活动时利用职权之便从中牟利敛财这一事件,其中名叫谊的甲渠候,因在事发前已将"钱千五百"偿还给了办事小吏,所以最终免予罪责。除了书告这一事件本身之外,从中我们还可了解当时边民的祠社稷活动、守边军吏的经济生活及廉政军纪等相关情况。比如简文中提到的"社",即汉代流行的祠社稷,是一种祭祀社神和稷神的习俗。"社者,土地之主也;稷者,五谷之长也。"(司马彪《续汉书·祭祀志》)祭祀土地神和五谷神,是民间百姓最为重视的活动,置办饭黍肉蔬等祭祀用品,需要"廛"——官民吏卒共同出资购买,这就使得"护""谊"等主办官吏有了盘剥贪占的空间和机会,而下级军吏和边塞百姓共同筹集的钱资自然会有人关注,所以贪污敛占之事终究败露。从两人敛财的数目看,一个是钱一百三十六,一个是一百四十二,数额都不大,最终"谊"还是用数倍于此的一千五百钱才了结事端,虽然免除了罪责,但仍然行文通告。由此可以管窥,当时张掖边塞的军吏和百姓生活都不富裕,对小贪小占的行为不予宽容、责罚不轻。

河西大将军窦融书汉简,长19.5厘米,宽2.1厘米,厚0.2厘米,上、下端均有残缺。简文正面两行书写,反面一行书写,释文为:"□月甲午朔己未,行河西大将军事、凉州牧守、张掖属国都尉融,使告部从事□城、武威、张掖、酒泉、敦煌太守,张掖、酒泉农都尉。武威太守言,官大奴许岑,□祭酒永、从事主事术、令史霸。"应是时任行河西大将军事、凉州牧、张掖属国都尉的窦融，转发给河西五郡（金城、武威、张掖、酒泉、敦煌）太守及张掖、酒泉农都尉的下行文书的开头部分，除了行文抬头的官衔、告示对象外，从"武威太守言、官大奴许岑……"开始，可能在转述某件事由。简文的具体内容有待进一步考证，我们暂且不论，单就其中提及的人物、头衔、属僚、官职等，便包含了许多关于河西地区的历史信息。

简文里提到的河西最高行政和军事长官窦融，是东汉时期曾割据河西的地方军阀，后来成为东汉名臣，云台三十二将之一。窦融生于公元前16年，卒于公元62年，正是王莽篡汉到刘秀称帝的动荡时期。他在青少年时代就显露出不同一般的智慧和胆识，年少早孤、居住长安时，对外结交贵族豪杰，对内侍养母亲和兄弟，颇有侠义孝悌之名。新莽败亡、更始帝刘玄时期，窦融看到时局动荡，设法谋得张掖属国都尉一职以据境自保，在此期间结交河西雄杰，怀柔安定西北羌人，颇得地方民心，被推为行河西五郡大将军事。刘秀称帝后窦融归汉，授凉州牧，联合刘秀破隗嚣，在稳定河西、平定中原叛乱中军功显著，封安丰侯。窦融执掌河西期间，实行宽和亲民政策，招揽各郡豪杰名士，推行军农结合的"农都尉""田吏"制度，注重农牧业生产活动，严禁伐木以保护环境，设置"牧师苑"负责畜牧事务，加强军事力量，组建由郡县、都尉府、塞、燧等构成的防御警戒体系，制定边防守备条例，为地区安定和经济发展提供了条件，成为河西历史上卓然有为的政治家之一。

简文中提到河西五郡及郡守，它们的设置我们知道始自汉武帝，而农都尉、属国都尉等官职设置，也同样始于汉武帝时期。《汉书·百官公卿表》记载："农都尉、属国都尉，皆武帝初置。"汉代农都尉常置于边郡地区，主管屯田积谷等农事，受大司农、郡太守双重节制。属国，通常是用以安置归降的少数民族部落的边关地区，属国都尉则是汉代领护边郡属国的最高军政长官。从这枚汉简看，张掖、酒泉农都尉和张掖属国都尉，在东汉初年即有，初置应在西汉时期。《汉书·地理志下》记载："张掖郡，故匈奴昆邪王地，武帝太初元年开。莽曰设屏。户二万四千三百五十二，口八万八千七百三十一。县十：觻得，千金渠西至乐涫入泽中。羌谷水出羌中，东北至居延入海，过郡二，行二千一百里。莽曰官式。昭武，莽曰渠武。删丹，桑钦以为道弱水自此，西至酒泉合黎。莽曰贯虏。氐池，莽曰否武。屋兰，莽曰传武。日勒，都尉治泽索谷。莽曰勒治。骊靬，莽曰揭虏。番和，农都尉治。莽曰罗虏。居延，居延泽在东北，古文以为流沙。都尉治。莽曰居成。显美。"这里列举了汉武帝时期张掖郡下设的觻得、昭武、删丹、氐池、屋兰、日勒、骊靬、番和、居延、显美等十个县及王莽时期的称谓，其中特意提到番和县是"农都尉治"，可见张掖农都尉设于西汉。（图3-30）

张掖属国的设置，应是为了便于安置和管理河西走廊一带归降归附的匈奴、小月氏、秦胡、卢水胡及"诸羌"部族民众。《续汉书·郡国志》记载"张掖属国"云："武帝置属国都尉，以主蛮夷降者。"《汉书·匈奴传》记载："明年，单于使犁污王窥边，言酒泉、张掖兵益弱，出兵试击，冀可复得其地。时汉先得降者，闻其计，天子诏边警备。后无几，右贤王、犁污王四千骑分三队，入日勒、屋兰、番和。张掖太守、属国都尉发兵击，大破之，得脱者数百人。属国千长义渠王骑士射杀犁污王，赐黄金二百斤，马二百匹，因封为犁污王。属国都尉郭忠封成安侯。自是后，匈奴不敢入张掖。"说的是汉昭帝元凤三年（前78），匈奴进犯张掖的日勒、屋兰、番和，汉军事先得到消息，张掖太守、属国都尉发兵大破匈奴，张掖属国千长、属国都尉因功受赏、封侯。由此可知，张掖属国及都尉在武帝时已设置，汉昭帝时已有百长、千长等内部职级，结合木简中还提及的祭酒、从事主事、令史等职务，可见张掖郡、张掖属国的内部官职层级已比较完备。

图 3-30 匈奴人入塞简

图 3-31 禁伐树、毋屠杀牛马等四时禁令简

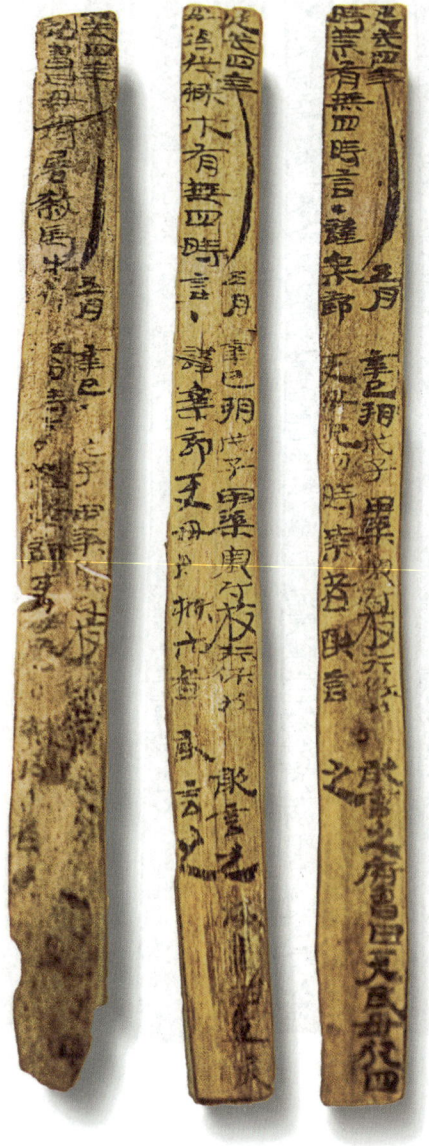

西汉时期，张掖北部的居延县属于张掖郡、张掖属国都尉节制，而到了东汉安帝刘祜时，在张掖属国之外又另置居延属国，别领候官、左骑、千人、司马官、千人官等五个官署治所，这些内部官职多由当地人或归降的少数民族部落首领充任，以便更好地进行属地属族管理。唐代诗人王维《使至塞上》"单车欲问边，属国过居延"，说的便是居延属国。（图 3-31）

仅张掖郡太守府书、河西大将军窦融书这两枚简牍中就包含了如此丰富的信息，而后期出土的居延新简中有大量的简册包含更丰富的信息，其中甲渠候官第 22 号房舍遗址就出土了许多保存完整的册书，而且都是当时的实用档案文件，例如"东汉建武三年候粟君所责寇恩事册"，计 36 枚 1526 字，是一份关于建武初年甲渠候官粟君和客民寇恩之间发生的一宗经济纠纷案卷，可以说是一份完整的司法文书，内容涉及军事、民政、法律、经济等多方面内容和许多有趣信息，是研究东汉初期居延边塞及河西走廊生产生活情况的重要文献。（图 3-32）

再如肩水金关、破城子等遗址出土的肩水金关简、塞上烽火品约、甲渠候君书、候史广德坐罪行罚檄、天田简、天子劳简、赵宪借衣记、甘露二年丞相御史书、算术简等，或记录居延地区边防系统的军事建制、防御要塞及遇

到敌情时各种警报信号规定、传递军情方式，或记述匈奴入侵时边地军民奋起反击的战事，或记述边防官员玩忽职守不及时巡查致使所辖各燧武备缺失的事实及责罚结果，或记录戍边吏卒对辖区天田进行巡视的"日迹"，或记述戍边吏卒受到远在京师长安天子的慰劳与关心，或记述下级戍卒天寒时节缺衣少食、求人借衣的辛酸生活，或为昭告相貌、通缉罪犯的文书，或为供屯戍吏卒学习数学知识的乘法口诀等。3万多枚居延汉简，涵盖了河西地区边塞戍备、候望烽火、攻守战事、军政制度、经济贸易、戍卒日常、文化活动等多方面内容，可以说是记录2000年前汉代边塞地区社会生活的"百科全书"。

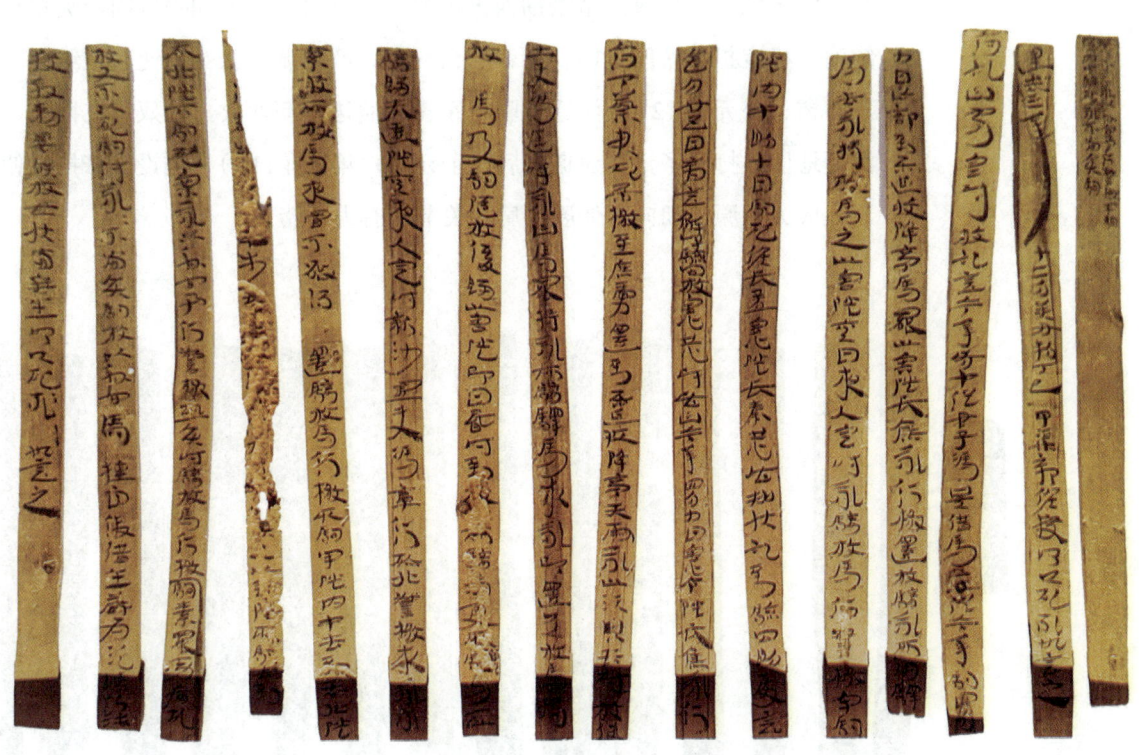

第三单元 结语

"黑河如带向西来,河上边城自汉开。"张掖在历史舞台的高光亮相,是大汉王朝建立后汉武帝刘彻西击匈奴立郡之时。为了加强巩固中央集权统治、稳定扩大帝国边疆,武帝于公元前 138 年派遣张骞出使西域结交军事同盟,公元前 121 年派遣骠骑将军霍去病进军河西攻击匈奴,在控制了河西地区、打通了走廊通道之后,于元鼎六年(前 111)正式设郡张掖,使这里成为中原王朝向西伸展的肩肘关节和有力臂膀。

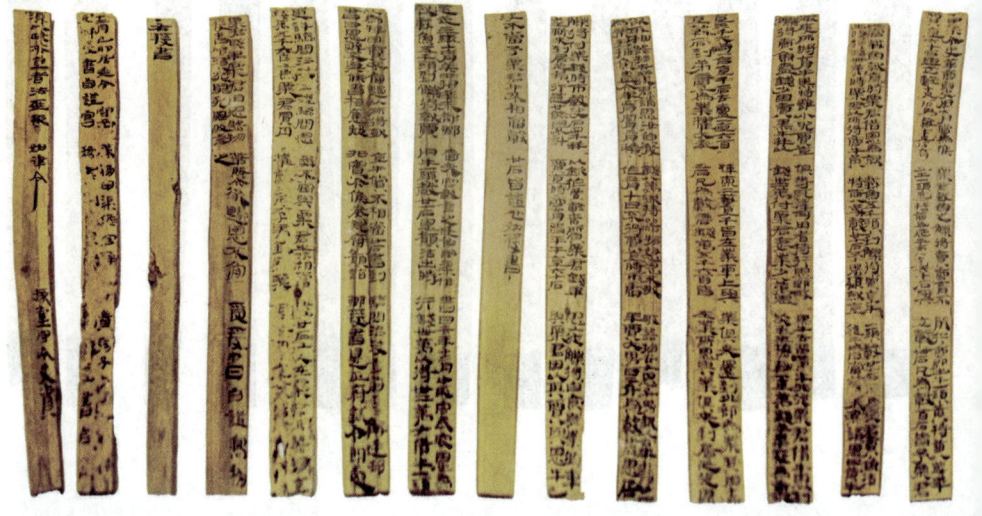

上：图 3-33 张掖馆藏汉代绿釉浮雕龙虎纹器物盖
下：图 3-34 候粟君所责寇恩事册

　　张掖"国之臂掖"的战略地位，突出地体现于它在丝绸之路的关键节点上。当时的丝绸之路由长安出发，向西进入甘肃东部穿越河西走廊时有南北中三线，而三条线路都在张掖汇合，过酒泉敦煌后又分南北线继续西进。为此，两汉王朝从未放松过对这里的掌控。外交活动家常惠、投笔从戎的班超等，一生穿行于河西走廊与西域之间，留下了维护大汉王朝威严和保障丝绸之路通畅的串串足迹。戍边名将赵充国实施以兵屯田、亦兵亦农的策略，张掖属国都尉、河西五郡大将军窦融实行宽和亲民政策与军农结合的农都尉、田吏制度，使张掖出现了社会稳定、仓库有蓄、民众殷富、兵马精强的境况。现在张掖境内留存的汉代古文化遗迹最为丰富，骆驼城故址、黑水国遗址、八卦古城址及汉墓群、永固城故址、汉长城遗迹、明海城故址、许三湾故址、羊蹄沟故址等一大批遗址，以及本单元所选的铜镜、铜马、铜弩机、铁犁、画像砖、居延汉简等代表文物，见证了初设之郡和丝路重镇的非凡与辉煌。（图 3-33、图 3-34）

第四单元

石窟经卷魏晋风

——五凉文化的生发气息

儒生开凿、佛徒造像的薤谷石窟

图4-1 马蹄寺三十三天石窟。由上下7层洞窟组成，呈宝塔形排列于百米高的岩壁上，最顶层距地表43米

张掖市民乐县南古镇与肃南裕固族自治县马蹄乡交界处的祁连山谷，古称临松薤谷。这里山峦起伏，雪峰屹立，松柏苍翠，草甸如茵，冰川瀑布遥挂，清泉溪水潺潺。大堵麻河、马蹄河在山谷流淌，马莲花、格桑花在山地盛开，裕固族牧歌飞扬，崖壁上石窟高悬。与敦煌莫高窟、瓜州榆林窟并称河西佛教三大宝窟的马蹄寺石窟群，便隐身于这片山峡石涧之中。（图4-1、图4-2）

马蹄寺石窟的最早开凿者，并非佛门弟子，而是东晋学者郭瑀及其弟子们。他们当初开凿石窟，并非为了建造佛像或佛门修行，而是为了开辟一方专门受授和研学儒家经典的幽僻学堂，以免受到外界的干扰和影响。据《晋书·郭瑀传》载，敦煌

图 4-2 临松薤谷

人郭瑀曾"东游张掖……隐于临松薤谷，凿石窟而居"。而令郭瑀及其弟子们始料未及的是，这一凿，凿出了中原儒学和中华文明于魏晋乱世之中得以在河西地区延续和传承的千年回响，也凿出了佛学东渐中祁连薤谷第一尊佛陀的安身窟穴，拉开了马蹄寺石窟艺术殿堂建造的序幕。

  魏晋南北朝时期，中原地区政局混乱、战火不断，河西地区为前凉、后凉、南凉、北凉、西凉割据交替，社会结构反而相对稳定。部分中原汉族世家、儒学大家迁徙于河西地区，研习学术，讲学授徒，使中原文化得以延续和传承，其中郭荷、郭瑀、刘昞等人，是张掖儒学的代表人物，也是五凉文化的开拓者和领军者。出身儒学世家的东晋学者郭荷，在十六国前凉时期来到张掖，先后隐居于张掖东山、临松薤谷，收徒讲学，影响广远。敦煌学者郭瑀前来拜师郭荷，承继师业，凿窟设馆，讲学著书，门徒多达千余人。敦煌人刘昞追随郭瑀来到张掖，成为郭瑀之后的河西儒宗，著述 100 多卷，是五凉时期著述最多的学者。正如陈寅恪先生所说："惟此偏隅之地，保存汉代中原之文化学术……蔚然为独立之一源，继前启后，实吾国文化史之一大业。"

图 4-3 薤谷山色

郭荷，字承休，秦州略阳（今甘肃秦安）人。据《晋书》记载，郭荷"明究群籍，特善史书"，淡泊仕途，轻视功利，拒绝官府征召，甘做山野布衣，带领随从弟子，携带一批家传的经史典籍西行来到张掖，为避战乱和世事纷扰，先后在张掖东山、临松薤谷隐居，以流泉松涛、青山雪峰为伴，潜心修读和讲学，声望渐隆。前凉王张祚听闻郭荷声名，派遣使者"安车束帛"——用四匹马拉的车和成匹的布帛为礼品，征召他去做"博士祭酒"（掌管教育的官员）。郭荷被强拉至凉州，不愿做博士祭酒，又被任为太子友（太子家庭教师）。他内心不愿，也不适应这种生活，不久便以年老多病为由上书请辞回归张掖东山。其后郭荷仍隐居薤谷讲学，至84岁而终，被称为玄德先生（意为德行深幽广远），成为黑河地区播扬文风、兴教育人、德高望重、声名远播的河西学者。（图4-3）

郭瑀（？—386），字元瑜，敦煌郡人。据《晋书·隐逸传》记载，郭瑀少时好学，品行超人，青年时游学到黑河中游的张掖，慕名拜隐居薤谷的郭荷为师。经过多年的潜心学习和刻苦攻读，郭瑀学业精进，尽得师传，"精通经义，雅辩谈论，多才艺，善属文"，且品行高洁，礼仪周全。郭荷离世后，郭瑀执弟子之礼，在老师墓旁搭起草屋守孝3年。之后在薤谷与门徒"凿石室而居"，承继师业，设馆讲学，成为马蹄寺石窟开凿第一人。公元372年，前凉王张天锡闻说郭瑀的贤名，派遣使者修书持节前往征召，郭瑀指着飞翔的大雁说：这种鸟，怎么可以囚养在笼子里呢？于是逃往深山躲了起来。使者拘捕了他的门人，郭瑀无奈前往凉州，恰逢张天锡母亲下世，郭瑀趁乱溜回。后来前凉被前秦所灭，秦王苻坚又征召郭瑀去长安主持修定礼仪之事，郭瑀以正在为父丧守孝为由而婉拒。苻坚让凉州太守辛章选派300名学子到郭瑀门下受业，郭瑀的教学规模和影响进一步扩大，开凿的石室也逐渐增加。在开门授徒的同时，郭瑀还勤于著书立说，撰写了《春秋墨说》《孝经错纬》等。

刘昞，字延明，敦煌人。14岁时到张掖游学，师从郭瑀，勤奋坚毅，博学多识，成为当时河西地区的一代儒宗。据《魏书·刘昞传》记载，刘昞年轻时在郭瑀门下受业，郭瑀见他聪慧异常，悟性很高，非常喜爱，尽授平生所学。当时郭瑀门徒500多人，学业精良者80多人，郭瑀有一女到了待嫁的年龄，想在弟子中选择一位佳婿，心中有意于刘昞。一天，郭瑀在座前另设一席，对弟子们说：我有一女，年已长成，想找一快婿，谁有资格和能力坐在此席，我就把女儿嫁给他。刘昞提衣奋力向前，坐于席上，神情严肃地朗声说道：先生要找快婿，我刘昞就是最合适的人选！郭瑀认为刘昞态度诚恳、果敢有胆识，于是把爱女嫁给了他。后来刘昞目睹了郭瑀参与王穆兵变、最终绝食而死的经历，对军政官场有清醒的认识，虽曾出任过西凉的儒林祭酒、从事中郎及北凉秘书郎等，但始终致力于讲学著述，授业弟子500多人，著述《略记》《凉书》《敦煌实录》《方言》等120多卷，并在《敦煌实录》《凉书》中记录了河西走廊的百年历史风云，是五凉时期著述最多的学者。（图4-4）

北魏、北凉时期，河西地区佛教渐盛，开窟造像活动兴起。佛门僧侣

图 4-4 马蹄寺石窟群胜果寺局部石窟

听闻薤谷有前人隐居的灵山和开凿的石窟，于是开始了临松薤谷的佛教凿窟造像活动。《甘州府志》有"石洞凿者郭瑀及其弟子，后人扩而大之加以佛像"的说法，对应《晋书·郭瑀传》相关记载和佛教在河西地区盛行的时段，应当符合薤谷石窟发展的历史实际。

薤谷最初的佛教造像时间已无从考证，马蹄寺内收藏的站佛，据说为东晋时期的作品，而根据郭瑀、刘昞等人的生平时段，它至早当为南北朝时期。据相关记载考证，北凉时期，薤谷石窟成为佛教寺院，之后经历各朝各代开凿拓展，逐渐形成规模宏大的石窟群。马蹄寺之名，一说天马下凡在山间岩石上留下巨大的蹄迹，一说格萨尔王经过薤谷时坐骑神骥留下了足迹。若源于后者，则马蹄寺得名应起于唐代，是石窟寺院经历了由汉传佛教到藏传佛教或藏汉并列演变之后的产物。

马蹄寺石窟在祁连山谷绵延30公里，由北向南有千佛洞、普光寺、胜果寺、下中上观音洞、金塔寺等7个群落。20世纪60年代曾遭严重损毁，90年代之后陆续修复，主要建筑有大雄宝殿、站佛殿、观音殿、药师殿等，多为明万历年间旧迹，经历数百年风雨侵蚀，仍屹立于百丈悬崖之

上。寺中除了自南北朝时期至明清各代留存的洞窟、造像、壁画外，还有北魏文殊菩萨宝剑、传说中的格萨尔王神骥足迹，以及清康熙帝的龙袍、乾隆帝的马鞍等众多珍贵文物与遗迹。（图4-5、图4-6）

沿马蹄河溯流而上进入山峡，首先映入眼帘的是高悬于山洞右侧红砂岩石崖上的千佛洞。这组石窟有500多个摩崖佛塔窟龛，分南、北、中三部分，北段是浮雕石塔林，多雕凿于元明时期，也有南北朝、西夏的珍品，雕凿技法高超，由塔座、塔身、须弥座、相轮、刹盘、塔顶等构成的塔身完整而精美。中部和南段以佛窟为主，在窟内开龛造像，窟檐是梵刹式木结构飞檐，凌空飞架于悬崖绝壁之上，气势非凡，令人震撼。

北寺石窟又称普光寺，是马蹄寺石窟群的经典部分，由三十三天石窟、藏佛殿、马蹄殿、马王殿、药师佛殿等大小30多个洞窟组成。其中三十三天石窟是马蹄寺石窟群的标志性建筑，由上下7层洞窟组成，呈宝塔形排列于百米高的岩壁上，被称为张掖的莫高窟。藏佛殿规模最大，宽26.3米，深33.5米，开龛40余个，约建于西夏至元代，是国内现存最大的石窟之一。药王洞、坐佛洞等残留部分元代造像和壁画。马蹄殿存有传说中的天马或格萨尔王坐骑蹄迹。（图4-7）

三十三天洞窟，开凿在一面坐西向东、直立高耸的红砂岩壁上，

图 4-5 观音洞天王壁画
图 4-6 观音洞石雕塔

最顶层距地表43米，相当于现在约12层楼的高度。洞窟共7层21窟，下大上小、自下而上呈梯形排列，遥观似众星围拱的宝塔，近看似天梯高悬，令人目眩心惊。洞窟除最高的两层两窟向左上方偏移呈"之"字形错落排列，下方的五层由低到高呈塔形整齐排列，第一、二、三层平列开窟各五个，第四层开窟三个，第五层开一窟构成塔顶，最高的两层各一窟，似宝塔左上角的星斗，居高临下，俯瞰下界。上下各层之间，由回旋而上的"Z"形石阶栈道连通，每层洞窟外露，而上下通道封闭盘旋，窄处仅容一人之身，险处需手足并用攀爬，俗称"鹞子翻身"，结构精巧险异，建造费尽工力，方才成就了"三十三天"的雄奇神异。

　　三十三天又称忉利天，是佛教用语，指众佛到达和居住的天界。佛经上讲，须弥山顶中央为释帝天，东南西北四方各有八天，计三十二天，居住着诸天神，它们与中央的帝释天合为"三十三天"。佛经《正法念处经》列出了三十三天的具体名称，有善法堂天、欢喜园天、光明天、离险岸

图4-7 三十三天石窟及卧佛山

天、如意天、歌音乐天、智慧行天、曼陀罗天、上行天、清净天等三十二天，连同中央的帝释天，共三十三天。后来道教引入佛教说法，按欲界、色界、无色界、无色界上等四界对应四天王天分出三十二天，加上帝释天、夜摩天、兜率天、化乐天，成为三十六天说。佛经《大智度论》有言："须弥山高八万四千有旬，上有三十三天城。"世尊佛云："天上地下，须宇弥尘，三十三天，唯吾独尊。"无论是佛家的三十三天，还是道教的三十六天，指的都是修行悟道的最高境界。（图4-8）

马蹄寺石窟的建造者，以大胆的想象、奇特的设计、超凡的意志和毅力，把抽象的佛界三十三天，在悬崖峭壁上构造出具象的三十三天，来寄托佛门弟子期望通过艰苦的修炼以涅槃成佛，从人间到达三十三天佛界，升入西方净土"极乐世界"，与诸神同乐，与天地同在。佛徒众僧的这种思维意念和凿窟礼佛、幽居修行的功业，使清幽灵秀、儒风习染的临松薤谷再添传奇，创造出与敦煌莫高窟、瓜州榆林窟齐名的马蹄寺石窟艺术的璀璨辉煌，也让五凉文化的余音在祁连山谷千年回响。

隐匿深山、凌空千年的悬塑飞天

图 4-9 肃南县金塔寺悬塑飞天,位于东窟中心柱东向底层北侧。飞天头戴红色宝冠,上身袒露,下着绿裙,裙摆飘曳,身姿呈"V"字形飞舞状

从马蹄寺北寺三十三天继续向南部山谷深入约 20 公里,是鲜为人知的金塔寺石窟,它是马蹄寺石窟群中藏身最隐秘、塑绘艺术保存最完整的石窟。

沿大堵麻河溯流而上,山路崎岖盘旋,经过下、中、上观音洞石壁,到达一片名叫刺沟的深山谷地,才能寻到金塔寺的遗踪。寺庙已毁,唯有两洞石窟高悬于面南的红砂岩壁中间,草木林荫之中,一条窄窄的石阶攀援而上,计有 211 级,如垂悬的云梯直达石窟东角。正因为隐藏于深山峭壁之上,路径崎岖幽远,才使它免遭 20 世纪五六十年代马蹄寺其他洞窟那样的人为破坏之劫,让我们得以窥视这座历经 1600 年而一直存留传承的艺术宝库。(图 4-9、图 4-10)

石窟所在的红砂崖壁,高约百米,雄伟奇崛,距地面约 60 米的

图 4-10 悬于石壁上的金塔寺石窟

崖壁中部开窟两个,东西并列,临崖平面呈横长方形,相距约 10 米,栈道连通。东窟始凿于北朝时期,窟室前部为人字披顶,已塌毁,现存后部为覆斗式窟顶,宽 9.7 米,残深 7.65 米,高 6.05 米,形制为早期的中心塔柱式,大方柱四面均为三层开龛造像。底层正中开一圆拱形大龛,龛内塑一结跏趺坐佛,龛外两侧各悬塑胁侍菩萨一身,龛楣两侧各悬塑飞天三至四身,左右相对作凌空飞舞状;中层并列开三个圆拱形龛,每龛内塑佛一身,每龛外左右各塑一胁侍菩萨共四身;上层原营造设计应为十佛十菩萨,现有部分或为元代重塑,或已不存;顶部绘有坐千佛,以圆形分隔排列,白色饰底,佛身褐色,袈裟为绿色,均结跏趺坐。(图 4-11、图 4-12)

西窟形制与东窟相近,规模略小,残深 4.05 米,宽 7.9 米,高 4.3 米。窟内四壁不开龛,中心塔柱与东窟相似,每面分三层开龛造像。下层每面正中开圆拱形大龛,每龛内塑一身结跏趺坐佛,龛外两侧各悬塑一身胁侍菩萨。中层南面龛内塑一身结跏趺坐佛,龛外两侧各悬塑一身胁侍菩萨;北面龛内塑一身结跏趺坐佛,龛外两侧上、下各悬塑坐式二菩萨或二弟子;东面龛内塑一身倚坐佛,龛外两侧上、下均悬塑结跏趺坐四菩萨。上层每面塑十佛或菩萨,除个别为晚期重塑外,大多为早期原作,局部经晚期重新妆绘。(图 4-13、图 4-14)

金塔寺东西两窟,共遗存北朝以来的彩塑 260 余身,壁画 600 多平方米,最早有北凉、北魏、西凉时期的原作,后期有西夏、元朝等时代的塑绘,虽经历代修复,但仍能保持原作风貌。其洞窟选址构造之独特、设计布局之繁复、雕塑彩绘之精美、题材内容之丰富、遗存保护之完好,不仅在马蹄寺其他石窟中少有,在西北和全国同期石窟中也十分罕见。虽然只

图 4-11 金塔寺东窟中心柱东向面底层龛楣飞天中上层造像、顶部壁画
图 4-12 金塔寺东窟中心柱东向面中层南侧造像

上：图 4-13 金塔寺西窟中心柱正面及西侧造像
下：图 4-14 金塔寺西窟中心柱西向面造像

图 4-15 仰视角度下的悬塑飞天

有两个洞窟,却集中展示了南北朝早期石窟的鲜明特色。中心塔柱窟形制是受印度石窟塔庙窟影响、经西域龟兹进入河西地区后而形成。泥胎彩塑是罕见的高肉浮雕,立体感超强,人物肩宽体壮,身材健美,姿态生动,脸型丰满圆润,鼻梁高挺,嘴小唇薄。佛陀庄重安详,菩萨、飞天形容俊美、妆佩华丽,服饰色彩鲜艳。其中 20 来尊悬塑飞天尤为引人注目,他们凌空高悬,相对飞舞,身姿扭曲作"V"字形,活泼轻盈,动感十足,这在国内可说是唯一。特别值得一提的是,如果从平视、侧视等角度看,这些飞天的"V"字形身躯似乎并不多么优美,甚至有些稚拙别扭,腿部和身体的比例好像也并不十分协调,但是如果跪拜于佛龛正中,用朝觐者仰视的角度观看,悬浮的飞天一个个身姿曼妙,裙裾飘飘,灵动非凡。很难想象,在 1600 年前的河西地区,塑绘工匠竟然采用了焦点透视法来设计布局,不能不说是中国雕塑艺术史上的一个奇迹。(图 4-15)

两座洞窟中,还有不少塑像独具特色,令人过目难忘。东窟中心柱东向下方的一尊供养菩萨,为北朝时期原作,上身袒露,下着红裙,游戏坐,双目圆大神采飞扬,嘴角内敛微含笑意,面部表情活泼生动。东窟中心柱西向中层的一座苦修像,人物头项和身体向右略倾,着暗红色圆领通肩大衣,结跏趺坐于莲台,上身瘦削修长,坐高 0.81 米,长颈、长脸、长髻,颈下胸骨外现、筋脉暴露,面颊消瘦,目光内敛向下似在沉思凝想。这样的形容特点,无一不凸显出修行者之"苦",非常准确而传神地刻画出"形容消瘦,身若槁木"的苦行僧形象。(图 4-16、图 4-17)

西窟中心柱西向中层龛内的一尊思惟菩萨,头戴宝冠,宝缯飞扬,颈饰绿色宽幅项圈,项圈上镶嵌各色宝珠,胸饰华绳与璎珞,臂饰臂钏,袒上身,披彩帛,下着红裙,身体向前微倾,半跏趺倚坐,右手曲执胸前,

图 4-16 金塔寺东窟中心柱西向面造像

图 4-17 金塔寺东窟中心柱西向面中层苦修像

4-18 金塔寺西窟中心柱西向龛内的思惟菩萨
4-19 金塔寺石窟山谷

左手自然下垂置于盘坐的脚掌，形体优美，神态祥和。唇角上扬，目光内敛向下作思考状，整座雕像配饰醒目，色泽艳丽，人物身姿灵动、形态张扬、神情生动逼真。（图4-18）西窟中心柱东向中层龛内的主尊弥勒佛，与后世常见的弥勒佛形象大异，呈自然舒体半跏趺坐，着红色通肩大衣，体态修长健硕，方脸高髻，眉形细长弯曲，长目微睁，神情安详，火焰纹背光线条粗犷夸张，古朴雄健的早期塑绘特征非常明显。

金塔寺东西两窟，总体构造严整统一、布设和谐，既肃穆庄重，又富丽堂皇，采用圆雕和高浮雕、影塑和彩绘相结合的手法，层次分明、富有变化地塑绘出众多佛教人物形象和传说故事，充分显示了公元5世纪前后中国早期石窟雕塑艺术的鲜明特色与非凡成就。

佛教从印度传入中原的过程中，通过丝绸之路逐渐东进，最早接触和受到浸染的，便是丝绸之路的咽喉要道——河西走廊。张掖作为走廊中段的节点城市，自然成为佛徒僧侣东来西往的必经之地。自东汉末年和魏晋南北朝以来，张掖逐渐成为西北地区的佛教兴盛之城，法显、鸠摩罗什、昙无谶、玄奘等各代名僧，都在张掖留下过他们的足迹和故事，也因此形成了众多佛教文化古迹。除了金塔寺石窟及马蹄寺石窟群，还有甘州大佛寺、山丹大佛寺、民乐童子寺、临泽香古寺、高台梧桐泉寺，以及木塔寺、西来寺、北大寺、灵隐寺、阴骘寺、青龙寺、台子寺、祥云寺、红湾寺等大小不一的众多寺庙古址，另外还有各类建筑、造像、绘画、经卷等，使张掖成为丝绸之路上久负盛名的"塞上名刹，佛国胜境"。（图4-19）

想象奇异、灵思飞逸的神话画像砖

图4-20 魏晋彩绘伏羲、女娲画像砖。由长36厘米、宽18厘米、厚5.5厘米的两块青砖（女娲砖略小）并列绘制。出土于骆驼城苦水口1号墓，收藏于高台县博物馆

中国文化史上一些有名的神话传说和人文故事，在西北地区和张掖一带都有不同版本的演绎与流传，且具有鲜明的地域特色和独有的民俗风情。而高台县骆驼城、许三湾古城遗址出土的大量魏晋墓室画像砖，其中就有不少以神话传说故事和人物为画像题材，以具象的绘画形式记录和印证了这些神话传说在张掖地区的流传蓝本。图中这两块彩绘画像砖（图4-20），出自高台县骆驼城苦水口1号墓，描绘的就是传说中的华夏始祖伏羲、女娲交尾图。

三皇五帝是中华民族的人文始祖，而伏羲为三皇之首、百王之先，先秦时期《左传》《管子》《周易》《国语》等众多典籍中，都有关于伏羲的记载。学界一般认为，中华民族早期来自于华夏、东夷、苗蛮三大族群，

炎帝和黄帝是华夏族的代表,而伏羲则是各族群共同尊奉的先祖,直到现在,汉族和许多少数民族仍然流传着伏羲创世的各类神话和祭祀伏羲的多种习俗。这也使得关于伏羲的传说,在各个地方都有衍生和演绎,形形色色,五花八门。其中张掖地区就流传着伏羲生于弱水之滨、柳谷河边演画八卦等神奇传说。

相传上古时代,昆仑之西有个华胥国,一个叫作华胥氏的姑娘,有一天到弱水之滨去游玩,看到一块巨石上有一个巨大的脚印,于是好奇地踩了上去,突然感觉身子一震,心神舒泰,回来后便有了身孕。整整怀了12年之后,生下一个人首蛇身、龟齿龙唇的儿子,这就是华夏始祖伏羲,又叫宓羲、庖牺、包牺、伏戏,也称伏牺、牺皇、皇羲、太昊伏羲氏等。之后,华胥氏又生了女娲。而大荒之中、昆仑山上,只有伏羲和女娲兄妹二人相依为命,为了生儿育女繁衍后代,两人商议结为夫妻,但又觉得羞耻难为情,于是用占卜的方式来决定命运,他们各自点薪为火、占卜天意:上天如果要让兄妹结为夫妻,就让两堆火的烟雾合而为一;如果不同意他们结为夫妻,就让两堆火的烟雾各自分开、随风飘散。结果,两股烟云在西北风中融合在了一起。然后,伏羲用茅草遮盖住两人的身子,开始交合结为夫妻,从此缔造了人类。(图4-21)

东晋时陇西人王嘉《拾遗记·春皇庖羲》载:"春皇者,庖羲之别号。所都之间有华胥之洲,神母游其上,有青虹绕神母,即觉有娠,历十二年而生庖羲。"民国时《新修张掖县志》载:"古华胥国,由帕米尔高原迁至张掖,原住地址称人祖山(今张掖城北40里左右的人宗口)。"如果华胥国迁至弱水地带,伏羲出生于黑河之滨的传说当然就有了来由。

诞生于弱水之滨的伏羲,仰观风云、雨雪、雷电,细察飞鸟走兽,受到弱水支流柳谷河边奇石上神秘图案的启示，悟出了天地万物、阴阳变化之理，创造了八卦符号来推演和显示其中的规律。他看到黑河岸边蓍草萋萋，发明了用蓍草来卜筮的方法。他受到蜘蛛结网的启发，结绳为网制造了捕鱼打猎的工具。他依据动植物形状和八卦、占卜符号，发明了最初的文字，结束了结绳记事的历史。他根据自然天籁之音，创作了乐曲，发明了琴瑟等乐器。他遍尝百草，积累了草药治病的方法，成为中国医药的鼻祖。为了避免人类群居的无序混乱，他制定了男女婚嫁制度，并以动物、植物、居所等为姓，编制了姓氏。他任命官吏来管理大地，制定历法，使星辰升落有序，山陵河流畅通，让人们学会种植安居。他取蟒蛇之身、鳄鱼之头、雄鹿之角、猛虎之眼、长鲸之须、红鲤之鳞、巨蜥之腿、苍鹰之爪、白鲨之尾，创立了中华民族的图腾——龙的形象，龙的传人自此繁衍兴盛。因此，魏晋时氏池（今民乐县）柳谷洪水冲出八卦图巨石的说法，应当是这些远古神话传说故事的延续。

关于人类始祖及出生地，很多地方都有源于本土的传说，对史前文明有多种解说和版本，应是很自然的现象。黑河中游骆驼城、许三湾古城遗址中魏晋时期的伏羲、女娲画像砖及人面蛙身模印砖（图1-5）等远古神话内容，反映出伏羲传说对黑河流域和张掖地区的广泛影响。

图中这两块并列组合的墓室彩绘画像砖（图4-20），是魏晋时期的画工基于当时关于伏羲、女娲的神话传说而绘制，画风粗朴简洁，人物特征鲜明突出。画面根据传统阴阳说而布局：伏羲居左，女娲居右；伏羲胸前为金乌太阳图，女娲胸前图脱落模糊，当为代表女性的蛙身图；伏羲右手执规，女娲左手执矩，这一点与一般传说或常见图中伏羲执矩女娲执规不一样，成为男圆女方，可能是阴间和阳间的错位颠倒，也可能是误画或别有用意。人物形象灵动飘逸，伏羲丰姿伟仪，发髻上耸如牛角，八字胡左右飞扬，衣袍宽松舒展，下肢虎爪强劲有力，蛇尾粗壮斜出与女娲交体。女

图 4-22 骆驼城南墓群伏羲、女娲彩绘画像砖

娲云髻高耸,面目清秀,裙衣飘飘,下肢虎爪弯曲,蛇尾斑纹艳丽,向左倾身与伏羲作交缠状。

与这两块画像砖内容和风格相似的,还有骆驼城南墓群出土的伏羲、女娲彩绘砖,不过不是两砖竖立并列组合绘制,而是单独横向彩绘。伏羲仍是相貌俊朗,上体袍衣舒袖,下体虎肢蛇尾,左手执规,胸前的太阳金乌移变为右手执持,身边祥云飘逸,与宽衣舒袖和扭曲的蛇尾顾盼呼应。女娲眉清目秀,裙衣舒展,胸前的蛙身图变为右手执持,左手持物变成了传统的规,与同出的伏羲图持物相同,没有了男女分别,而蛇尾则更为细长曲折,"S"形更加流畅灵动,与身边的祥云相互应和,既显人类始祖的庄严之相,又显女性的阴柔之美。(图4-22)

张掖一带流传的周穆王西游过弱水拜会西王母的故事及西王母的形象传说等,在高台骆驼城的壁画砖上也有反映。

《淮南子·地形训》载:"西王母在流沙之濒。"流沙,即黑河下游居延海一带。《山海经·海内北经》载西王母居昆仑山。一说昆仑山古时称天山,天山即祁连山,祁连山即西王母居住的神山。传说西周鼎盛时期,英俊天子周穆王姬满喜欢周游天下。他乘坐绝地、奔霄、解羽、超影、超光、逾辉、腾雾、挟翼这八匹骏马所拉的豪车,带着大队人马浩浩荡荡渡过黄

图 4-23 骆驼城苦水口 1 号墓彩绘西王母壁画砖

河,到达阴山,穿越弱水,抵达昆仑山,拜会西王母。西王母在瑶池与周穆王盛会,她梳着高耸的发髻,穿着豹尾式服装,盛宴款待周穆王。穆王赠送给西王母中原特产和锦帛美绢,西王母回赠西域的奇珍异宝,其中有一只"夜光常满杯",乃玉石之精,碧光莹莹,酒色粼粼,夜照光明,晚上放置庭中,早上就生满甘甜而香美的汁水。这让穆王如获至宝,爱不释手。临别时,穆王题写"西王母之山"并种植槐树以作留念,西王母设宴送行并作歌"祝君长寿,愿君再来",留下一段依依惜别的美谈佳话。

黑河流域的这段传说,与《穆天子传》卷三的记载情节相近:"吉日甲子,天子宾于西王母。乃执白圭玄璧以见西王母,好献锦组百纯,□组三百纯。西王母再拜受之。□乙丑,天子觞西王母于瑶池之上。西王母为天子谣,曰:'白云在天,山陵自出。道里悠远,山川间之。将子无死,尚能复来。'天子答之曰:'予归东土,和治诸夏。万民平均,吾顾见汝。比及三年,将复而野。'西王母又为天子吟,曰:'徂彼西土,爰居其野。虎豹为群,於鹊与处。嘉命不迁,我惟帝女。彼何世民,又将去子。吹笙鼓簧,中心翱翔。世民之子,惟天之望。'天子遂驱升于弇山,乃纪名迹于弇山之石,而树之槐。眉曰'西王母之山'。"从中可见,故事的框架大体一致,但周穆王与西王母的唱和,更像是后世对帝王歌功颂德的御用加工之记,少了黑河流域传说的那种浪漫与情趣。

骆驼城遗址魏晋画像砖中的西王母形象,就极具神话传说中的浪漫与奇异色彩。西王母云髻高耸,衣领呈羽翼状飞扬于双肩,裙衣蓬松,端坐

图 4-24 骆驼城遗址

于天宫的云几之上;右边是她的贴身侍女,身材高挑婀娜,上身短裙舒松飘逸,下身长裙垂地,行步拖曳如风卷祥云;左边应是她的宠物九尾狐,呈向上飞跃投身主人状,双耳高耸,前肢伸张,后肢屈收发力,长尾甩动。整个画面充满动感,仙气飘飘,奇异神秘。(图 4-23)

此外,骆驼城遗址出土的魏晋画像砖中,还有人面蛙身图、牛首人身图、羽人图、黄帝问道图等,它们应分别是早期神话传说中女娲、炎帝、羽翅飞仙、黄帝问道广成子等人物形象或故事内容的描摹与反映。这些彩绘画像,笔意质朴粗犷,笔法简练生动,现实与想象、写意与夸张结合,气韵流畅,神思飞扬,丹青着色于砖土,妙笔挥舞于咫尺,被封存于地下墓室,静静沉睡了千年,今朝出土面世,像琳琅满目的彩色画廊,栩栩如生地述说着流传在张掖大地的远古传说与往昔故事。(图 4-24)

烹牛宰羊、宴乐融融的彩绘壁画砖

除了想象奇异、灵思飞扬的神话故事壁画砖，高台骆驼城、许三湾古城遗址还出土了大量描绘现实生活场景的画像砖（图4-25、图4-26），对于了解和研究当时河西地区的经济社会发展、生产生活状况、民族民俗风情等具有更为重要的史料价值。骆驼城、许三湾古城遗址也因此被誉为河西地区的"地下画廊"和"魏晋社会连环画"。

骆驼城始建于汉代，据考证当时为酒泉郡属县表是的县址，前凉时升为建康郡，是北凉政权的发祥地，经历前凉、前秦、后凉、北凉、北魏、北周，隋代撤郡，唐代时驻军，属甘州镇张掖节制，后陷于吐蕃，之后逐渐废弃。城址平面呈长方形，面积近30万平方

上：图4-25 魏晋墓室宰牛图壁画砖。彩绘，长42.5厘米，宽21厘米，厚6厘米。出土于骆驼城苦水口1号墓，收藏于高台县博物馆

下：图4-26 魏晋墓室宰羊图壁画砖。彩绘，长42厘米，宽21厘米，厚6.5厘米。出土于骆驼城苦水口1号墓，收藏于高台县博物馆

图 4-27 撒种耱地壁画砖

米,城垣为黄土夯筑,有南北两城,中间相连,分外城、宫城、皇城三层,外城的瓮城、马面、敌台、角墩、城垣等俱全,瓮城、角墩、腰墩保存完好,是目前国内现存最大、保存最完整的汉唐古文化遗址之一。城南为墓葬群,分布密集,面积达 27 平方公里,有砾岩洞室墓、砖室墓、土墩墓等形制,出土过汉五铢钱币、唐开元币、陶纺轮、铜器、铁器等,墓群出土魏晋画像砖、木尺、猴形木印,汉晋纪年简牍、彩绘木车马等珍贵文物,部分被鉴定为国家一级文物。其中数百块彩绘壁画砖,内容有如前所述伏羲、女娲、炎帝、西王母、羽仙等神话传说,更有大量农耕、畜牧、家居、宴乐等现实生产生活场景,是一部集远古神话、西塞牧猎、绿洲屯田、交通出行、歌舞宴乐等多方面为一体、具体而形象的河西社会生活史。(图 4-27)

骆驼城西 8 公里处,是许三湾古城遗址,规模小于骆驼城,但遗存同样丰富,由汉魏晋古城残垣、墓葬群及现存古城构成。现存古城面积 10600 平方米,城墙高 12 米,墙面宽 1.5 米,有巡墙、马面、瓮城等,为内外二重结构,属明代建筑。遗址周围墓葬密布,是目前河西地区发现数量最多、保存最完整的密集型汉魏晋古墓群,总数达 4000 多座。1958 年考古发掘,古城、古墓内曾出土成堆的五铢、大泉五十、货泉、开元通宝、箭镞、带钩等铜钱铜器,三颗"部曲督印""赵猛印""蔚多君印"铜印及大批魏晋画像砖、木牍、前秦木板画、牵马俑等,对研究汉魏及五凉时期当地政治、经济、军事、文化、民俗等各方面历史提供了重要而丰富的考古资料。(图 4-28)

图中两块魏晋时期的彩绘壁画砖(图 4-25、图 4-26),即出自骆驼城苦水

图 4-28 魏晋狩猎图壁画砖

口 1 号墓,绘制的分别是宰牛、宰羊图。宰牛图中,两个身体健壮的屠夫(或厨师),一着浅红色长衫,一着白色红边长衫,二人合力掀翻一头黑色牦牛,用绳索捆住牦牛蹄脚,白衣屠夫左手紧抓牦牛前肢,右手握一把尖刃长刀,气势汹汹正要刺向牦牛颈项,旁边不远处置一口大锅,意欲宰杀后即刻入水烹煮。宰羊图中,一个身着红衫的健壮屠夫,左手紧拉捆束羊身的绳索,右手拿刀刺向羊喉,羊体左右两边各竖一根木杆用来束吊羊的前后肢,下方有一只承接羊血的小桶。两块壁画砖中正待宰杀的牛和羊,用素描和写意相结合勾勒渲染,体格特征准确传神,牦牛的蹄脚和首尾仿佛宣纸上的水墨晕染,倒垂弯曲的羊颈和脊骨,看似用笔墨随意勾点,却非常到位,把牛羊垂死前的挣扎和无助描绘得活灵活现,人物的动作形态、辅助工具和周围的环境,用笔极简而意境全出,具有强烈的代入感,让人一下子想到过去农村过年过节宰杀牲畜的生活场景。人工宰杀牛羊的方式,小桶或盆碗承接牛羊鲜血用以蒸食的饮食习惯,在农牧文明社会传承千年而未改变。一块壁画砖,让我们穿越时光,看到了魏晋时代的社会生活情形。

"烹羊宰牛且为乐,会须一饮三百杯。"除了宰杀牛羊的场景图,墓室壁画砖中还有切肉图、厨房图、宴饮歌乐图等,连续而完整地再现了当时饮食娱乐的生活场景。切肉图壁画砖中,两名厨师在同一几案上,一边快速切着鲜肉,一边将切好的肉块拨入案前的盘子,两人眉毛飞动、胡须上扬,似乎带着比赛的欢快节奏。厨房图壁画砖中,右边厨案上是倒扣摆放、有序堆叠的碗具,中间是长条坐凳和圆形几案,左边是正在忙碌的厨女,悬挂的吊钩和叉形厨具,烘托出厨房的特殊氛围,仿佛有蒸气和香味

上：图 4-29 切肉图壁画砖
下：图 4-30 厨房图壁画砖

在弥漫。（图 4-29、图 4-30）

经过宰牛杀羊、厨房加工后，接下来该是饮食宴乐了。后面这四幅壁画砖（图 4-31、图 4-32、图 4-33、图 4-34），描绘的就是宴会就餐、品茗饮酒、歌舞娱乐的生活场景。它们或漫画勾勒，或工笔细绘，或水墨渲染，从容坐饮的主客，来回奔忙的侍从，演奏乐器的乐妓，舞姿翩跹的舞者，葡萄美酒夜光杯，胡琴琵琶与羌笛，热烈欢快的宴乐气氛，破壁而出，穿越时空，生动活泼地展现于我们眼前。

有肉有酒有侍从，还有歌舞音乐相伴，宴会的主人或是墓主的身份自然非贵即富。他们是谁？是汉人官宦还是胡羌贵族？墓室壁画砖中有几幅坞堡图、帐居图，或许能引导我们探究和解读墓主的身份密码。（图 4-35、图 4-36、图 4-37、图 4-38）

图 4-35、图 4-36 描绘的是坞堡人物图。坞堡，又称坞、坞壁，最初是一种像城堡一样的军事防御建筑，有大有小，四周以墙垣围之，留城门出入，城墙顶端有女墙、垛口等防御射击凭依工事，内可屯兵居人，是汉代西北边塞地区常见的防御屯居兼备的建筑形式。至东汉末年及魏晋南北朝动乱时期，地方豪强、商贾富户等也开始纷纷建堡自保，坞堡成为西

从上至下：
图 4-31 宴饮图壁画砖
图 4-32 宴饮图壁画砖
图 4-33 宴饮图壁画砖
图 4-34 乐舞图壁画砖

北及张掖一带比较普遍的军政人员公府、地主和豪强大户的庄园。图4-35、图4-36应该是魏晋时期常见的坞堡样式，高墙深院，垛墙耸立，大门紧闭。图4-35中的人物，身着束腰长袍，弯弓搭箭欲射坞外大树之上的飞鸟，显然并非普通的狩猎者，可能是玩猎的庄园主人。图4-36中的两个人物，衣袍舒松华丽，发髻高耸，走在坞堡外面，手持官笏或信符模样的东西，大概是进城的凭信。这两个人物，显然也不是普通百姓。

图4-37、图4-38描绘的是另一种居住形式——帐房。图4-37是华丽考究的人字顶方形帐篷，入口四边饰红底祥云纹，帐顶是白底祥云纹，从拉开的帐门口可以看出，穿

从上至下：
图 4-35 坞堡图壁画砖
图 4-36 坞堡人物壁画砖
图 4-37 方形帐居壁画砖
图 4-38 圆形帐居壁画砖

着讲究的男女主人分坐几案两边正在饮食，帐外左右两边绘一男一女，从穿着和神态看，是男女主人走在帐外的样子，也可能是来访的客人或是服侍主人饮食的仆从。图4-38中是常见的圆形穹顶帐，门户四周饰红底黑色直线纹，身着黑袍的男主人端坐案前，女主人（或女佣）着彩衣站立旁边。

这几幅坞堡图和帐居图告诉我们，画中或墓中的主人，可能是地方的军政官员或大户人家，也可能是牧居张掖的少数民族贵胄或富户。或者说，在魏晋时期及以前，张掖一带的贵族大户或聚居于坞堡这样的半军事城池，或寄居于华丽的毡帐，平民百姓则是居住普通的房、帐，农耕民族和游牧民族在这里融

上：图 4-39 二牛耕地图壁画砖
下：图 4-40 牧马牧驼图壁画砖

合相处,同生共居。

　　人生不只是诗意和远方,生活也不只是酒肉宴乐。以农牧为业的古代社会,富贵大户也脱离不了生产劳动,平民百姓的生活更是伴随着常年的辛勤劳作和辛苦汗水。骆驼城、许三湾魏晋壁画砖中,撒种耱地、二牛耕地、汲水采桑、牧马牧鹿、猎鹰猎兔、织丝晾衣、手工作坊等各种劳作场景图频频出现,就是当时当地经济社会和农牧生产情况的反映,其中描绘的可能是墓主人生前的生产生活经历,也可能是当时生产生活的普遍现象。(图 4-39、图 4-40、图 4-41、图 4-42)

　　古人讲究事死如事生,把墓主人生前的经历和享受的生活画入墓室,一为记事纪念,二为祝福祝愿,让墓主人在另一个世界继续享受美好的生活。墓主人去世之后是否继续酒肉宴乐生活我们不可得知,但千年之后的人们,却从中得以看到先民们的人生经历和生活状况,以及传承至今和消

上：图 4-41 猎兔图壁画砖
下：图 4-42 猎山羊图壁画砖

逝不见的东西，真可谓"百世流芳"，令我们"三生有幸"。

同时，从中国画的源流和传承看，唐以前的纸本绢本几乎消失不见，后人所能看到的只有唐宋以后的模本，另有少数残存的壁画且多是宗教类题材，像骆驼城、许三湾遗址这样保存完整且数量众多的魏晋时代社会生活壁画砖，在全国少有，世界范围内也罕见。其中部分壁画砖绘画水平极高，构图、用笔看似简单质朴，实则大工若拙，气韵生动，线条粗放流畅，画面动感十足，尤其是部分画像砖构图以意为先，笔墨呈现水墨晕染效果，有研究者据此宣称，高台骆驼城壁画砖是至今所能见到的中国画之"源"。"地上壁画看敦煌，地下壁画看高台。"无论是绘画的题材内容所体现出的社会历史资料价值，还是绘画的技艺手法所表现出的艺术水平，骆驼城、许三湾遗址魏晋壁画砖都堪称"中国之最"。

状若莲花、光耀塞北的铜吊灯

图 4-43 魏晋莲花铜吊灯。青铜质，通高 36.5 厘米。出土于甘州区甘浚四角墩，收藏于张掖市（甘州区）博物馆

与结构复杂、装饰华丽、工艺精美的现代各式吊灯相比，图中（图4-43）的这盏吊灯似乎非常简陋，构造简单，形质朴素古拙，与博物馆的其他文物相比显得毫不起眼。但是，如果知道它来自 1500 多年前的魏晋时期，绿锈斑驳的身上烙刻着河西地区佛教东渐与北方少数民族融合的特殊印记，相信你会对它另眼相看。

这盏莲花铜吊灯，是张掖地区发现的为数不多的魏晋时期青铜工艺日常生活实用件。吊灯的灯碗为半球形，球面中心内饰小圆，外围为纹线内凹的八等分扇面形，每个分区缀嵌一枚椭圆点斑，状如结籽莲蓬，浑圆饱满；灯碗的外端，均衡地铆接六个莲花瓣，莲花瓣中间叶脉两边也缀嵌两枚椭圆点斑，与莲蓬的点斑内外呼应，如莲叶之上的露珠，盈盈欲滴；灯碗与莲花瓣均呈下凸上凹造型，内实外疏向外延展，整体如一朵绽放的莲花，又如一个旋转的法轮，营造出一种疏密结合、动静相生、虚实相应、法相庄严、变幻无限的佛家意象和空灵境界。同时，概括简约的写实风格，变形重组的灵

动意味，饱满厚重、粗犷豪放的造型特点，以及浪漫神秘、稚拙生动的象外气韵，又体现出北方游牧民族器物的典型特征。可以说，这盏看似简单的灯具，其实并不简单，它充盈了宗教气息和北方草原民族的韵味，是魏晋时期西域佛教在东进传播中与河西走廊游牧文化交流互动、相融相生的产物。（图4-44）

  东汉末年，印度佛教开始传入我国，河西走廊一带最先受到浸染。魏晋南北朝时期，敦煌、酒泉、张掖、武威等地逐渐成为佛教播扬之地，石窟、寺院、僧侣、佛事活动日益兴盛，敦煌莫高窟、酒泉榆林窟、张掖马蹄寺及金塔寺石窟、迦叶如来寺（甘州大佛寺前身）、武威天梯山石窟等佛教建筑、绘画造像渐成规模，鸠摩罗什、昙无谶、法显等西域和中土名僧往来和驻留河西地区，《般若经》《法华经》《涅槃经》等佛教经卷开始译诵流传，从地方割据政权、豪门大户到乡绅士子、农牧百姓，纷纷探讨言论佛法教义，从中寻求和获取各自需要的东西。特别是河西割据政权和地方统治者，在佛教文化的传播中推波助澜，造成了魏晋南北朝时期佛教在河西一带流播广泛、风光一时的繁盛局面。这一时期，除北魏拓跋焘灭佛法难外，大部分当权者在割据争战、武力杀伐、扩充势力的同时，一方面尊崇儒术用以巩固政权、稳定政局，一方面推崇佛道用以消除罪孽、安抚心灵、麻痹民众，从而为佛教文化提供了成长的土壤。如沮渠蒙逊建立的北凉，在近半个世纪的统治中，为张掖的经济发展、儒学兴盛、佛教推广提供了开放宽松的条件。北魏时期，甘州的佛教音乐成为一时之盛，传入中原后大为流行，称《西凉州呗》，成了北朝佛寺的法乐。

  同时，一些德高望重的布道者和传播人，如龟兹名僧鸠摩罗什、天竺名僧昙无谶、中原名僧法显等，多次往来或驻留于河西走廊，对魏晋南北朝时期河西地区的佛教文化流行产生了重要影响。祖籍天竺、生长于龟兹

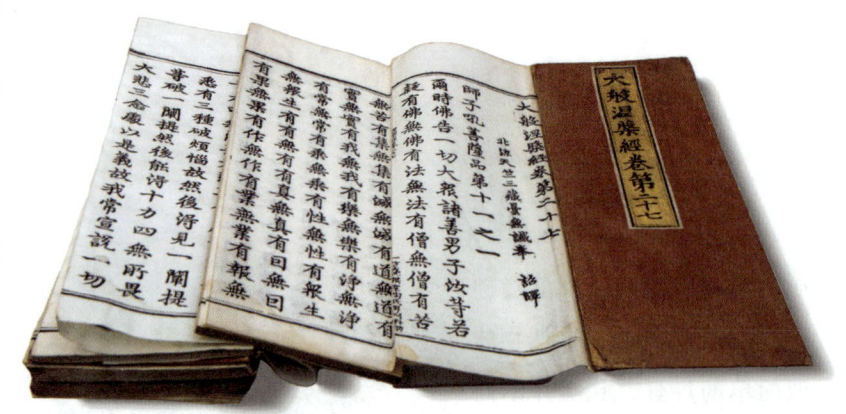

图4-45 民乐馆藏佛教经卷

的鸠摩罗什,游历于罽宾、沙勒、莎车等西域诸国,博读精通大小乘经,长于经论,名达中土。前秦建元十八年(382)苻坚遣吕光攻焉耆、灭龟兹,将鸠摩罗什劫至凉州传经说法。后来姚苌杀苻坚、灭前秦,吕光割据凉州,留滞鸠摩罗什讲经说法长达十六七年,其间应当经停或驻留甘州并讲经播道,张掖至今还有甘州土塔原是鸠摩罗什舍利塔的说法。后秦弘始三年(401)姚兴攻伐后凉,迎接鸠摩罗什入长安,以国师礼待,组织规模宏大的译场请他主持译经工作。鸠摩罗什与弟子译出《大品般若经》《妙法莲华经》《维摩诘经》《阿弥陀经》《金刚经》等数十部300多卷经书,译经文义圆通、内容信实、词句流畅,在中国译经史和佛教传播史上产生了深远的意义和影响。(图4-45)

　　天竺高僧昙无谶,10岁学经,聪明异常,记忆力超强,一天能背300多颂,20岁时已熟习大小乘经典6万多颂。后因事触犯了国王,带《大涅槃经》《菩萨戒经》等流亡龟兹、敦煌。北凉玄始十年(421),河西王沮渠蒙逊占领了敦煌,迎接昙无谶到凉州姑臧,请他翻译和传授《涅槃经》。因《涅槃经》梵本有35000颂,而他所带的《涅槃经》品数不全,只有1万多颂,于是回国访求完整经本,一年多后又回到姑臧继续翻译,译成《涅槃经》36卷及《菩萨戒经》《悲华经》《大方等大集经》《金光明经》《佛本行经》等计十多部100多卷。北魏延和二年(433),拓跋焘听说昙无谶不但通经还会多种技能,便派人到北凉迎取昙无谶。沮渠蒙逊既惧北魏强大无法拒绝,又怕昙无谶去后于己不利,抱着不为己用也不能为他人所用的心理,暗派刺客在途中杀害了昙无谶。一代名僧虽只享年49岁,但在河

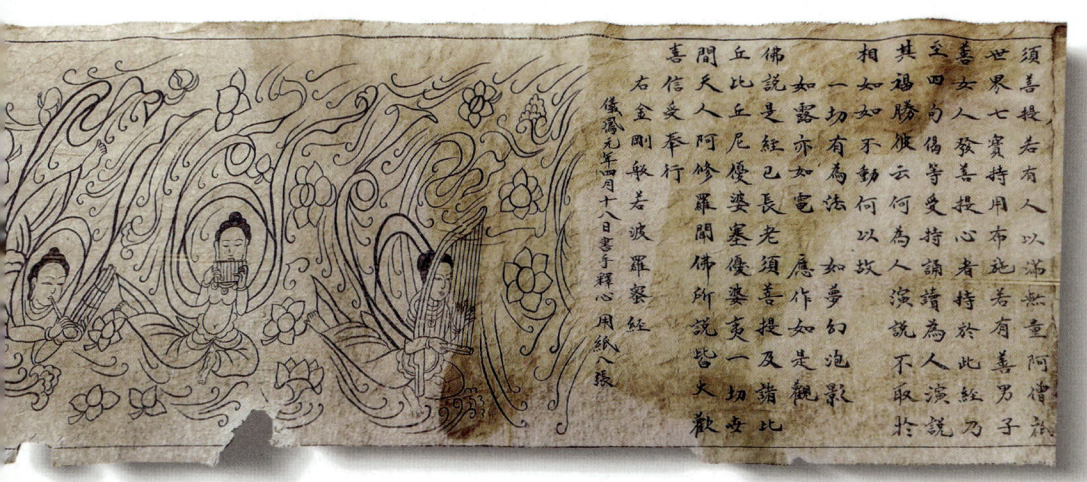

图 4-46 张掖三缘博物馆藏佛经手写卷

西地区的佛教传播上影响巨大,在中国佛教发展史上作用显著。

东晋中原名僧法显,平阳郡武阳(今山西临汾)人,是中国第一位到海外求取佛经佛法的大师,杰出的旅行家和翻译家,在中国佛教史上与唐玄奘齐名。公元 399 年,为了维护佛教真义,矫正佛界时弊,法显以 65 岁高龄毅然同慧景、慧应等几位僧人,一起从长安出发西赴天竺寻求戒律和真经。第二年到达张掖,法显遇到了智严、慧简等当地僧人,组成了一个"十人巡礼团",并得到张掖地方官员的资助,继续西进敦煌,出阳关、渡"沙河"(指库姆塔格、塔克拉玛干等沙漠地带),历尽艰辛前往印度,前后历时 13 年,游历 30 余国,收集了大批梵文经典,于东晋义熙七年(411)乘坐商船循海东归,途中多次遇险,辗转漂泊,第二年到达山东崂山登陆。回国之后,法显以惊人的毅力翻译佛经 6 部 60 多卷,并将自己的西行见闻写成了佛界名著《佛国记》。(图 4-46)

佛教东进及其在张掖的传播和兴盛,除了表现在寺院建筑、石窟造像、僧侣生活及佛事活动等方面,也体现在对地方文化习俗的渗透和民众日常生活的影响上。佛教教义和佛门僧侣的衣食、语言、养生习性、处世思想及佛教用品、工艺装饰、音乐、雕塑绘画等,对社会各层面的浸染,既有显而易见的显性或直接影响,又有潜移默化的隐性或间接影响,上达王权和朝堂,下至平民和茅舍,不仅在走廊要道和中原大镇,还在山村乡野和大漠草原;不仅在农耕民族,也在北方游牧民族中广受影响。张掖市博物馆收藏的这盏莲花铜吊灯，便是佛教文化影响和渗透到北方游牧民族日常生活或工艺用品的例证。

两晋南北朝时期，北方曾先后存在过十六个割据政权及其他一些地方割据势力，其中很多为少数民族政权或势力，如氐族首领李特、李雄所建的成汉，匈奴贵族刘渊所建的前赵，羯族首领石勒所建的后赵，氐族首领苻洪所建的十六国中最为强大的前秦，羌族姚苌所建的后秦，陇西鲜卑所建的西秦，慕容鲜卑所建的前燕及之后的后燕、南燕、北燕，秃发鲜卑所建的南凉，卢水胡沮渠蒙逊所建的北凉，南匈奴屠各种铁弗部族人赫连勃勃所建的十六国时期最后一个政权大夏，拓跋鲜卑所建的北朝第一个王朝北魏及其后的傀儡政权东魏、西魏，以及其他地方割据势力如白马氐族建立的前仇池、后仇池，丁零人翟辽建立的翟魏，鲜卑慕容吐谷浑建立的吐谷浑汗国等，虽如走马灯般你方唱罢我登场、城头变幻大王旗，但也反映出北方游牧民族在魏晋南北朝时期历史舞台上的政治力量和地方势力。他们在主政期间，或主动吸收融合中原政治经济体制和汉文化，或对宗教势力和宗教文化予以合作利用，对当时经济社会和地方文化产生了显著影响。譬如高台骆驼城出土魏晋壁画砖中人物宅居、饮食、服饰等画像内容，就反映出农耕民族与游牧民族、汉人与胡氐羌人交糅融通的情况，坞堡、帐居互见，袍衫、褶裤、云冠、长靴互搭，桑葚、乳酪、面饼、畜肉同桌，民族交流已至你中有我、我中有你的自然状态。反过来，当时盛行的佛教也必然深刻地作用于当时当地的政权体制、经济社会、大众生活、民族习俗及文化活动，于是便有了莲花铜吊灯这样既具有佛教意象，又具有浓郁民族风情的日用产品及其制造工艺。

一盏小小的莲花灯，在千年之后尚能折射出魏晋南北朝时期张掖地区佛教渐染、民族融合、文化交流、民族工艺等诸多信息，真可谓莲香广布，光明普照，涅槃重生。

寄身方寸、证史正名的童子壁画

民乐童子寺石窟，被媒体称为"中国最低调的石窟"，它与肃南马蹄寺石窟、武威天梯山石窟同期建造，一起见证佛教文化在河西走廊中部的传播与兴盛，共同构成河西地区佛教造像绘画艺术的宝贵殿堂。

童子寺石窟，位于民乐县民联乡翟寨子村东、童子坝河中游东岸的一处砾石崖壁上，东有丘陵包围，西有河流阻隔，过去交通不便，环境幽僻，是佛门僧侣凿窟修行的理想之地。岩壁坐东向西，南北长约 400 米，石窟始凿于北朝时期，现存遗迹有洞窟 8 座，大小窟龛 21 个，壁画 260 余平方米，造像多已毁。窟与窟之间有暗道连接，窟顶有券顶和平顶两种，窟形有平面方形中心柱窟、平面方形窟、平面马蹄形窟等形制，其中有 3 座中心塔柱窟，方形柱四面开龛，有的开上下两层龛，龛内佛像已毁，上部绘佛像。从石窟现存壁画及断层看，有先后 5 层壁画，其中最南端 1 号窟、最北端 8 号窟残存壁画最有代表

图 4-47 北朝时期童子像壁画残存。位于民乐县童子寺北 4 号窟北壁壁画第 5 层（最底层），童子头像大小约 2 厘米乘 2 厘米，古代童子典型发式，带有明显的印度或中亚风格

性,也最具研究价值。

1号窟(图4-48)最底层为北魏时期作品,中间三层为唐、五代、西夏或元代作品,表层为明末清初作品,其中彩绘西游记神话传说,有猴王出世、悟空学道、大闹天宫、大战小白龙、八戒受戒、溪边饮马、柴门问路、穿越荒漠等内容,形象生动,被誉为"西游记石窟壁画绘本"(图4-49、图4-50);8号窟(北4号窟)底层为北魏之作,表层为元末之作,绘有密宗观音、千手千眼观音、五大明王等画像,有的为敦煌千佛洞所未见。其他洞窟还有道教神祇、民间尊神等,体现了童子寺石窟塑像壁画儒释道混合、佛俗共处及历朝各代承继延续的特点,对研究魏晋南北朝以来河西地区经济社会、宗教历史,尤其是元代以来喇嘛教、佛教密宗在河西地区的流变发展具有重要价值。正因如此,这座曾经默默无闻的山野石窟,2016年被公布为省级文物保护单位,2019年公布为全国重点文物保护单位。

这座石窟为何称名童子寺?民间历来有多种说法,研究者至今也尚无确定的答案。一说由于石窟位于童子坝河中游,因河而得名。探源这条河流的名称来历,显然这一说是源与流不分、本末倒置了。《汉书·地理志》记载:"祁连城有祁连河,水清而河大,大草滩之马多饮于此。"祁连城即童子坝河畔的永固城。《晋书》称:"羌水河,以其由羌谷出也。羌水由大斗拔谷出,北流三十余里,至祁连城下,又称祁连河。"《东乐县志》记载:"童子河发源于祁连山扁都口内各谷中,出山后分二渠,一向西北流,名无虞渠;一向东北流,至永固东湖甘柏山下,百泉涌沸,始能挟之远流。至童子寺嘴,又分东西二河,名童子坝,十八闸之灌田,俱赖此水。"由此可见,这条河流古称祁连河或羌水河,魏晋以后才因河水流至童子寺

上：图 4-49 童子寺 1 号窟后期（明清）西游记彩绘壁画
下：图 4-50 童子寺 1 号窟后期（明清）西游记彩绘壁画

山嘴的闸坝而称为童子坝河，是河因寺而改名，而非寺因河而得名。民间又称童子坝河为观音童子河，也从侧面印证了这一点。

一说当初僧侣在崖壁上开凿洞窟、建造佛像，当地村民称"洞子寺"，后来"洞子"混音成"童子"，于是"童子寺"成为约定名称。这显然也是一种传闻或臆测，佛教石窟大都是开凿于崖壁上的洞子，为什么独称它为"洞子寺"？且山西太原也有同期建造的龙山童子寺，难道也是地方语音流变而得名不成？由此可知，童子寺的命名可能与塑像和绘画的佛教内容有关，或因佛教经典《童子经》而得名，或因佛教中的西方净土化生童子而得名。

还有一种说法是，石窟原有观音童子造像和壁画，当地百姓烧香拜佛，不孕不育或生育迟缓者祈求子嗣，常常能够灵验，石窟和寺庙由此得名。拜佛求子灵验，是民间流播的传闻，不足为凭，而石窟中原有童子造像或壁画一说，可能更接近寺名的本原。可是洞窟的造像早已损毁，原始壁画被后代绘画遮盖，长期以来没有发现"童子"的迹象，所以人们对这一说法也存疑不定。

近年来，因石窟壁画蕴藏价值和旅游保护项目的实施，民乐童子寺声名逐渐闻达，一些学者和专家开始前往考察研究，于 2014 年 7 月在石窟进行了碳十四测年实验样本提取，测年数据和结果表明，民乐童子寺石窟的最初开凿和最底层

上：图 4-51 童子寺北 4 号窟童子头像右上方菩萨画像
下：图 4-52 武威天梯山石窟北凉菩萨像壁画

壁画年代约在十六国时期。民乐籍历史学者、吉林社会科学院研究员尚永琪博士，于 2016 年 5 月考察童子寺石窟时，在 8 号窟（北 4 号窟）北壁发现了一处第五层（最底层）壁画的显露面，露出面积约 1 米见方，右上方是一尊佩戴璎珞的菩萨头像（图 4-51），菩萨左下方、露出面的中心位置，有一个非常小的童子头像（图 4-47），大小约 2 厘米见方，不细看很难发现，用放大镜可见其清晰面目：童子面部圆润，颈戴项圈，鬓角两边盘结两绺乌黑发辫，是古代童子典型发式。童子像与右上方的菩萨像的面部及画法，带有明显的印度或中亚风格，经与同期敦煌石窟、武威天梯山石窟壁画（图 4-52）比较，判定为距今 1500 年前的北朝画像。而童子寺命名的真相，或许就隐藏于这方寸之间的童子头像之中。

图 4-53 童子寺北窟遗迹
图 4-54 童子寺南窟遗迹

　　民乐童子寺石窟及残存壁画的规模和数量,无法与同地界金塔寺石窟的完整华丽比肩并列,自然也无法跟敦煌莫高窟的宏大丰富相提并论,但它却是魏晋南北朝时期佛教文化辐射于祁连山下扁都口山野的一个真切印迹,也是地方文化千年传承的一个见证。"翠竹黄花皆佛性,白云流水是禅心。""钟声磬声香云漫润三千界,佛境诗境妙谛温存十万家。"佛寺的联语,仿佛是这方幽僻世界的写照。童子坝河边独立高耸的崖壁,崖壁之上一个个幽深静默的洞窟,洞窟壁画上那一方小小的童子头像,仿佛面带微笑,目光纯洁,静静地注视着祁连河的清波浊浪,注视着河流两岸的冬枯春荣,注视着 1500 年来的人间烟火。(图 4-53、图 4-54)

第四单元 结语

经过汉代立郡驻军、屯戍实边,特别是经过赵充国、窦融等人的开发治理、牧守经营,河西地区农牧渐盛,成为"河西畜牧为天下饶"的富庶之地,为魏晋南北朝地方势力提供割据自保政治模式的同时,也为佛教文化和五凉文化的兴盛奠定了基础。西晋中后期,中原王朝经过"八王之乱"和"永嘉之乱"之后被迫退守南方建立东晋,北方地区开始了"城头变幻大王旗"的"五胡十六国"时期,以河西走廊为中心的广大地区,相继建立了前凉、后凉、南凉、西凉、北凉五个政权,前后经历近一个半世纪。虽然政权更迭频繁,但是从张轨作牧肇基前凉,到沮渠蒙逊据郡自强建立北凉,张轨、李暠、沮渠蒙逊等五凉政权开创者和继任者"追踪窦融",相继采取了一些保境安民、惠利百姓的积极政策,河西局势相对稳定安宁,成为中州士民避乱和流民迁徙之地。中原人士西迁,汉、羌、氐、鲜卑、卢水胡等多民族交互杂居,西方佛教文化东渐,中原先进生产力和传统文化、北方地区草原文化、西域佛教和西方文化在此交汇碰撞,民族和文化空前融合发展,形成了承前启后、兴盛繁荣的"五凉文化",在中华文化发展史上产生了重要而深远的影响。陈寅恪曾如此评价:"惟此偏隅之地,保存汉代中原之文化学术,经历东汉末、西晋之大乱及北朝扰攘之长期,能不失坠,卒得辗转灌输,加入隋唐统一之混合之文化,蔚然为独立

图 4-55 魏晋少数民族人物乐舞图（高台县河西村地埂坡墓地壁画）

之一源，继前启后，实吾国文化史之一大业……秦凉诸州西北一隅之地，其文化上续汉、魏、西晋之学风，下开（北）魏、（北）齐、隋唐之制度，承前启后，继绝扶衰，五百年间绵延一脉。"范文澜也曾论述："十六国以来，河西是当时北中国保存汉族传统文化最多，又是接受西方文化最早的地区。"

马蹄寺石窟及凿窟讲学的五凉学者郭荷、郭瑀、刘昞遗迹，金塔寺高肉飞天雕塑，童子寺北朝童子壁画，莲花铜吊灯，骆驼城、许三湾魏晋各色人物生活壁画砖……本单元选及的这些文物遗存，从不同的侧面体现了张掖地区在魏晋南北朝时期经学、佛学、建筑、雕塑、绘画等文化艺术的成就，展示了五凉文化兼收并蓄、融合创新、赓续文脉、肇基后世的时代特点。

第五单元

驼铃胡腾盛世歌

——唐宋时期的丝路荣光

穿越走廊、汇通丝路的胡商牵驼模印砖

图 5-1 唐代胡商牵驼模印砖。长 32.5 厘米，宽 21.5 厘米，厚 5.5 厘米。国家一级文物。2000 年出土于山丹一中唐墓。现藏于山丹博物馆

胡人牵驼画像砖、模印砖、木陶俑、石刻画等，在河西地区及新疆、陕西、河南等博物馆中并不鲜见，但无论在哪里见到它们，总会使人想起那条闻名于世的丝绸之路，想起那个曾经光耀世界的大唐时代。

如果说大汉王朝是丝绸之路的"凿空"者和开通者，隋唐王朝则是丝绸之路的拓展者和兴旺者。魏晋南北朝长达 370 年的混乱政局，虽然促进了民族融合、佛教东渐，但丝绸之路走廊通道时断时续，西域诸国不再归附中原王朝，极大地影响到商贸流通和文化交流。直到隋王朝的建立和统一局面的形成，丝绸之路才又显生机，汉帝国时期曾经"驰命走驿，不绝于时月；商旅贩客，日款于塞下"（《汉书·西域传》）的情景再度显现。隋炀帝继位之后扩疆拓土，强势立威，西域各国纷纷示好，加强

图 5-2 张掖馆藏隋炀帝西巡图

了同中原的往来通商,河西走廊沿线城市敦煌、酒泉、张掖、武威等,成为边贸前沿和流通中介。据《隋书》《资治通鉴》《甘州府志》等记载,炀帝继位之初就有征服西域的打算,派遣尚书左丞裴矩到张掖等地巡察监管"互市"。裴矩留心察访西域的地理山川、道路交通、风物习俗及相关情况,向隋炀帝进献《西域图记》并献言"胡中多诸宝物,吐谷浑易并吞",后又联络西域十多个国家到中原朝廷贡拜,隋炀帝大喜,更加坚定了打通西域的心思。大业四年(608),隋军大破吐谷浑。次年,炀帝西巡陇右,入青海取道扁都口到达张掖,"次燕支山,高昌王、伊吾设等及西蕃胡二十七国,谒于道左。皆令佩金玉,被锦罽,焚香奏乐,歌舞喧噪。复令武威、张掖士女盛饰纵观,骑乘填咽,周亘数十里,以示中国之盛"(《隋书》卷六十七列传第三十二),这便是历史上著名的"万国博览会"。为了显示中原王朝的威严和强盛,炀帝设帐焉支山,接受高昌(吐鲁番)、伊吾(哈密)、龟兹、疏勒、于阗等西域二十七国君主或使臣的拜谒,沿路披红挂绿、载歌载舞,张掖、武威的男男女女身穿节日盛装前往观看,车马围堵了交通要道,人流络绎不绝,周围绵延数十里。《隋书》记载或有夸饰色彩，但盛况空前则是肯定的。中原帝王在张掖举行的这次盛大活动，是古丝绸之路上多国齐聚一地、商贸集中流通的著名商会，昭示了中原帝国的威仪，稳定了西部边塞，促进了东西经济贸易和文化交流。（图5-2）

丝绸之路的繁荣和鼎盛时期，是继隋而起的大唐王朝。唐太宗李世民击败东突厥、吐谷浑，臣服了漠南北；唐高宗李治灭西突厥，设安西、北庭两大都护府。大唐帝国的疆域，东起朝鲜海滨，西至妫水（阿姆河）河岸，是当时世界上最为发达和强盛的国家之一。唐王朝的强大，不仅在于政治军事经济水平，更在于开放包容、兼收并蓄的襟怀和政策，既有"走出去"的胆识和气魄，又有"引进来"的眼界和格局，有力地促进了丝绸之路沿途各民族和东西方经济文化的交流与融合，繁荣和丰富了中国经济文化，惠及和影响了西域及欧亚社会发展，让丝绸之路的荣光照耀世界。

当然，古代陆地丝绸之路，并非现代的高速公路和高铁快线，也非车水马龙、驼马商队络绎不绝，而是曲折、崎岖、荒凉、漫长交织，充溢着艰辛和血汗，是驿使、商旅、驼马一步一步跋山涉水、踏沙拓荒而成。汉唐陆地丝绸之路的基本走向是，从长安或洛阳出发，经河西走廊、塔里木盆地，越帕米尔高原，进入中亚、伊朗、阿拉伯和地中海世界。从长安到陇西再穿越河西走廊时，又分为南、北、中三线，南线由长安沿渭水、咸阳、天水、临洮、河州，在永靖渡黄河到西宁、穿越扁都口至张掖；北线由长安沿渭河、宝鸡、陇县，越六盘山，沿祖厉河过会宁，在靖远渡黄河至武威、张掖；中线由长安沿渭水、咸阳、天水清水，过六盘山至兰州渡黄河，沿庄浪河越乌鞘岭至武威、张掖。三条线路都在张掖会合，继续向酒泉、瓜州、敦煌西进，入新疆境内沿昆仑山北麓、天山南北两线抵达帕米尔高原（古称葱岭），至中西亚乃至罗马，成为连接大汉帝国与罗马帝国及地中海各国的陆上通道。

在丝绸之路这条曲折而漫长的交通线上，适合长距离运输、被誉为

上：图 5-3 敦煌馆藏胡人牵驼俑
下：图 5-4 敦煌馆藏胡人骑驼俑

"沙漠之舟"的骆驼，成了最重要也最常见的交通工具，在东西商贸交流中发挥了不可或缺的作用。与驼马相伴、来往于这条交通线上的人物，有西域各国的使者、粟特商人及欧亚商旅，也有中国的官驿、使节、出访或商旅团队，而在中国人的眼里，无论是国内的少数民族，还是来自西域或欧亚的民族人种，统统都称"胡人"，"胡人牵驼"成为当时中国人对来自外域事物的最基本和最深刻的印象，是西域民族的典型特征。而事实上，善于跨国经商和长途货运的胡人确实也比中原商贾多。因此，"胡人牵驼"便成为那个时代商贸生活的一种写照，进而成为丝绸之路的一种交通符号。(图 5-3、图 5-4)

收藏于张掖山丹博物馆的这块唐代胡商牵驼模印砖(图 5-1)，便是古代丝绸之路交通符号的典型模本。砖体长 32.5 厘米，宽 21.5 厘米，厚 5.5 厘米，砖面人物深目高鼻，头戴尖顶毡帽，帽顶弯曲后倾，身着窄袖红色衣袍，腰束黑带，腰间挂一黑色皮囊，下着黑色裤子、高腰靴子，是典型的"胡人"相貌和装束。胡人右手揽缰牵驼，左手扶持扛于肩上的骨朵形棒状器，正在大步向前赶路。胡人身后牵拉的骆驼，头部高昂，体格高大，腿脚矫健，高耸的驼峰之间驮着大包货物，显示出胡人的商人身份和画面内容。砖面浅浮雕色彩简朴，主题鲜明，线条简练粗犷，构图自然真实，简洁生动地表现了唐代胡商在丝绸之路上不辞辛劳、往来贩运货物的情形。

这块模印砖 2000 年 4 月出土于山丹一中附近的一座唐墓，与张掖甘州 2008 年出土于新乐小区菊园楼工地的唐代胡人牵驼模印砖、高台许三湾古城出土

图 5-5 上海馆藏胡人骑驼俑
图 5-6 甘肃馆藏三彩胡人牵驼俑

的前秦时期牵马胡俑等，构成了山丹—甘州—高台交通线上的连环画，连贯了张掖东西全境，是汉唐时期丝绸之路商贸往来穿越河西走廊、途经张掖各节点县区的实物明证，充分说明自汉魏以来，张掖即是昭武胡商及西域其他民族商人过往、居住、交易的地方，到了丝路贸易繁荣鼎盛的隋唐时期，张掖已成为走廊城市中商贾汇集的商贸"互市"。

不只是张掖，从走廊通道上的河西四郡，到中原王朝的都城长安、洛阳，以及丝路辅线青海、洛阳之北山西等，到处都有胡人牵驼的身影。敦煌唐墓胡人牵驼俑、模印砖，宝鸡金台李茂贞夫人墓彩绘砖雕胡人牵驼图，咸阳古渡遗址三彩胡人牵驼俑，洛阳三彩胡人骑驼俑，青海湟水胡人牵驼模印砖，大同司马金龙墓胡人牵驼俑等，都是汉魏到隋唐时期胡人商通中原各地的实证。也由此可知，杜甫诗句"东来橐驼满旧都"并非文学夸张，唐王朝开门迎客，兼容海纳，西域货物和外来文化元素已交融渗透到中原社会的诸多方面。《旧唐书·舆服志》记载，开元以来，"太常乐尚胡曲，贵人御馔尽供胡食，士女皆竞衣胡服"；《新唐书·车服志》记载"宫人从驾，皆胡帽乘马，海内效之"。至今仍然流行的"小蛮腰"装束和说法，就来自唐朝长安洛阳街头窄袖小腰身的胡式时装和唐花蕊夫人的《宫词》"回鹘衣装回鹘马，就中偏称小腰身"。胡瓜、胡萝卜、胡饼等胡食也遍及中原，白居易《寄胡饼与杨万州》"胡麻饼样学京都，面脆油香新出炉"，说的就是今天面酥味香、大街小巷常见的烤饼。可以说，外

来民族服食和习俗中的好多元素,已融入中原民众的日常生活之中。这一切,是唐王朝开明开放的结果,也是丝绸之路"胡商牵驼"的结果。(图5-5)

有人把牵驼胡人比拟为丝绸之路上的"快递小哥",说法虽然通俗风趣,但对于一段厚重的历史而言,未免失之轻浅。单就胡商的身份作用看,他们可能是那个时代的商贸公司、老板董事、经理经纪、货运代理,也可能是包工头、雇工、脚夫、车夫,还可能是使节、旅行达人、探险者、医药师、技工、乐工、舞伎,远非今天的快递小哥所能担当替代。他们是西域或欧亚特色产品的收集者和贩运者,把宝石、玉器、香料、骏马和东方不见或稀有的农产品、农作物、植物树种等,通过驼驮马拉人扛的商队,源源不断地运往中国边疆地区和中原内地;他们是寄身甘州凉州、长安洛阳的代购人,把中国的丝绸、陶瓷、纸张、茶叶、漆器、竹木器等,运送到西域诸国和欧亚地区;他们是文化推介和交流的大使,把胡音胡俗、胡乐胡舞及西方医术、塑绘技艺等,与汉唐风俗、文学艺术、中医及冶炼、打井、农业耕作技术等东传西输,促进了中西互鉴、东西交流,推动了各民族相互影响、共同发展,从而形成了中华民族和中国文化多元一统、丰富多彩的历史格局。(图5-6)

历史已经远去,痕迹并未消失。在记忆的底片上,"丝路驼铃"已成为一种穿越时空、回响悠远的乡愁情结和诗歌意象,而"胡人牵驼",则是一段历史、一个时代的典型影像和形象标志。

(图5-7、图5-8)

上:图5-7 张掖馆藏胡人牵驼模印砖
下:图5-8 山丹馆藏胡人牵驼模印砖

高鼻深目、手舞足蹈的胡腾舞铜人

图 5-9 唐代胡腾舞铜人。高 13.5 厘米，座高 3.5 厘米。国家一级文物，路易·艾黎捐赠，收藏于山丹县博物馆

胡腾身是凉州儿，肌肤如玉鼻如锥。
桐布轻衫前后卷，葡萄长带一边垂。
帐前跪作本音语，拾襟搅袖为君舞。
安西旧牧收泪看，洛下词人抄曲与。
扬眉动目踏花毡，红汗交流珠帽偏。
醉却东倾又西倒，双靴柔弱满灯前。
环行急蹴皆应节，反手叉腰如却月。
丝桐忽奏一曲终，呜呜画角城头发。
胡腾儿，胡腾儿，家乡路断知不知？

  这是唐中期诗人、"大历十才子"之一的李端描写胡腾舞者的诗歌《胡腾儿》，诗中交代和描述了舞者的身份、装束、表情、舞姿等，并抒发对舞者流浪他乡、无法归家的可怜感慨之情。舞者"身是凉州儿"，并不一定说就是凉州人，也可能是来自西域、生活在凉州，或是原在甘凉、后迁西域，又来到凉州后到了长安、洛阳。肌肤如玉、鼻似尖锥，应该是西域或中亚白人的相

貌特点。桐布衣衫,前后宽边犹如翻卷,绣着葡萄纹的长带侧垂一边,是当时典型的"胡服"样式。起舞时扬眉动目、表情灵动,未成曲调先有情,在现代的新疆、中西亚舞蹈中我们仍能看到这样的情景。脚踏花毡,珠帽斜偏,舞步似醉东倒西倾却丝毫不乱,双靴柔韧如带、飞旋似光,环行转圈,腾挪跳跃,步步应和着音乐节拍,反手叉腰,俯仰曲身,犹如一弯皎美的新月。诗人描摹得如此形象生动,胡腾舞者优美的身姿、飞旋的动作和急速欢快的节拍,仿佛就在我们眼前。另外,唐代诗人刘言史、元稹、白居易等人也有描写胡腾舞或胡旋舞的诗歌。刘言史"石国胡儿人见少,蹲舞尊前急如鸟。织成蕃帽虚顶尖,细氎胡衫双袖小。手中抛下蒲萄盏,西顾忽思乡路远。跳身转毂宝带鸣,弄脚缤纷锦靴软。四座无言皆瞪目,横笛琵琶遍头促"。元稹"蓬断霜根羊角疾,竿戴朱盘火轮炫。骊珠进珥逐飞星,虹晕轻巾掣流电。潜鲸暗噏笡波海,回风乱舞当空霰"。白居易"胡旋女,胡旋女,心应弦,手应鼓。弦鼓一声双袖举,回雪飘摇转蓬舞。左旋右旋不知疲,千匝万周无已时"。这些诗与李端的描写异曲同工,把胡腾舞或胡旋舞令人屏气瞪目的精彩绝妙渲染得淋漓尽致。

  诗中描写的胡腾舞、胡旋舞,是唐代盛行的一种少数民族健舞,原为西域胡人擅长的一种舞蹈,后来流传于河西走廊一带,传到都城时,宫廷热捧,坊间喜爱,风靡一时,以至于昭武诸国纷纷把"胡旋女"作为贡品向唐王朝进献。据史料记载,开元年间,俱密国、康国、史国、米国等都多次向唐王宫进献胡旋女。而安史之乱的祸首安禄山,就是一位胡旋舞高手,凭借高超的舞技博取了唐玄宗和杨贵妃的欢心。安禄山本是康姓胡人,身体肥胖,体重达300多斤,大肚皮拖至膝盖以下,而当他闪身步入舞池,却灵敏异常,像只陀螺一样滴溜溜旋转起来,大肚皮忽闪忽闪,或如云卷蛇盘,或如波涛起伏,看得人眼花缭乱。《旧唐书·安禄山传》形容其"疾如风焉",《杜工部草堂诗笺》记载其"腹大而涨,每行使人挽之乃

图 5-10 铜像背部图

动,及作胡旋舞,其疾如风,故譬之金虾",白居易诗云"禄山胡旋迷君眼,兵过黄河疑未反。贵妃胡旋惑君心,死弃马嵬念更深",可见其善舞并非传说和虚言,也可见胡旋舞、胡腾舞的技艺和魅力非同一般。

诗歌、史籍中描写得栩栩如生、活灵活现的唐代胡腾舞,我们仅是通过文字来想象和体会,有没有一种具体的形象让我们一饱眼福呢?图中这件来自山丹博物馆的胡腾舞铜人像(图5-9),就为我们提供了一种可视化的艺术效果。

这件胡腾舞铜人像,高13.5厘米,莲花底座高3.5厘米,人物深目高鼻,鼻尖如钩,头顶卷沿弯顶帽,身穿窄袖紧身衫,足蹬翘头软锦靴,腰束长带,身背葫芦器,裙衫下摆翻卷飞扬,左臂向下曲张,右臂向前高扬,右腿屈蹬,左腿独立于六瓣莲花底座之上,显然是舞蹈姿势和形态。胡人胡服,手脚翻动跳跃,身姿灵动优美,动感十足,很容易使人联想到闻名于世的胡腾舞,因此博物馆和文物研究者把它命名为胡腾舞铜俑。因为它是曾在山丹工作过的新西兰籍国际友人路易·艾黎从古玩市场获得后捐赠,只断定了是唐代作品,未能确定究竟是随葬俑还是流传民间的工艺饰品,我们姑且称它为胡腾舞铜人。(图5-10)

胡腾舞铜人像出现在古称甘州的张掖地界,似乎是古今应和的一种缘分,印证了唐时胡腾舞者多为"石国胡儿"或"凉州胡儿"、来自西域康国原昭武九姓的石国等地的说法。史称粟特人的昭武九姓,本是月氏人,原居张掖昭武城(今临泽县境内),后被匈奴击败西逾葱岭在妫水(阿姆河)流域建国,支庶分王,有康、安、曹、石、米、史、何等九国,皆以昭武为姓,农牧兼营,善于经商,长于歌舞,有的以医术、乐舞为生。《隋书·西域传》记载:"康国者,康居之后也……支庶各分王,故康国左右诸

图 5-11 隋虞弘墓石椁胡腾舞雕刻

国并以昭武为姓,示不忘本也。"《新唐书·西域下》记载:"康者……枝庶分王,曰康,曰安,曰曹,曰石,曰米,曰何,曰火寻,曰戊地,曰史,世谓'九姓',皆氏昭武。土沃宜禾,出善马,兵强诸国。人嗜酒,好歌舞于道。"由此可见,善歌舞的并非只是"石国胡儿",昭武九姓及西域中亚诸族多好歌舞,且善饮酒,所以铜像中人物背负的葫芦器,多被认为是酒壶。他们由河西走廊进入中国,首先落脚的地方便是曾经的故里——张掖、武威一带,与生活在当地的"胡人"接触融合,来到长安、洛阳后被泛称为"凉州胡儿"。因此,"凉州胡儿"可指原本生活在甘凉地区的胡人,也可指由西域来到甘凉再到中原的胡人。(图 5-11)

胡腾舞以翻转腾跃见长而得名,与"胡旋舞"同类异支,一个重在踢踏腾跃,风格豪迈奔放;一个重在身足旋转,趋于柔美妩媚。因腾中有旋、旋中有腾、边旋边腾、腾旋难分,也可能是同一舞种的不同变式,或是地域、男女、舞式变化而有所差别,后来甚至发展到男女不分,女伎可以跳出豪放有力的腾旋舞,男伎也可以跳出柔软妩媚的旋腾舞。唐《乐府杂录》记载:"开成末,有乐人崇胡子,能软舞,其腰肢不异女郎也。然舞容有大垂手,有小垂手,或象惊鸿,或如飞燕,婆娑舞态也。""崇胡子"当是胡人舞者的混名或艺名,他腰肢柔软,扭动轻盈飘逸,翩若惊鸿,轻如飞燕,舞姿柔美婆娑如女郎。元稹《和李校书新题乐府十二首·西凉伎》

诗句"胡腾醉舞筋骨柔"所形容的便是这样的舞姿。而所谓的唐代三大胡舞——胡腾舞、胡旋舞、柘枝舞，可能即是同一种类的变化舞式，说它是佛教三大乐舞，也可能是一场佛系乐舞中表现佛陀转世再生的三个部分或片段，就像一首音乐或一曲舞蹈中的序曲、主题和结尾一样，曲调和舞式有所变化而已。这件胡腾舞铜人像，似可印证笔者的这一看法。舞者双手一扬一屈，双脚一立一抬，可以看作是腾跃之态，而一腿独立、一腿屈抬离地，双臂上下张屈，身体微躬，又何尝不是以单脚为支撑原地旋转或腾跃转圈的姿态？从这一点上讲，把它说成是"胡旋舞"也未尝不可。铜人以六瓣莲花为底座，似也示意胡腾舞、胡旋舞与佛教思想或佛教音乐密不可分，三大胡舞的产生或表演源自佛教传说故事，从这件铜像中也可获取一种印证信息。

　　也有人认为，铜像人物不是胡腾舞者，应是西域或中亚的巫师或者巫医不分的巫医形象。铜人面部呈惊愕狰狞之态，不像是乐舞之人欢快愉悦的表情，应是巫师作法表演时的夸张吓人面目；双手似筒铲，也不像舞动的手形或舒张的袖口，应是巫师作法表演的工具；身后的葫芦不是酒壶，应是巫医盛放药物的容器；胸前的柱状形也不是衣饰，而是巫医的法

图 5-12　安伽墓北周彩绘贴金屏风胡腾舞图

图 5-13 北齐黄釉扁壶胡舞形象

器或针灸药用竹筒；巫医脚踩六瓣莲花，意指医术源自佛教的药师佛，或是巫佛沟通、巫代佛言的暗示。这一说法尚未得到研究者们的认同，却也与史料记载中昭武九姓及中亚人"或以医术、乐舞为生"的特性相吻合，姑且存疑。而无论是舞者还是巫医，铜人的舞蹈动作和形态摆在那里，或者说，舞蹈者可以是巫医，巫医也可以是舞蹈家，铜人的"舞者"形态并未改变，倒是为人们提供了更多研究和想象的空间，这也是这件古文物的魅力所在。

当然，这件古文物的魅力和价值，还不仅在于为我们提供了"胡腾舞"这样一种艺术形象和一些关联的历史信息，更在于它是唐代丝绸之路中西交流的生动物证。

胡腾舞和胡旋舞，约在南北朝时期由西域传入中原，西安未央区安伽墓出土的北周彩绘贴金围屏石榻正面屏风中的胡舞画面（图5-12），史君墓出土的北周石椁背面的胡舞刻画，以及河南博物院收藏的北齐黄釉扁壶上的胡舞形象（图5-13），便是当时胡腾舞、胡旋舞传入中原的证明。可能由于政局纷乱、舞者和传播有限，当时并没有引起流行风潮，直到隋唐统一局面的形成和发展，中西商贸和文化交流逐渐频繁，丝绸之路河西走廊上的胡商驼队开始络绎往来，胡腾舞、胡旋舞才像马匹、宝石、农作物、香料、胡服胡食一样普遍进入走廊城市、中原街坊。特别是它进入宫廷之后，大受王公贵族、嫔妃宫女及文人墨客的喜爱和追捧，以乐舞谋生或

图 5-14 宁夏盐池苏步井乡唐墓石门胡腾舞图

能歌善舞的胡伎胡商随着商队纷纷流入甘州、凉州及长安、洛阳,加之唐灭突厥后西域附国也投其所好进献舞伎,胡腾舞、胡旋舞便像一股经久不息的旋风,在唐王宫内外劲旋不已,且由过去街头路旁的率性之舞,改进和演化为宫廷和教坊乐舞,并进一步在甘凉一带广泛流传开来。"落花踏尽游何处?笑入胡姬酒肆中。"李白《少年行·其二》中的诗句,反映出当时胡商酒馆、胡姬胡舞流行长安的盛况。宁夏盐池苏步井乡唐墓出土的胡腾舞石刻墓门(图 5-14)、河南焦作市博物馆收藏的唐胡人舞蹈木俑等文物,也反映出这方面的内容和信息。

"九天阊阖开宫殿,万国衣冠拜冕旒。"胡商胡马往来于丝绸之路,胡腾胡旋常舞于宫廷内外,胡姬酒肆频见于长安街巷,是唐王朝胸襟开放、兼容并包的表现,正因为"自古皆贵中华、贱夷狄,朕独爱之如一"(唐太宗语)的眼界,才有了内外商贸、中西交流、民族融合的时代辉煌,形成了昂扬豪迈、开放包容、自信自强、照耀中华、影响世界的大唐气派,对中华民族多族共荣、中国文化多元一体的结构格局,产生了广泛而深远的历史影响。也正因为如此,面对这件形神毕肖的胡腾舞铜人像,我们仿佛穿越千年,看见丝绸之路驼马商旅不断,河西走廊"凉州胡儿"穿梭,长安街头胡姬酒肆喧闹,大明宫上阳宫胡舞胡乐翩跹盘绕,几多繁华,一派升平……

流行丝路、汇通天下的波斯萨珊王朝银币

图5-15 波斯库思老一世时期（531—579）银币。直径2.5厘米，重2.9克，边缘稍残。1970年出土于张掖大佛寺金塔殿地宫石函，收藏于张掖市（甘州区）博物馆

活跃在丝绸之路上的"牵驼胡人"，除了善于经商的昭武九姓粟特人及其周边部族商人，还有不少善于经营珠宝及金银玉器的波斯商人。波斯萨珊王朝，在魏晋南北朝时期就与中原国家多有往来，至隋唐时期，两国之间的往来交流更为频繁，萨珊王朝曾多次派遣使者前来长安，长期留居在中国内地的波斯人多达数千人。在许多传说和史籍中，波斯人往往被描绘成带有传奇色彩的异域人物，他们善于识别珠玉宝石，携带大量金银宝器，来到中国后常能成为巨商大贾，有的还可在朝廷任职做官。据考古发现和研究，初唐时期的金银器造型、随葬丝绸织锦纹饰等，呈现出浓郁的波斯风格和异域风情，表明隋唐王朝与波斯萨珊王朝及西域各国的商贸交易、文化交流较以往更加频繁，对波斯风俗和外来文化不予排斥且善于包容吸纳，形成东西结合、中外交融的时代风貌。1970年出土于张掖大佛寺金塔殿地宫石函、现收藏于张掖市（甘州区）博物馆的数枚波斯萨珊王朝银币，就是丝绸之路河西走廊上东西贸易、中外交流的又一历

史物证。

张掖大佛寺出土的波斯萨珊王朝银币共6枚，分为两种，一种是波斯库思老一世时期的银币（图5-15），只有1枚，直径2.5厘米，重2.9克，边缘稍有残缺。银币正面为库思老一世侧面像，头面向右，头戴王冠，颈饰珠链，双肩饰纽结形带，王冠中间饰圆珠纹，两侧有对称的冠饰物，前后饰飘带，冠顶呈半新月形，上饰火焰纹圆形球。紧靠王像左侧有六角形星饰，王像左右两侧均有钵罗婆文铭文，边缘外框饰一圈联珠纹。银币背面纹饰主体与正面相较呈右旋垂直90度，中央为祆教圣火祭坛，两侧各有一持剑祭司，圣火上方左右侧饰星月纹，外框也饰一圈联珠纹。波斯萨珊王朝库思老一世时期为公元531年至579年，大约是中国南北朝末期隋王朝统一中原之前，银币流通于中国，应在南北朝至隋代及初唐时期。

张掖大佛寺出土的另一种银币为卑路斯王时期银币（图5-16），有5枚，直径2.6厘米至2.9厘米不等，重3.5克至4.1克不等，均呈不规则圆片状。银币正面为卑路斯王侧面头像，头面向右，头戴王冠，两肩飘纽结形带，王冠中间饰雉堞形纹，前后有翅翼，冠顶为新月环抱火球，火球冒出边框，边框饰一圈联珠纹，王像右侧有钵罗婆文铭文，意为"主上卑路斯"。银币背面纹饰主体与正面相较呈右旋90度，中央为祆教圣火祭坛（图5-17），坛上燃烧圣火，火焰上方左右各饰一星一月，祭坛两侧各立一祭司，边框也饰一圈联珠纹。波斯萨珊王朝到了

图5-16 波斯卑路斯王时期（约652—709）银币。直径2.6厘米至2.9厘米，重2.8克至4.1克。1970年出土于张掖大佛寺金塔殿地宫石函，收藏于张掖市博物馆

图 5-17 波斯银币祆教圣火祭坛

卑路斯的父亲亚兹德盖尔德三世时，已是最后一位君主，大食（阿拉伯）东进吞并波斯，萨珊王朝末世君主于公元 652 年（一说 642）被杀，王子卑路斯从此开始了流亡和复兴波斯的曲折之路，多次欲借大唐之力西进复国，其间被唐王朝册封为名义上的波斯都督、波斯王，直至 677 年在洛阳去世，也未能完成复国之梦。从波斯萨珊王朝末期到卑路斯流亡时期，大约相当于唐贞观之治、永徽之治时期，是大唐王朝的全盛时期，也是大唐与西域诸国、印度、罗马及波斯萨珊王朝等频繁交往的黄金时代。

亡国之前的萨珊朝波斯，地处丝绸之路的要冲位置，是中原王朝及其西域属国继续西进罗马的咽喉之地。活跃在丝绸之路的昭武九姓粟特人，生活在阿姆河地带，往东是中国西域属国、河西走廊，向西便是波斯、罗马，而要进入罗马须得经过波斯，因此，同样长于经商的波斯人，实际上控制着中国与罗马之间的丝绸等商品贸易，而波斯银币便成为丝绸之路沿线流通的"国际性"货币。考古学大家夏鼐先生曾有"萨珊银币当时在中东、近东和东欧，是和拜占庭金币一样，作为这样一种国际货币而广泛地通行使用"的论断。从我国新疆吐鲁番、青海西宁、甘肃张掖等西北地区，到西安、太原、三门峡、洛阳及广东英德等中部东部地区，都发现了数量不少的萨珊朝波斯银币。有研究者对我国发现的波斯银币做过统计，萨珊朝各代君王银币现存超过 1900 枚，其中新疆地区最多，有 1130 多枚，其次是陕西、河南、山西、河北、青海、甘肃、内蒙古、宁夏，还有广东、湖北、江苏、山东、辽宁等也有发现。由此可见波斯银币的流通之广，也可见古代中国与萨珊朝波斯及西域诸国的商贸之盛。

波斯库思老一世，在位期间开疆拓土、发展贸易，颇有建树，在位时间长达 48 年，堪称萨珊王朝的黄金时代。其间铸币甚多，但如今存世不多，蒙古国立中央博物馆收藏 150 多枚，我国境内发现不到 10 枚，张掖大佛寺出土的1枚是其中之一，因存量稀少，被鉴定为国家一级文物，对于研究魏晋南北朝时期波斯与河西走廊及中原地区的经济贸易和文化交流具有重要价值。银币背面的袄教圣火祭坛及祭司图像，是波斯火崇拜和萨珊王朝普遍信奉袄教的反映，为我们了解袄教这一古老宗教提供了形象的实物信息。袄教是中亚最古老的宗教之一，又称火袄教、拜火教，以崇拜和信奉神火为特征。据传因中亚一带盛产石油天然气，古人不解其用，只见点火即着或经常自燃，便认为是造物主赐予的神火，由此发展出火崇拜和火图腾，衍生出许多关于圣火的传说和教义。袄教早在魏晋时期就已传入我国，与后来流传中原的摩尼教、萨满教、明教等宗教，以及新疆和东北柯尔克孜等民族及西南彝族、白族、纳西族等民族的火崇拜，都存在一定的互联关系和相近因素。

波斯卑路斯王时期，萨珊王朝实际已经亡国。据《旧唐书》记载，大食（阿拉伯）东侵，卑路斯的父王被杀，他继承王位率余部一路东逃，在吐火罗（今阿富汗）立足，意欲东山再起，曾在吐火罗武装帮助下西攻失败，多次派遣使者向唐王朝求援，唐高宗认为路途遥远出师不利，一直没有答应。后来唐高宗派遣特使前往西域中亚，成立波斯都督府，立卑路斯为波斯都督，之后又册封其为波斯王。再后来迫于大食威逼，卑路斯率众继续向东逃亡，于675年来到洛阳，唐高宗专门划出波斯人社区供他们出入生活。两年后，卑路斯在洛阳去世，其子泥涅师即位为王，直至706年复国无望返回中亚。因为泥涅师影响较小且未再铸币，这一时段也被归入卑路斯时期。从652年或642年踏上流亡复国之路，到677年离世，再到泥涅师离开洛阳，这前后约半个世纪的时间，波斯萨珊王朝实际已是穷途末路、名存实亡，所铸银币纯度、质量都已下降，现在留存于丝路沿线和西安、洛阳的卑路斯银币，有些已不是"胡人"商团所用的交易货币，而是卑路斯团队的流亡"路费"，其中还有不少是仿币。因此，张掖大佛寺出土的 5 枚卑路斯王银币，对于研究波斯萨珊王朝末代王子的流亡复国经历、流亡路途、铸币情况、商贸流通及其在河西走廊的过往信息等，具有重要的实证意义。

有的研究者认为，波斯萨珊银币的流通，与草原游牧民族的关系更为密切，也就是说，萨珊银币作为当时的"国际货币"，在草原丝绸之路上更为活跃。草原丝绸之路是蒙古草原地带与欧亚大陆沟通交往的交通要道，主线是从中原地区向北，经过阴山（今大青山）、燕山一带的长城沿线，北越蒙古高原，西经南俄草原、中西亚北部，至欧洲大陆北部地区。结合蒙古国发现大量萨珊银币，我国内蒙古、宁夏、山西、河北等地也有不少萨珊银币遗存，在魏晋南北朝至隋唐时期，这里都曾是漠北的匈奴、铁勒、鲜卑、突厥以及漠北向西的西突厥等草原民族的活动范围，这种看法不无道理。实际上，草原丝绸之路也属陆地丝路，与通常所说的丝路主线并非南辕北辙或两不相及，而是相互交替、南北连通。譬如河西走廊地带，过去就一直有北方草原民族南下游牧或长期居牧，也一直与北方的草原丝路相互交通，在张掖就有从临泽高台到居延至内蒙古的"龙城故道"。因此，我们不能把走廊丝绸之路与草原丝绸之路截然分开，就像张掖大佛寺发现的这几枚波斯萨珊银币一样，恐怕很难厘清，它是经过丝路走廊通道来到了张掖，还是后来西夏王室敕建大佛寺时，由草原之路来到西夏又被带到了张掖而放入藏宝石函埋在了金塔殿地宫。隋唐时期与西域诸国、印度、波斯及罗马的丝路贸易和文化交流，可以说已深入到中原多地和诸多民族，而不能简单地分割成中原地区和草原民族两条线路、两个板块。

另外，大佛寺金塔殿地宫石函同时出土波斯萨珊王朝库思老一世、卑路斯王两种银币，两者铸币时间前后相差 1 个多世纪，对于研究考证张掖大佛寺的初建、后建时间，寺内金塔殿建造时间以及北魏拓跋焘灭佛毁寺时僧人留宝、西夏国师建寺时掘地得宝等传说的真伪性具有重要的实证意义。

据传，张掖甘州大佛寺的前身为迦叶如来寺，始建于西晋永康年间，在北魏太武帝拓跋焘灭佛法难中寺塔尽毁，有位僧人逃亡后临终刻碑留言：甘泉有迦叶遗迹，后世若有礼佛善信、瞻礼至诚者，必能发现佛宝，证印佛果。600多年后，西夏的国师嵬咩来到张掖，一日敛神静坐，耳边隐约飘来美妙的梵乐，起身寻至土台之侧，梵乐似乎来自脚下，掘地丈余，发现了金砖垒成的佛龛，中有佛祖涅槃像。嵬咩认为此乃天意，于是乞请崇宗李乾顺同意（一说由崇宗母亲梁太后授意），主持在迦叶如来寺旧址重新修建了西夏大佛寺。

有人据此认为，张掖大佛寺金塔殿地宫石函宝物，应是魏晋始建时埋藏、北魏寺毁时僧人留言、西夏重建时被发现的佛宝，波斯银币即是其中的遗物。根据两种波斯银币的铸造年代，库思老一世迟于西晋永康250年左右，卑路斯比西晋永康年间迟350年左右，晚了两三个世纪的东西，不可能埋到建于西晋寺院的地宫，这种说法显然无法立足。如果石函是大佛寺或金塔殿始建时所埋，则寺院或大殿的建筑时间不会早于唐高宗时期。如果大佛寺或金塔殿是西晋始建，那么这个石函则肯定不是当时台基之下的埋藏物。

有人又根据石函中的两种波斯银币，得出大佛寺金塔殿建于唐代的结论。这显然也仅是一种推测。卑路斯王银币铸造于唐高宗时期，但它的流通和收存时间则没有下限，就像铸于南北朝末期的库思老一世银币，在唐中期及以后仍然流通一样。所以只能说明建造寺殿的时间不会早于唐代，却无法就此证明建造时间即在唐代，除非石函中遗物全部都是唐及前代而没有唐之后的东西。而根据1970年大佛寺金塔殿地宫文物出土状况来看，当时附近防空洞基建施工，开挖土方过程中塔基塌毁，露出了地宫的舍利石函等文物，由于文物保护意识弱，现场管理混乱，民工一拥而上将文物哄抢殆尽，县文物工作者闻讯后同公安机关对丢失文物立即追缴，先后追

图 5-18 明正统六年（1441）重修万寿金塔碑（大佛寺金塔殿遗藏）

回玉饰件、金银器、玛瑙饰件、钱币等文物 600 余件，其中有上述两种 6 枚波斯萨珊王朝银币、4 件元代玉雕纹钮、3 尊明代鎏金三世佛。从这些文物涵盖的年代看，石函及同坑文物埋藏不应早于明代。结合明正统六年（1441）兴建金塔殿的碑记记载（图 5-18），当年三月要在大佛寺万寿金塔处增建一座禅堂，当移去金塔后在原地筑基时，发现了古台基下原有的镇塔舍利宝物，有佛像、侍立菩萨像、玛瑙盒、舍利等宝物 11 类 496 件，住持僧人便不敢挪动宝物再擅建禅堂，报请当时的最高行政长官、镇守陕甘的钦差大臣太监王贵亲临大佛寺，与当地官员、名流及寺僧商议，决定在此兴建一座万寿金塔宝殿，并将当时大小官员、信徒及各界人士捐献的 20 多类 2000 多件各色宝物，连同原来的宝物计 2500 多件，重新打造石函埋于地宫建起了金塔殿。

如此看来，原来的万寿金塔建造应早于明代，当与西夏修建大佛寺及大佛殿同期或稍晚，因 1098 年建寺之前已"寺塔尽毁"，至 1441 年移塔建殿时发现镇塔宝物，故万寿金塔应建于西夏永安元年（1098）至明正统六年（1441）之间。而两种 6 枚波斯银币，可能是西晋永康至卑路斯王期间这 350 年间初建万寿金塔时埋藏于地基的宝物，也就是正统六年（1441）碑记中所述金塔殿下原藏宝物之中"银钱九个"的其中 6 枚。明代移塔建殿时重新埋藏 2500 多件宝物，而 1970 年发现并追缴回来的只有 600 多件，与碑记所载的数目相差甚远，不知是之前大部分已经遗失，还是当时没有全部追回，现在已经不得而知。

几枚小小的银币，见证了波斯萨珊王朝的中兴与衰落，见证了丝绸之路的经贸往来与文化交流，见证了张掖大佛寺的前世今生和赓续变化。

光鲜华丽、高低随意的折足鎏金盘

图 5-19　唐代折足鎏金菱花形铜盘。外径 24.5 厘米，内径 20 厘米，通高 19.5 厘米，重 219 克。国家一级文物。1979 年出土于肃南裕固族自治县马蹄藏族乡二夹皮村大长岭唐墓，收藏于肃南裕固族自治县民族博物馆

1979 年 8 月的一天，在河西走廊中部的祁连山腹地、张掖肃南裕固族自治县马蹄藏族乡西水北山所在的大长岭山坡上，来自二夹皮村的七八个村民正在耕地，突然看到一处塌陷的坑口，挖掘后发现一座古墓，于是争相抢夺墓内随葬品，一些古物在哄抢中被损坏。古墓距二夹皮村委会约 10 公里，村党支部书记尕正花听闻此事后，立即召集参与挖墓的村民了解情况，向他们宣讲国家文物保护政策，说服他们把抢取的文物上缴村委会保管，同时向当地文化部门做了汇报，随后文化和公安部门前往古墓区进行善后处理，收回墓葬文物，并组织文物工作者对大长岭古墓进行了抢救性挖掘。

经挖掘清理，古墓为双室结构墓，由墓道、甬道、前室、后室四个部分组成。墓道清理前已被破坏。甬道长 4.4 米，宽 1.6 米，高 1.8 米，靠近前室门处出土两具殉马尸骨。前室门朝向东南，用内外共 10 层石块砌堵，厚 1.35 米，高 1.8 米，外层宽 1.6 米，内层宽 1.2 米。前室平面近方形，拱顶，南北长 3.5 米，东西宽

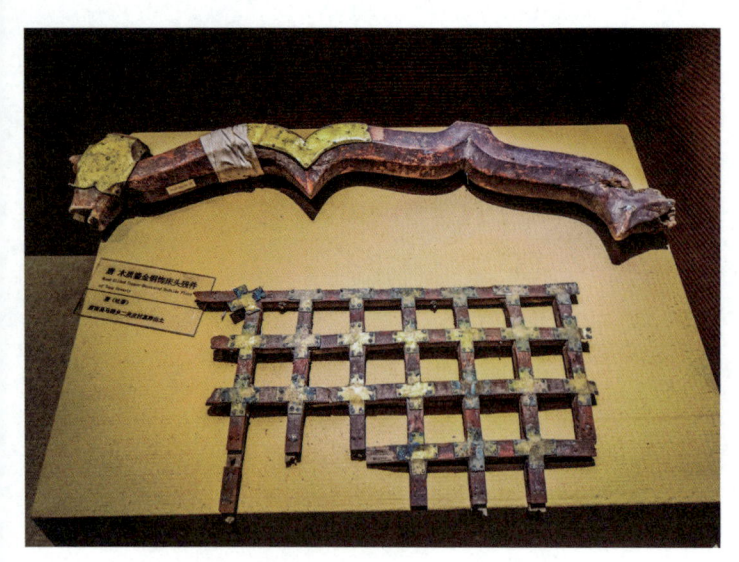

3.1 米，拱顶外高 2.25 米，室内地面散布残毁的鞍鞯、马具饰品，正前方设一铜饰木制双人床，已残，木构件散落于地（图 5-20），床头横木呈菱花形，两端镶有鎏金铜龙头（图 5-21），床腿方圆形，榫卯处有鎏金铜饰片，还有方格形花栏等木构件。后室门隐于前室后壁地坪之下，宽 1.2 米，高 0.9 米，厚 0.6 米。后室平面呈方形，边宽 3.3 米，拱顶高 2.2 米，室顶距地表 3.8 米，后壁用 0.25 米厚的松木板镶制（已散落），板面土红色铺底，彩绘十二生肖图。后室拱顶中部复置顶棚，用木檩木条为架，挂一层黄丝绸帐幔，棺椁置于其中。清理后室时，椁木已散落于地。椁头由 3 块松木板拼接，高 60 厘米，宽 70 厘米，上部呈椭圆形，板面正中墨绘一歇山顶式门楼，门楼上部绘一金翅鸟王，门柱两侧各绘一持剑叉腰的披铠武将。椁尾由两块木板拼接，高 28 厘米，宽 42 厘米，墨绘一门楼，两侧绘云朵。椁内棺木松帮柏底，棺内尸骨头南脚北，呈仰身直肢态，男性，头戴铁丝网盔帽（已残破），内衬缝制黄丝绸垫；头顶有两条小辫，长 22 厘米，用黄丝绸缠绕；上身着衣 16 层，下身 14 层，外衣为米黄色锦缎夹衣，内层衣料为团花织锦；腰系牛皮腰带，上嵌鎏金铜饰，脚蹬高腰

图 5-23 唐吐蕃墓单耳带盖镶珠金壶
图 5-24 金如意垂饰

牛皮马靴。尸骨左边置大中小 6 把腰刀（图 5-22），右边置 1 口铁剑，刀、剑均已锈蚀；地面有一残损箭筒，内装 10 支铁箭头。墓室中被村民当时哄抢的金壶、鎏金铜杯铜盘、银匣及其他金银铜饰品，多已无法还原具体位置，先后出土各类器物总计 143 件（考古现场资料参见肃南裕固族自治县民族博物馆相关简介及施爱民《丝绸之路·肃南大长岭吐蕃文物出土记》）。

通过对墓室结构、丧葬形式、墓主装束和出土文物等研究分析，考古工作者断定这座墓葬为唐代吐蕃贵族墓，是迄今为止张掖境内发现的规模最大、保存最完整的一座唐墓。墓室选址隐秘，双室结构考究，墓封严密，墓壁、榇板彩绘华丽庄重，墓主人头留发辫，绫罗绸缎缠身，佩饰豪华，随葬器物精美丰富，饰品多以金银铜及绿松石为主，并有殉马、马具、刀剑、箭矢等，由此推断墓主可能是盛唐时期生活在河西走廊的一位吐蕃高级将领，职位相当于唐代三品以上官职（唐代葬制规定，三品以上官员才可享用双室砖墓），不但身份地位显赫，还是一位持刀弄箭、驰骋疆场的武将。由于墓室清理中没有发现任何文字信息，墓葬的准确年代和墓主的具体身份尚待进一步考证。

大长岭吐蕃墓出土的 143 件文物，有金器、银器、鎏金铜器、铁器、金铜饰件、丝绸、木器、木板画等，品类丰富，器物精美，工艺考究，其中许多器物时代特征和民族特色非常突出。如图 5-23 的这件单耳带盖镶珠金壶，通高 17.5 厘米，腹围 32.5 厘米，重 709 克，圆盖

圆肩圆腹，侈口卷沿平底，短颈略曲内收，壶盖中央有一个杯形纽，纽顶镶嵌一颗圆形绿松石，壶腹铆接一只侧耳，由莲瓣形横耳与桥形竖耳组合而成，横耳上方嵌一颗圆形绿松石。金壶通体金光闪亮、珠宝迷离，器型浑圆厚重、端庄沉稳，光鲜华丽而不失高贵大气，带有浓郁的北方草原民族气息和西域中亚装饰风格。还有鎏金六龙铜杯、鎏金铜盏托、银匜、鎏金银洗、菱花形二龙戏珠锡盘、金如意垂饰（图5-24）、鎏金龙首铜饰、金质或鎏金铜桃饰、金环扣、金质或鎏金马具饰品、镶珠金饰木胎刀鞘以及华丽的丝绸、鲜艳的木板画等，无不光彩夺目、精致美丽，体现出吐蕃贵族喜好金铜饰品、追求高贵奢华的习性。而文首图5-19的折足鎏金菱花形铜盘，融草原气息、佛教元素、中亚风格和匠心设计于一体，全国少见，尤为珍贵。

　　这件鎏金铜盘，圆形盘口的外沿和内缘均呈菱花形。菱花与荷花虽然不同，但作为平面简化纹饰，菱花纹与莲瓣纹或荷叶纹却有相近之处。佛教东渐之后，在藏传佛教的形成中，莲瓣纹开始流行，一些器物的菱花形与荷叶纹逐渐趋近，像这件鎏金铜盘的内外两层菱花形，形成层叠开放的视觉效果，与吐蕃或藏族地区常见的莲花形饰器物风格一致。铜盘宽边浅腹，腹底锤揲内凹，是吐蕃器物常见的造型和工艺技法。而最引人注目的是铜盘的三个高足，盘体通高19.5厘米，盘底铆接的高足就超过了17厘米，而高足又分为两段，中间由子母扣连接，可向内折叠，成为折叠随心、可高可低的"如意升降盘"。折叠高足的下段呈板瓦状，上窄下宽向外撇，向上折叠后可与上段合抱，子母扣用铆钉穿孔连动，下段接近子母扣处增加球月形装饰，足脚处饰回形纹并开垂露形小孔。这样的金银器皿，不但显示了高超的切削、锤揲、嵌镶、线雕、镂刻、焊接、铆固、抛光等多种工艺及综合制造水平，更显示出精巧灵活、独具机杼、追求特色的设计匠心，应当是吐蕃民族与中原民族、西域中亚民族等文化交流互鉴

上：图 5-25 唐吐蕃墓羊生肖木板画
下：图 5-26 唐吐蕃墓猴、鸡生肖木板画

的结果。

　　肃南大长岭吐蕃墓的发现和出土的精美文物，对研究河西走廊及张掖地区历史文化意义重大，尤其是为研究唐代吐蕃民族在河西走廊的势力范围、活动踪迹、民族交往、社会经济、丧葬制度、服饰习俗及绘画、金属制作工艺等方面，提供了丰富的实物资料。墓葬位于丝路甘州南部的祁连山区，隋唐时期，盘踞于青海的吐谷浑、游牧于祁连山的突厥等经常下山侵犯甘州，尽管隋炀帝曾击破吐谷浑，唐王朝也曾多次击退南山突厥，但祁连山区一直是这些民族的活动区域。安史之乱后，吐蕃趁河西防务虚弱之机，于唐建中二年（781）攻占甘州、沙州等地，783年在渭水河边"清水会盟"中，唐王朝为求暂时稳定，将陇右、河西割让吐蕃，自此之后的80余年间，河西地区一直被吐蕃占据，直到861年张议潮收复河西诸州及863年唐王朝复置凉州节度使后，吐蕃势力才退出河西走廊。从大长岭墓葬的规格形制及出土的精美文物看，不会是游牧流动或败北流亡时期的吐蕃贵族墓，应该是定居此地、精心建造、从容埋葬的高等级吐蕃贵族墓，很可能是吐蕃占据河西地区时期的遗存。（图5-25、图5-26）

　　因此，肃南大长岭唐吐蕃墓及折足鎏金盘、单耳镶珠金壶、丝绸、木板画等出土文物，不但是吐蕃政治军事、经济社会、生活习俗的真实反映，而且是河西走廊山河易主、城池更帜、风貌变色的历史见证，还是丝绸之路上多民族往来交流、文化互鉴、融合发展的侧面写照。

声韵宏远、雄浑大气的飞天神兽唐钟

图 5-27 唐代飞天神兽铜钟。以铜为主的合金材质，钟高 130 厘米，口径 115 厘米，纽高 15 厘米，重约 600 公斤。原挂于张掖钟鼓楼，现收藏于张掖市（甘州区）博物馆

在张掖市博物馆宽阔的展厅里，这口体形硕大的铜钟显得格外耀眼。它高达 1.3 米，下沿口径达 1.15 米，周身泛着土黄色光亮，横平竖直的双线阳凸纹，将钟身分隔为纵三横六、上小下大的十八个梯形格。斜十字交叉、每格四乳钉的简饰图案，穿插过渡于纵横交错的浮雕飞天和四灵神兽之间，斜角相连，对称交叉，在周身又形成三个菱形图，使钟面的几何分割科学有序。顶层间隔的三尊飞天，头戴花冠，手捧花束，袒胸赤脚，裙衣飞动，飘带飞扬，凌空飞舞，与敦煌壁画飞天风格一致。中层间隔朱雀、玄武图案，朱雀长颈长腿、长尾长翅，双翅高展，长羽外扬，呈跳跃起飞状；玄武不同于常见的龟蛇同体，为长足长颈长喙猛禽形，展翅作奔走状。整体来看，体态优美、身姿轻盈的飞天飘舞于上，羽爪张扬、生动传神的朱雀玄武青龙白虎游走于下，整个器型规整中蕴含灵动，沉稳中透出活泼，古朴精致，浑厚大气，显现出一种绝顶览山、唯我独尊的盛世气派。这便是曾经悬挂于张掖钟鼓楼之上、声闻甘州全城

图 5-28 张掖飞天神兽铜钟

的唐代大钟。大钟用以铜为主加少量锡、铅的合金铸造，刚柔适度，既能承受重槌撞击，又能产生宏亮悠远的声音，因此可以"声闻数十里"，传至甘州城邑的各个角落，形成"镇远楼台晨钟暮鼓"的甘州盛景。（图 5-27、图 5-28）

　　说起古钟，人们往往容易想到"晨钟暮鼓"的佛寺梵钟。其实，中国才是最早制造和使用钟的国家，远在佛教传入中国的 2000 多年之前，我们就有"钟鸣鼎食"（语出《史记·货殖列传》）的贵族先民和豪奢风习，中华文明 5000 年，源头处即有钟的光影。龙山文化遗址出土了一只陶钟，仅有火柴盒大小，距今约五六千年，被认为是中国钟的始祖。二里头文化遗址也发现了早期的陶制钟铃、后期的青铜钟铃。到了商周时期，钟、鼎等各种青铜礼器更是品类繁多，不但用于祭祀礼器乐器，还用于宫廷贵族的宴乐生活——钟鸣鼎食，王公贵族们击钟列鼎而食，奢华排场。作为礼器的钟，进而发展为大小有别、排列有序、礼乐兼并的组合乐器，成为王侯贵族生前追求尊崇和享乐、死后显示身份和等级的标志性器物。如《诗经·小雅·楚茨》"礼仪既备，钟鼓既戒……皇尸载起，鼓钟送尸……既醉既饱，小大稽首。神嗜饮食，使君寿考"等诗句，描写的就是贵族们祭祖祀神时礼仪齐备、演奏钟鼓之乐而敬神送神、祈求平安长寿的场景。《左传·襄公三十年》记载："郑伯有嗜酒，为窟室，而夜饮酒，击钟焉，朝至未已……"是说郑国国君伯有，嗜酒如命，专门营造了一座酒库，常常彻夜击钟而饮，到了早朝的时候还不停止，即便上了朝，回来之后还要继续饮酒，以至于发生宫廷之变时醉中逃命，酒醒后才知已经亡国。《左传·哀公十四年》记载，宋国左师向巢："每食，击钟。闻钟声，公曰'夫子将食'，既食，又奏。"每次进食前都要击钟，开始进食时又要击钟，虽然写的是礼仪，却反映了王公贵族钟鸣鼎食、炫尊显贵的生活作风。事死

图 5-29 曾侯乙大型组合编钟

如事生，生前如此，身后还要在另一个世界里继续尊享，湖北随州出土的战国时期曾侯乙大型组合编钟，就是最具代表性的证物。（图 5-29）

可以说，中国古钟最早见于夏代，成型于殷商，兴盛于西周至春秋战国时期，起初是作为祭祀礼器，后来发展为兼具礼器和乐器双重功能的乐钟，并在西周时期形成了严格的乐钟使用制度，对天子、诸侯在不同祭祀和礼仪活动中使用的配套乐器、歌舞及规格作出了明确的规范。例如天子在祭祀天神时"奏黄钟，歌大吕，舞云门"，在祭祀山川时"奏蕤宾，歌函钟，舞大夏"，在接见诸侯之长时用"肆夏"，周王宴请诸侯时用"湛露""彤弓"，诸侯相见时用"文王"等，各种场合不得混用或僭越。其中云门、咸池、大韶、大夏、大濩、大武等六种乐舞规格最高，是西周对黄帝、尧、舜、禹、汤、周武王曾经使用的古乐加以改造后的称谓，统称"六乐"。

与钟常常组合在一起的金属打击乐有镈、錞、镯、铙、铎，连同钟是六种，后来把这六种乐器也称"六乐"，其中钟是六乐的主角，形制多样，有甬钟、钮钟、镈钟等，既可与其他乐器组合，又可自成体系配套使用，于是产生了青铜编钟、编磬这样的组合乐器。为了形成一钟两音的效果，便于两面敲击，乐钟的形状多为合瓦状扁筒形。乐钟表面除了兼具定音和装饰功能的乳钉之外，还增加了饕餮纹、神兽纹、云龙纹等装饰图案，以进一步显示威严，渲染神秘。为了便于使用，又将成套的编钟悬挂于梁柱木架之上，演奏时用"T"形木槌、圆形木棒等敲击发音。乐钟组合配套的规格可大可小，数量可多可少，根据使用场合和人物的身份地位而定。春秋中晚期诸侯编钟多为 9 件一组，战国时期又出现 13 件、14 件的组

图 5-30 古钟类别图

合,迄今为止的考古发现也有多种形制,如河南固始侯古堆一号墓出土的春秋时期勾吴夫人编钟为 8 件一组,河南信阳楚墓的编钟为 13 件一组,湖北江陵天星观一号楚墓编钟为 22 件,湖北随州曾侯乙墓编钟达 64 件之多。

到了战国时期,乐钟的祭祀礼仪功能逐渐弱化,主要成了王公贵族的宴乐工具,以及生前镌记功名、身后继续尊享、显示身份等级的标志性器物。此外,还可用作军中发号施令的指挥乐器,如《左传·庄公三十年》记载"凡师,有钟鼓曰伐,无曰侵,轻曰袭",意思是出兵作战,鸣钟击鼓、大张声势叫作"伐",偃旗息鼓、师出无名叫作"侵",悄无声息、轻装突击叫作"袭"。

秦汉之后,随着礼乐制度的崩溃和铁器、瓷器的流行,曾经盛极一时的商周青铜文化日渐衰落,青铜乐钟也失去了往昔的风采。考古发现中,只在汉代的一些王侯墓室偶见它们的身影,但规格、品级早已江河日下,没有了先秦时代的辉煌。

当然,作为一种身份等级的象征和标志性器物,乐钟并没有就此归于沉寂。先秦之后,从秦汉王朝到中国最后一代封建王朝清朝,一种象征和宣示权力与威严的大钟一直声震朝野、余响不绝,这便是悬挂于宫廷与坛庙之内,用于朝廷和皇室的朝会、典礼或社稷祀典等重大活动的"朝钟"。东汉末年和魏晋南北朝时期,佛教传入我国并

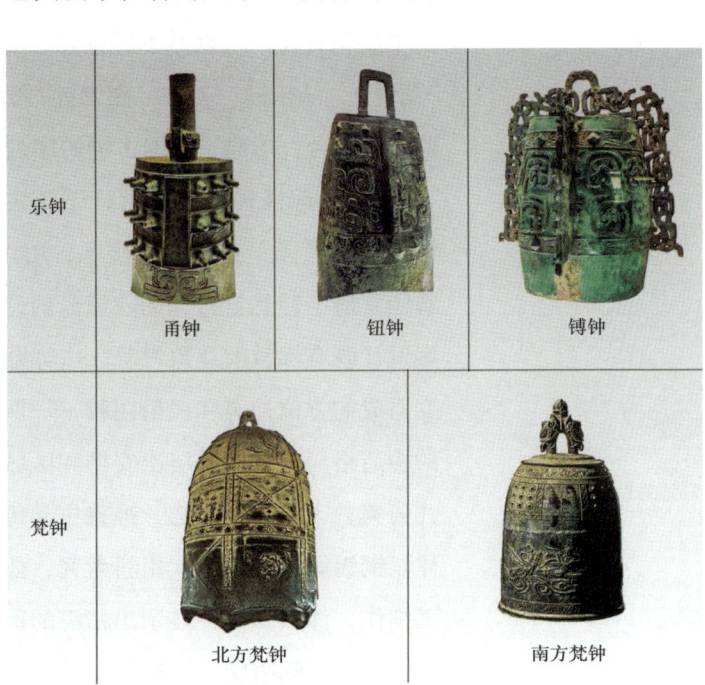

乐钟　甬钟　钮钟　镈钟

梵钟　北方梵钟　南方梵钟

图 5-31 张掖唐钟浮雕飞天

逐渐兴盛,用于召集僧众、宣告时辰、渲染气氛、辅助修行的佛钟开始流行,并日益本土化,将印度的柱筒钟和佛教中的荷花、飞天等元素,与中国乐钟、朝钟的形制和云龙纹、饕餮纹、神兽纹等装饰融合,形成了中西合璧、富有特色的喇叭状荷叶口型、平口型等多纹饰多器形的中国佛钟。同时,道教兴起,道观里也出现了与佛钟功能相近的"道钟"。随着佛教道教的传播和盛行,佛寺道观的佛钟、道钟及原来皇宫朝钟的报时功能,逐渐由寺观、皇宫向城邑延伸,于是产生了"更钟",悬挂于城市中心或突出位置的钟鼓楼、高台之上,向居民统一报时,"晓击即破长夜、警睡眠,暮击则觉昏衢、疏冥昧"。因更钟也叫"信鼓",多用于早晨和黄昏,所以有了晨钟暮鼓的说法。因此,中国没有纯粹意义上的"梵钟",从乐钟、朝钟,到佛钟、道钟、更钟,先后出现,相互影响,彼此借鉴融合,形成了中国古钟的序列体系和品类大观。(图5-30)

"百尺琼楼钟声催月落,千年古邑画韵引霞回。"张掖的唐钟属于更钟,过去悬挂于张掖钟鼓楼上,用以报时,也用以装点楼阁和城市门面,曾经营造了钟悬日月、阁映霞光的诗画意境。就它的特色和工艺而言,图案设计既有佛教的意象符号——浮雕飞天,又有从中国古老的天星四象演变而成的方位神灵和民俗图腾——四灵神兽,显示出灵活多样、多元一统的构造格局;钟面的层次安排和区域划分精细科学,显示出简洁而巧妙的几何美;飞天灵动飘逸,神兽生动传神,显示出高超的绘画雕塑水平;钟体以铜锡等合金制造,用料考究,体量巨大,采用了分范合铸锻造法,精工细作,浑然一体,显示出精湛的冶炼铸造工艺;造型呈上细下粗、顶收口敞的平口喇叭状,钟钮厚重结实,钟壁由上而下至口部逐渐加厚,薄厚

图 5-32 景云铜钟

之差形成声波变化产生延音,从而达到响亮与浑厚交织、音韵高低融合、延音时间持久的音响效果,显示出科学精确的声学与音律学水准。正因为如此,唐钟被认为是中国古钟继往开来的"智造"珍品,体现了大唐盛世的煌煌气象,是唐王朝政治社会稳定、经济文化繁荣、因强盛而开放、因开放而强大的产物。(图 5-31)

当然,从体量来看,张掖唐钟还不算是"唐钟之最",现收藏于西安博物馆、原为唐代景龙观所铸的景云铜钟(图 5-32),被称为是天下第一名钟。钟体高度 2.47米,口径 1.65 米,总体重量达 6 吨,除体量超大、口沿为六瓣荷叶型(也称波浪型)、纹饰花样稍多外,体表三纵六横十八格的划分、纹饰风格及分范合铸法等方面,都与张掖唐钟相似。后世也有体量超过景云钟的大钟,北京大钟寺有明代永乐年间铸造的"永乐大钟",悬挂在大钟楼中央的巨架之上,高 6.75 米,口径 3.7 米,唇厚18.5 厘米,重 46.5 吨,钟体赭黄光洁,内外铸有 230184字经文,堪称佛教文化与书法艺术融合一体的珍品。20世纪和 21 世纪之交,为迎接澳门回归和新世纪的到来,

北京铸造了巨无霸超级大钟——"中华世纪钟",高 6.8 米,口径 3.38 米,重 50 吨,超过了永乐大钟,堪称世界之最。钟重 50 吨象征新中国 50 华诞,钟体上 56 朵牡丹象征全国 56 个民族,盘绕的两条巨龙象征黄河与长江,底部是万里长城图案,同时还镌刻《二十世纪中国重大历史纪事》和《义勇军进行曲》乐谱等。它悬挂于中华世纪坛东侧,与坛楼融为一体,相互映衬,共同展示着新世纪中华民族的精神风貌,激励着中华儿女自信自强、奋斗不息。

历经劫运、流转甘州的敦煌唐写经

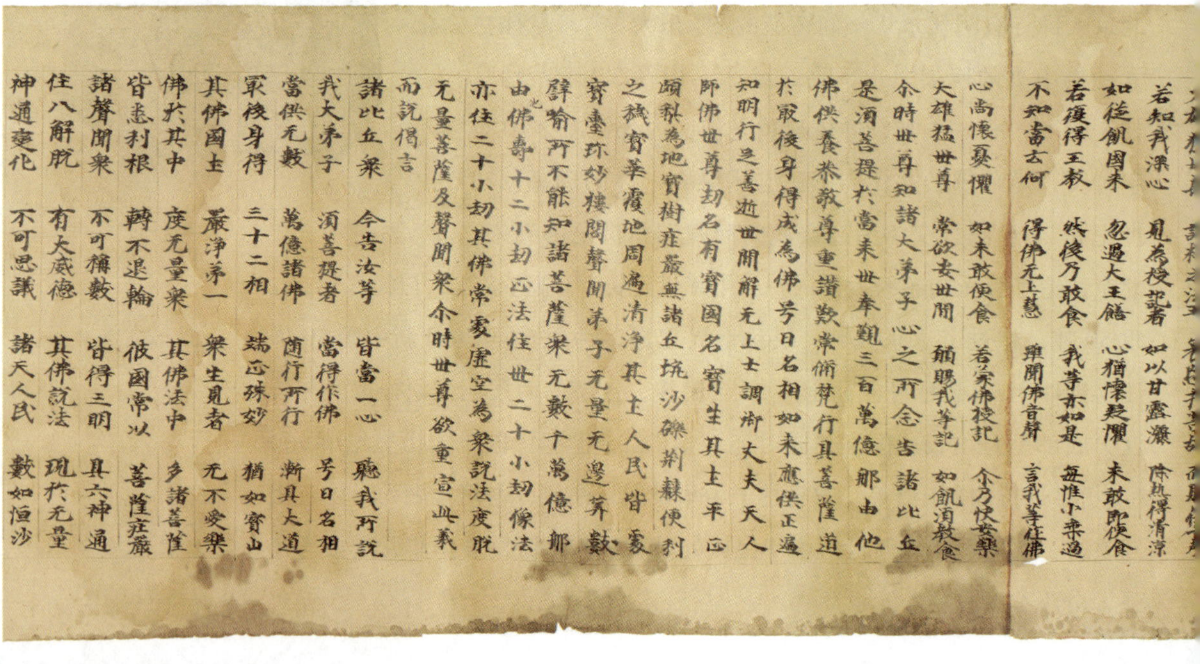

图 5-33 唐写经《妙法莲华经·授记品》。墨书纸本，无轴卷轴式，长 806 厘米，高 26 厘米。国家一级文物，敦煌藏经洞写本，原藏于张掖大佛寺，现藏于张掖市（甘州区）博物馆

佛教由西域进入中国后，主要的传播方式除了教徒们讲经说法、设坛辩经、言传口授和建寺、造像、绘画晕染外，经书的翻译、抄写、流传也是重要的手段，对于影响和推动佛教文化发展作用显著，也因此留下了极其丰富的经史资料。敦煌、酒泉、张掖、武威是丝绸之路走廊通道上的节

点城市，也是佛教从西域传入中原的必经之地，沿途的佛教寺院，都有丰富的佛经收藏，其中除了世人皆知的敦煌藏经洞，张掖大佛寺藏经也闻名遐迩，藏有唐宋以来的佛经近7800卷，数量最多、最精美的是明清写抄本，时间最早的是唐代的《妙法莲华经·授记品》写本。（图5-33）

唐写经《妙法莲华经·授记品》，为无轴卷轴式麻黄纸墨书本，高26厘米，长806厘米。经文里佛陀的唱言、偈言多为四字句，抄写卷面规范、行笔认真、字体工整，通篇干净整洁而一气贯通、浑然一体，从中可见写经者恭敬严肃、一丝不苟的书写态度，既是佛教经文记录，也是自然书写的书法艺术精品。写本的年代确定无疑，因卷末明确题为"咸亨元年四月丁酉，弟子千牛田清送"，咸亨是唐高宗李治的年号，咸亨元年即公元670年。虽然历经1300多年，卷本依然保存完整，首尾和边缘的略微磨损、宣纸上的斑驳水渍，述说着它的古旧与沧桑。

以用供養過是已後當復供養二百億諸佛
亦復如是當得成佛號曰多摩羅跋栴檀香
如來應供正遍知明行足善逝世間解无上
士調御丈夫天人師佛世尊劫名喜滿國名
意樂其佛平正頗梨為地寶樹莊嚴散其
華周遍清淨見者歡喜多諸天人菩薩聲
聞其數無量佛壽二十四小劫正法住世四十
小劫像法亦住四十小劫今時世尊欲重宣
此義而說偈言

　我此弟子　大目揵連　捨是身已　得見八千
　二百萬億　諸佛世尊　為佛道故　供養恭敬
　於諸佛所　常修梵行　於无量劫　奉持佛法
　諸佛滅後　起七寶塔　長表金剎　華香伎樂
　而以供養　諸佛塔廟　漸漸具足　菩薩道已
　於意樂國　而得作佛　號多摩羅　栴檀之香
　其佛壽命　二十四劫　常為天人　演說佛道
　聲聞無數　如恒河沙　三明六道　有大威德
　菩薩無數　志固精進　於佛智慧　皆不退轉
　佛滅度後　正法當住　四十小劫　像法亦爾
　我諸弟子　威德具足　其數五百　皆當受記
　於未來世　咸得成佛　我及汝等　宿世因緣
　吾今當說　汝等善聽

妙法蓮華經化城喻品第七

佛告諸比丘乃往過去无量无邊不可思
議阿僧祇劫爾時有佛名大通智勝如來應供
正遍知明行足善逝世間解无上士調御丈
夫天人師佛世尊其國名好成劫名大相諸

羅三藐三菩提其佛未出家時有十六子其第一
者名曰智積諸子各有種種珍異玩好之具
聞父得成阿耨多羅三藐三菩提皆捨所玩
往詣佛所其母涕泣而隨送之其祖轉輪聖
王與一百大臣及餘百千萬億人民皆共圍
繞隨至道場咸欲親近大通智勝如來供養
恭敬尊重讚歎到已頭面禮足遶佛畢已一
心合掌瞻仰世尊以偈頌曰

　大威德世尊　為度眾生故　於无量億歲
　諸願已具足　善哉吉无上　世尊甚希有
　一坐十小劫　身體及手足　靜然安不動
　其心常惔怕　未曾有散亂　究竟永寂滅
　安住無漏法　今者見世尊　安隱成佛道
　我等得善利　稱慶大歡喜　眾生常苦惱
　盲暝無導師　不識苦盡道　不知求解脫
　長夜增惡趣　減損諸天眾　從暝入於暝
　永不聞佛名　今佛得最上　安隱無漏道
　我等及天人　為得最大利　是故咸稽首
　歸命無上尊

爾時十六王子偈讚佛已勸請世尊轉於法
輪咸作是言世尊說法多所安隱憐愍饒益
諸天人民重說偈言

　世雄無等倫　百福自莊嚴　得無上智慧
　願為世間說　度脫於我等　及諸眾生類
　為分別顯示　令得是智慧　若我等得佛
　眾生亦復然　世尊知眾生　深心之所念
　亦知所行道　又知智慧力　欲樂及修福
　宿命所行業　世尊悉知已　當轉無上輪

佛告諸比丘大通智勝佛得阿耨多羅三藐
三菩提時十方各五百萬億諸佛世界六種
震動其國中間幽冥之處日月威光所不能
照而皆大明其中眾生各得相見咸作是言

神通變化　不可思議　諸天人民　數如恒沙
皆共合掌　聽受佛語　其佛當壽　十二小劫
正法住世　二十小劫　像法亦住　二十小劫

介時世尊復告諸比丘眾我今語汝是大
迦旃延當來世以諸供具供養奉事八千億
佛恭敬尊重諸佛滅後各起塔廟高千由
旬縱廣正等五百由旬以金銀瑠璃車渠馬
瑙真珠玫瑰七寶合成眾華瓔珞塗香抹香
燒香繒蓋幢幡供養塔廟過是已後當復供
養二萬億佛亦復如是供養是諸佛已具菩
薩道當得作佛號曰閻浮那提金光如來應供
正遍知明行足善逝世間解無上士調御丈
夫天人師佛世尊其生平正頗黎為地寶樹
莊嚴黃金為繩以界道側妙華覆地周遍
清淨見者歡喜無四惡道地獄餓鬼畜生
阿脩羅道多有天人諸聲聞眾及諸菩薩無量
萬億莊嚴其國佛壽十二小劫正法住世二十
小劫像法亦住二十小劫介時世尊欲重宣此
義而說偈言
　諸比丘眾　皆一心聽　如我所說　真實無異
　是迦旃延　當以種種　妙好供具　供養諸佛
　諸佛滅後　起七寶塔　亦以華香　供養舍利
　其最後身　得佛智慧　成等正覺　國土清淨
　變度無量　萬億眾生　皆為十方　之所供養
　佛之光明　無能勝者　其佛號曰　閻浮金光
　菩薩聲聞　斷一切有　無量無數　莊嚴其國

介時世尊復告大眾我今語汝是大目揵連

夫天人師佛世尊其國名好成劫名大相諸
比丘彼佛滅度已來甚大久遠譬如三千大
千世界所有地種假使有人磨以為墨過於
東方千國土乃下一點大如微塵又過千國
主復下一點如是展轉盡地種墨於汝等意
云何是諸國土若算師若算師弟子能得
邊際知其數不不也世尊諸比丘是人所經
國土若點不點盡抹為塵一塵一劫彼佛滅
度已來復過是數無量無邊百千萬億阿
僧祇劫我以如來知見力故觀彼久遠猶若今
日介時世尊欲重宣此義而說偈言
　我念過去世　無量無邊劫　有佛兩足尊
　名大通智勝　如人以力磨　三千大千土
　盡此諸地種　皆悉以為墨　過於千國土
　乃下一塵點　如是展轉點　盡此諸塵墨
　如是諸國土　點與不點等　復盡抹為塵
　一塵為一劫　此諸塵數劫　彼佛滅度來
　復過是數劫　如來無礙智　知彼佛滅度
　及聲聞菩薩　如見今滅度　諸比丘當知
　佛智淨微妙　無漏無所礙　通達無量劫
佛告諸比丘大通智勝佛壽五百四十萬億
那由他劫其佛本坐道場破魔軍已垂得阿
耨多羅三藐三菩提而諸佛法不現在前如
是一小劫乃至十小劫結跏趺坐身心不動
而諸佛法猶不在前介時忉利諸天先為彼
佛於菩提樹下敷師子座高一由旬佛於此
座當得阿耨多羅三藐三菩提適坐此座時
諸梵天王雨眾天華面百由旬香風時來
吹去萎華更雨新者如是不絕滿十小劫供
養於佛乃至滅度常雨此華四王諸天為供

方五百萬億國土諸大梵王各自見宮殿光明
照曜昔所未有歡喜踊躍生希有心各各相
詣共議此事時彼眾中有一大梵天王名曰
救濟為諸梵眾而說偈言

我等諸宮殿　光明昔未有
為大德天生　為佛出世間
為十方誰德　聲光共推之
今時五百萬億諸梵天王與宮殿俱各以衣
裓盛諸天華共詣西北方推尋是相見大通
智勝如來處于道場菩提樹下坐師子座諸
天龍鬼神乾闥婆緊那羅摩睺羅伽人非人等恭
敬圍繞及見十六王子請佛轉法輪時諸梵
天王頭面禮佛繞百千匝即以天華而散佛
上所散之華如須彌山並以供養佛菩提樹
華供養已各以宮殿奉上彼佛而作是言唯
見哀愍饒益我等所獻宮殿願垂納受爾
時諸梵天王即於佛前一心同聲以偈頌曰

聖主天中王　迦陵頻伽聲　哀愍眾生者
我等今敬禮　世尊甚希有　久遠乃一現
一百八十劫　空過無有佛
三惡道充滿　諸天眾減少
今佛出於世　為眾生作眼
世間所歸趣　救護於一切　眾生之父
哀愍饒益者　今得值世尊

我等宿福慶　今得值世尊
大聖轉法輪　顯示諸法相
度苦惱眾生　令得大歡喜

爾時大通智勝如來默然許之又諸比丘南
方五百萬億國土諸大梵王各自見宮殿光明
照曜昔所未有歡喜踊躍生希有心即各相
詣共議此事以何因緣我等諸宮殿有斯光明
時有一梵天王名曰妙法為諸梵眾而說偈言

我等諸宮殿　光明甚威曜
此非無因緣　是相宜求之
過於百千劫　未曾見此相
為大德天生　為佛出世間

爾時五百萬億諸梵天王與宮殿俱各以衣
裓盛諸天華共詣南方推尋是相見大通智
勝如來處于道場菩提樹下坐師子座諸天
龍鬼神乾闥婆緊那羅摩睺羅伽人非人等恭
敬圍繞及見十六王子請佛轉法輪時諸
梵天王頭面禮佛繞百千匝即以天華而散佛
上所散之華如須彌山並以供養佛菩提樹華
供養已各以宮殿奉上彼佛而作是言唯見
哀愍饒益我等所獻宮殿願垂納受爾時
諸梵天王即於佛前一心同聲以偈頌曰

善哉見諸佛　救世之聖尊
能於三界獄　勉出諸眾生
普智天人尊　哀愍群萠類
能開甘露門　廣度於一切
於昔無量劫　空過無有佛
世尊未出時　十方常暗冥
三惡道增長　阿修羅亦盛
諸天眾轉減　死多墮惡道
不從佛聞法　常行不善事
色力及智慧　斯等皆減少
罪業因緣故　失樂及樂想
住於邪見法　不識善儀則
不蒙佛所化　常墜於惡道
佛為世間眼　久遠時乃出
哀愍諸眾生　故現於世間
超出成正覺　我等甚欣慶
及餘一切眾　喜歎未曾有
我等諸宮殿　蒙光故嚴飾
今以奉世尊　唯垂哀納受
願以此功德　普及於一切
我等與眾生　皆共成佛道

爾時五百萬億諸梵天王偈讚佛已各白佛言
惟願世尊轉於法輪多所安隱多所度脫時諸

照而皆大明耀中眾生各得相見咸作是言此中云何忽生眾生又其國界諸天宮殿乃至梵宮六種震動大光普照遍滿世界諸天光爾時東方五百萬億諸國主諸梵天王各於其宮殿光明照曜倍於常明諸梵天王各作是念今者宮殿光明昔所未有以何因緣而現此相是時諸梵天王即各相詣共議此事時彼眾中有一大梵天王名救一切為諸梵眾而說言

我等諸宮殿 光明昔未有 此是何因緣 宜各共求之
為大德生天 為佛出世間 而此大光明 遍照於十方
爾時五百萬億國土諸梵天王與宮殿俱各以衣裓盛諸天華共詣西方推尋是相見大通智勝如來處于道場菩提樹下坐師子座諸天龍王乾闥婆緊那羅摩睺羅伽人非人等恭敬圍繞及見十六王子請佛轉法輪即時諸梵天王頭面禮佛繞百千匝即以天華而散佛上其所散華如須彌山并以供養佛菩提樹及菩提樹高十由旬華供養已各以宮殿奉上彼佛而作是言唯見哀愍饒益我等所獻宮殿願垂納受爾時諸梵天王即於佛前一心同聲以偈頌曰

世尊甚希有 難可得值遇 具無量功德 能救護一切
天人之大師 哀愍於世間 十方諸眾生 普蒙饒益
我等所從來 五百萬億國 捨深禪定樂 為供養佛故
我等先世福 宮殿甚嚴飾 今以奉世尊 唯願垂納受

爾時諸梵天王偈讚佛已各作是言唯願世尊轉於法輪度脫眾生開涅槃道時諸梵天

爾時大通智勝如來默然許之又諸比丘南方五百萬億國土諸大梵王各自見宮殿光明照曜昔所未有歡喜踊躍生希有心即各相詣共議此事以何因緣我等宮殿有此光曜而彼眾中有一大梵天王名曰妙法為諸梵眾而說偈言

我等諸宮殿 光明甚威曜 此非無因緣 是相宜求之
過於百千劫 未曾見是相 為大德天生 為佛出世間
爾時五百萬億諸梵天王與宮殿俱各以衣裓盛諸天華共詣北方推尋是相見大通智勝如來處于道場菩提樹下坐師子座諸天龍王乾闥婆緊那羅摩睺羅伽人非人等恭敬圍繞及見十六王子請佛轉法輪時諸梵天王頭面禮佛繞百千匝即以天華而散佛上所散之華如須彌山并以供養佛菩提樹華供養已各以宮殿奉上彼佛而作是言唯見哀愍饒益我等所獻宮殿願垂納受爾時諸梵天王即於佛前一心同聲以偈頌曰

世尊甚難見 破諸煩惱者 過百三十劫 今乃得一見
諸飢渴眾生 以法雨充滿 昔所未曾見 無量智慧者
如優曇鉢華 今日乃值遇 我等諸宮殿 蒙光故嚴飾
世尊大慈愍 唯願垂納受

爾時諸梵天王偈讚佛已各作是言唯願世尊轉無上法輪擊于大法鼓吹大法螺普雨大法雨度無量眾生我等咸歸請高演深遠音

是經已十六沙彌為阿耨多羅三藐三菩提故皆共受持諷誦通利說是經時十六菩薩沙彌皆悉信受聲聞眾中亦有信解其餘眾生千萬億種皆生疑惑佛說是經於八十劫未曾休廢說此經已即入靜室住於禪定八萬四千劫是時十六菩薩沙彌知佛入室寂然禪定各昇法座亦於八萬四千劫為四部眾廣說分別妙法華經一一皆度六百萬億那由他恒河沙等眾生示教利喜令發阿耨多羅三藐三菩提心大通智勝佛過八萬四千劫已從三昧起往詣法座安詳而坐普告大眾是十六菩薩沙彌甚為希有諸根通利智慧明了已曾供養無量千萬億數諸佛於諸佛所常修梵行受持佛智開示眾生令入其中汝等皆當親近而供養之所以者何若聲聞辟支佛及諸菩薩能信是十六菩薩所說經法受持不毀者是人皆當得阿耨多羅三藐三菩提如來之慧

佛告諸比丘是十六菩薩常樂說是妙法蓮華經一一菩薩所化六百萬億那由他恒河沙等眾生世世所生與菩薩俱從其聞法悉皆信解以此因緣得值四萬億諸佛世尊于今不盡諸比丘我今語汝彼佛弟子十六沙彌今皆得阿耨多羅三藐三菩提於十方國土現在說法有無量百千萬億菩薩聲聞以為眷屬其二沙彌東方作佛一名阿閦在歡喜國二名須彌頂東南方二佛一名師子音二名師子相南方二佛一

名虛空住二名常滅西南方二佛一

[second register]

珍寶而欲退還住是念已以方便力於險道中過三百由旬化作一城告眾人言汝等勿怖莫得退還今此大城可於中止隨意所作若入是城快得安隱若能前至寶所亦可得去是時疲極之眾心大歡喜歎未曾有我等今者免斯惡道快得安隱於是眾人前入化城生已度想生安隱想爾時導師知此人眾既得止息無復疲惓即滅化城語眾人言汝等去來寶處在近此大城我所化作為止息耳諸比丘如來亦復如是今為汝等作大導師知諸生死煩惱惡道險難長遠應去應度若眾生但聞一佛乘者則不欲見佛不欲親近便作是念佛道長遠久受勤苦乃可得成佛知是心怯弱下劣以方便力而於中道為止息故說二涅槃若眾生住於二地如來爾時即便為說汝等所作未辦汝所住地近於佛慧當觀察籌量所得涅槃非真實也但是如來方便之力於一佛乘分別說三如彼導師為止息故化作大城既知息已而告之言寶處在近此城非實我化作耳

爾時世尊欲重宣此義而說偈言

大通智勝佛 十劫坐道場
佛法不現前 不得成佛道
諸天神龍王 阿修羅眾等
常雨於天華 以供養彼佛
諸天擊天鼓 并作眾伎樂
香風吹萎華 更雨新好者
過十小劫已 乃得成佛道
諸天及世人 心皆懷踊躍
彼佛十六子 皆與其眷屬
千萬億圍繞 俱行至佛所
頭面禮佛足 而請轉法輪
聖師子法雨 充我及一切
世尊甚難值 久遠時一現 為覺悟群生 震動於一切

方二佛一名塵空住二名常滅西南方二佛一

唯願世尊轉於法輪多所安隱多所度脫諸
梵天王而說偈言

世尊轉法輪　擊甘露法皷　度苦惱衆生　開示涅槃道
唯願受我請　以大微妙音　哀愍而敷演　無量劫習法

爾時大通智勝如來受十方諸梵天王及十
六王子請即時三轉十二行法輪若沙門婆
羅門若天魔梵及餘世間所不能轉謂是苦是
苦集是苦滅是苦滅道及廣說十二因緣法
無明緣行行緣識識緣名色名色緣六入六
入緣觸觸緣受受緣愛愛緣取取緣有有緣
生生緣老死憂悲苦惱無明滅則行滅行滅
則識滅識滅則名色滅名色滅則六入滅六入
滅則觸滅觸滅則受滅受滅則愛滅愛滅則
取滅取滅則有滅有滅則生滅生滅則老死
憂悲苦惱滅佛於天人大衆之中說是法時六
百萬億那由他人以不受一切法故而於諸漏心
得解脫皆得深妙禪定三明六通具八解脫
第二第三第四說法時千萬億恒河沙那由
他衆生亦以不受一切法故而於諸漏心得
解脫從是已後諸聲聞衆無量無邊不可稱
數爾時十六王子皆以童子出家而為沙
彌諸根通利智慧明了已曾供養百千萬
億諸佛淨修梵行求阿耨多羅三藐三菩
提俱白佛言世尊是諸無量千萬億大德
聲聞皆已成就世尊亦當為我等說阿耨
多羅三藐三菩提法我等聞已皆共修學
世尊我等志願如來知見深心所念佛自證
知爾時轉輪聖王所將衆中八萬億人見十六

方二佛一名虛空住二名常滅西南方二佛一
名帝相二名梵相西方二佛一名阿彌陀二名
度一切世間苦惱西北方二佛一名多摩羅跋
栴檀香神通二名須彌相北方二佛一名雲自
在二名雲自在王東北方佛名壞一切世
間怖畏第十六我釋迦牟尼佛於娑婆
國土成阿耨多羅三藐三菩提諸比丘我
等為沙彌時各各教化無量百千萬億恒河
沙等衆生從我聞法為阿耨多羅三藐三
菩提諸衆生等於今有住聲聞地者我常教化阿
耨多羅三藐三菩提是諸人等應以是法漸
入佛道所以者何如來智慧難信難解所
化無量恒河沙等衆生汝等諸比丘及
我滅度後未來世中聲聞弟子是也我滅度
後復有弟子不聞是經不知不覺菩薩所行
自於所得功德生滅度想當入涅槃我於
餘國作佛更有異名是人雖生滅度之想入
於涅槃而於彼土求佛智慧得聞是經唯以
佛乘而得滅度更無餘乘除諸如來方便說法
諸比丘若如來自知涅槃時到衆又清淨信
解堅固了達空法深入禪定便集諸菩薩
及聲聞衆為說是經世間無有二乘而得滅
度唯一佛乘得滅度耳比丘當知如來方便
深入衆生之性知其志樂小法深著五欲為
是等故說於涅槃是人若聞則便信受譬如
五百由旬險難惡道曠絕無人怖畏之處若
有多衆欲過此道至珍寶處有一導師聰慧
明達善知險道通塞之想將導衆人欲過此
難所將人衆中道懈退白導師言我等疲極
知今時轉輪聖王所將衆中八萬億人見十六

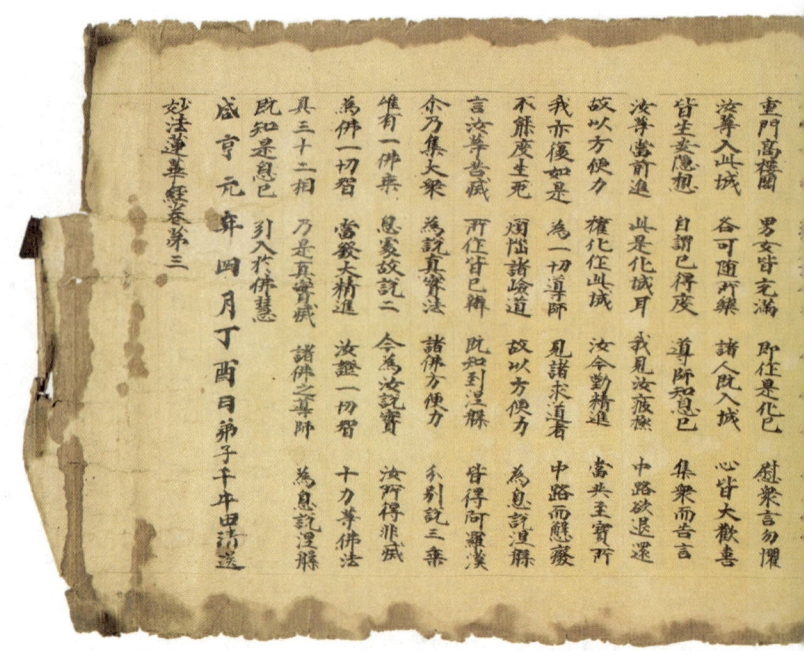

《妙法莲华经·授记品》写经的年代毋庸置疑，但它的来历却疑云重重。张掖大佛寺的前身是建于魏晋时期的迦叶如来寺，在北魏拓跋焘灭佛法难时寺塔尽毁，到西夏时才又重建，现在的藏经多为后来明清时期的写抄本，这卷写经是新中国成立后才由张掖民间捐献于大佛寺的。那么，藏于民间的经卷又从何而来？是一直私藏于张掖民间，还是从其他的途径流转而来？张掖自魏晋以来就是佛教兴盛之地，民间藏有唐宋时期的写经也并非没有可能，可为什么只有《妙法莲华经·授记品》《金刚经》等数量极少的唐代写本？而且，纸本的保存需要一定的条件，如果没有相对密闭的空间，纸本一般不可能在民间裸传千年以上。是从外地流转而来吗？而外地的保存和流传同样需要良好的条件，这"外地"又在哪里？研究者们通过对比分析和相关检测，认为这卷《妙法莲华经·授记品》属于敦煌藏经洞的唐写本。结合它于1949年以后出现并收藏于大佛寺的时段，可以认定是20世纪初由敦煌藏经洞散失后流转到张掖的珍贵文物。一本唐写经，连接丝路走廊的张掖—敦煌两地，见证一座中华艺术宝库的历史沧桑、世纪劫难及劫后余生。

20世纪的开元之年——1900年，对于敦煌莫高窟和中国文化历史来说都是极不平凡的一年，尘封千年的敦煌藏经洞被发现，其中的旷世奇珍重见天日，但它的开启却生不逢时，在向世界展示它灿烂辉煌的同时，也开启了中华文化史上一次空前绝后、令人发指的劫难之旅。

光绪二十六年（1900）五月二十六日这一天，已在戈壁荒漠的莫高窟守望8年之久的道士王圆箓，与雇工清理洞窟的积沙时，在一个洞窟的甬道墙壁上偶然发现了一道裂缝，探看之下察觉到可能是一处密室的封墙。当晚，王圆箓提灯持锄，一个人趁夜静悄悄打开了封门，眼前的景象让这位穷困道士震惊无比：一卷卷粗布包扎的包裹，从地面一直到洞顶密密麻麻地排列堆放，打开包裹，里面是数不胜数的经卷、文书、绘画。没有多少学识的王圆箓，虽然不知道其中的价值，但仍感觉到它们的非同寻常，他在挑选了一些经卷之后，又重新封锁了门洞。

王圆箓发现的这个封洞，就是震惊中外的莫高窟藏经洞，编号为第17窟，属第16窟的支窟，是窟中之窟。藏经洞相对较小，平面近方形，窟高3米，长宽不足3米，覆斗形窟顶，虽是方丈斗室，但对于盛放经卷文书来说，已足够车载斗量。据后来不完全统计，洞窟原来藏有上起十六国时期、下至北宋时期的各类文献约6万卷。敦煌石窟始凿于前秦时期，历经北凉、北魏、西魏、北周、隋、唐、五代、宋、西夏、元及明清，延续了1600多年，藏经洞最晚的文书为宋真宗咸平年间，可以推测藏经洞应是北宋时期封闭保存。至于封存的原因，有避难说，有废弃说，至今尚无定论。

一座封闭的洞窟，一段封存的历史，不管它是缘于"避难保护"，还是因为"废弃堆封"，对于历史遗迹的保存而言都弥足珍贵。无论说它是一座"古文献文物宝库"，还是一座"东方艺术殿堂"，它都足堪受享。可惜，它重新开启之日，便是厄运劫难降临之时。开启宝藏之门的王圆箓，也由此成为备受争议、功过难分的历史"名人"。

走出藏经洞，粗通文字的王道士拿出几卷经文，让当地略有学识的乡人观看后认为是佛教圣物，于是他小心翼翼，严加看管。两年之后，苦于修缮寺窟而缺钱少物的王道士，挑选出洞藏的一些精美书画，去找他的老乡——敦煌知县汪宗翰，告知其藏经洞发现之事，以期得到官府资助。而汪宗翰欣然接受馈赠之后却毫无表示，只是打官腔吩咐王道士好好保管洞窟。

失望而归的王道士，又萌生出前去拜访上级官府的想法，于是精心挑选出一箱品相精美的经卷书画，赶着马车前往300公里之外的酒泉。当时的甘肃学政叶昌炽是一位金石学家，感觉到这些古物的重要价值，建议将藏经洞的古物运送到兰州保存，可是并没有引起藩台衙门的足够重视，官府也无力筹措保护和运送经费，只是下发给敦煌县衙一纸"经卷佛像，妥为封存"的公文，便没有了下文。

地方官府和官员没有行动，国外的探险家和强盗们却闻风而动，他们打着文化考察和旅行的旗号，纷纷赶往敦煌莫高窟"寻宝掘金"。

俄国的奥勃鲁切夫来了。这位戴着"地质学家"头冠的盗徒，最早知道了藏经洞的消息，于1903年从新疆塔城匆匆赶往敦煌，仅用照明的石蜡便从王道士手上换取了两大包经卷，并盗取了一批塑像偷偷运往国外。

英籍犹太人斯坦因来了。这位具有哲学博士、考古学家、地理学家等诸多名号的探险家，在1901考察新疆时就满载而归，之后又于1906年第二次来到中国新疆。听闻莫高窟宝藏问世的消息后，就雇佣了当地一个名叫蒋孝琬的师爷，立刻赶往敦煌。两人同谋合伙欺骗王圆箓，斯坦因谎称自己是玄奘法师在天之灵托付的信徒，并许诺给王道士大笔钱款让他修缮庙宇，由此博取了王道士的信任。最终用极少的银两购买了精心挑选的文书、经卷、绘画共29箱返回英国。一年多之后，敦煌藏经洞的9000多卷文书和500多幅绘画等文物进入了大英博物馆，斯坦因由此名满全球。

法国探险队的领头人伯希和来了。这位风流儒雅、学识渊博、汉语流利的考古学家，于1908年来到敦煌，很快就赢得了王道士的好感，被带进藏经洞之后，原本担心藏品已所剩无几，但他惊讶地发现，由于斯坦因不懂中文，仍然存留许多精华经卷，洞中藏品之丰富让他目瞪口呆。伯希和在这个被他称作"千年宝库"的洞窟里，查看和挑选了近一个月时间，最终用500两银子换取6000余经卷离开敦煌。次年，伯希和到达北京，把他随身携带的敦煌写本和文物照片在一次宴会上公开展示，顿时震动了北京学术界。在著名学者罗振玉等人呼吁下，清政府才终于命令陕甘总督将藏经洞中所剩文物押运入京。可是，政局的混乱不堪、官员的昏聩贪婪，使文物在押运途中仍被不断贪污盗取，加之运送之前王圆箓又私藏了部分经卷，最终运送到北京的文物已所剩无几。

然而，敦煌藏经洞及莫高窟的劫难，并没有就此结束——

1911年，日本大谷光瑞考察队来到莫高窟，从王道士手中收买了私藏的600卷经卷，还掠走了两尊塑像；

1914年，斯坦因再次来到莫高窟并收获意外之喜，用500两银子又从王道士手中买走四大箱写本、绘画等文物；

1915年，俄国奥登堡考察队从敦煌挖掘和收购了3300多件写卷、绘画、雕塑等；

1924年，美国人华尔纳买通了王道士，丧心病狂地用特制胶布剥取壁画，粘走精美壁画26方，并掠走两尊彩塑……

到了20世纪三四十年代，国人的文物保护意识才逐渐觉醒。1930年，已经70岁的斯坦因又一次来到中国，妄想还要"捡漏"，却遭到国人的普遍抗议，最终被驱逐出境、悻悻而返，成为他一生中最后一次中国之行。1936年，英国人巴慎思潜入莫高窟盗窃壁画时，被当地村民当场抓获。但是，一些有意无意的破坏和损毁事件还在发生，例如1941年国画大师张大千来到莫高窟，在临摹敦煌壁画的同时，却又剥落表层壁画30多处以临摹下层壁画。尽管人们对此褒贬不一，但以现代文物考古观来看，在当时没有分层保护技术条件下擅自剥离，既完全破坏了表层壁画，又会损伤底层绘画。直到1943年从敦煌第一代守护人常书鸿开始，以及段文杰、樊锦诗等几代人接力不息，才有了中国敦煌学的兴起和辉煌。

对于"东方艺术宝库"——敦煌莫高窟所经历的劫难，有人归罪于发现藏经洞的道士王圆箓，是他的愚昧贪婪，为强盗们打开了财富之门；有人归因于闻风而来的外国强盗们，是他们的疯狂无耻，让莫高窟遭受空前洗劫；有人悲愤于昏庸自私的地方官员，是他们的碌碌无为，让珍贵文物流失殆尽。其实，无知的道士、贪婪的盗徒、昏聩的官员，都只是人性弱点在特定环境下的显现和暴露，而清廷的腐朽无能、民国的动乱时局、长期以来积贫积弱的社会现实，才是中华民族的切肤之痛，也是敦煌艺术宝库蒙羞受辱的根本原因。

出现在张掖的《妙法莲华经·授记品》《金刚经》等唐代写经，可能是1909年清廷指令陕甘总督将敦煌藏经洞所剩文物运送北京的过程中在途经张掖时流落的，也可能是王圆箓赠送敦煌、酒泉官员的经卷之一，又辗转来到了张掖官员或文化人士手中，之后隐匿于民间，直至新中国成立后政府征集文物时才重新现身。所幸的是它们得到了很好的保存，成为敦煌藏经洞文物颠沛流离、失而复现的幸运者和见证物。

同时，这几卷写经也是唐代河西走廊佛教文化流行兴盛的实证。河西地区及张掖一带的佛教文化传播，始于东汉，兴于五凉，盛于隋唐。随着隋唐时期丝绸之路经贸活动的日益兴盛，亚欧大陆桥得以连通，东西方宗教、文化交流也更加频繁，西域佛教徒常常东游传教，中土僧侣也屡屡西行取经，河西走廊成为他们的必经之地。唐玄奘西行求经，往来都经过甘州，在张掖民间留下许多传说故事。昙旷、法成等唐代名僧也曾行游河西，弘扬佛法，译经著述。这些高僧的往来活动，加速了沿线城市佛教文化的传播，也催生了译经、写经、抄经活动的盛行。张掖收藏的这卷《妙法莲华经·授记品》，抄写之规整、品相之精美，正是当时河西地区佛教文化方兴未艾、写经抄经活动已规范有序和渐成规模的反映。

娴静清雅、亲和安详的宋三彩观音像

图5-34 宋代三彩观音像。通高27厘米，施孔雀蓝三色釉。路易·艾黎捐赠，山丹县博物馆收藏

如果说隋唐时期是丝绸之路的兴盛红火期，那么宋代则是丝绸之路的低调拓展期。宋朝虽然因国防军事力量的疲弱、辽金蒙的不断侵扰而边关不宁、危机四伏，但是经济发展、国家财力、科技文化等方面却保持了同时代世界顶尖水准。京都东迁、民众南移，促进了科技交流、民族融合和农业的发展；造船业的兴起、指南针的应用，促进了航运业的发展和海上丝绸之路的形成，反过来又刺激了工商业的兴起和对农产品的需求。而陆上丝绸之路虽然时有阻断，却并没有立即衰落，而且随着瓷器、丝绸的畅销及四大发明等科技成果的传播，中国的世界影响力不断提高，东西方陆上丝绸之路的商贸交流和规模空前扩大，中国与其他国家的交往也更加频繁。宋王朝及辽、西夏等一直与西域各国保持着联络、交往或控制、隶属关系，天竺、大食、于阗、喀拉汗等国及龟兹回鹘、高昌回鹘、甘州回鹘等势力，也一直活跃在宋、辽、西夏等国的外交活动中。例如《宋史·列传第二百四十九·卷四百九十》记载外国使节经常频繁

"来朝""来贡"："熙宁以来，远不逾一二岁，近则岁再至。所贡珠玉、珊瑚、翡翠、象牙、乳香、木香、琥珀、花蕊布、硇砂、龙盐、西锦、玉秋辔马、腽肭脐、金星石、水银、安息鸡舌香，有所持无表章，每赐以晕锦旋襕衣、金带、器币……""建隆三年四月，西州回鹘阿都督等四十二人以方物来贡。乾德三年十一月，西州回鹘可汗遣僧法渊献佛牙、琉璃器、琥珀盏。太平兴国六年，其王始称西州外生师子王阿厮兰汉，遣都督麦索温来献。五月，太宗遣供奉官王延德、殿前承旨白勋使高昌。八年，其使安鹘卢来贡……"等等。这些记载虽然从宋王朝以大国帝王自居、域外万国纷纷来朝的自高自大视角来书写，但也反映出当时中原与西域各国往来频繁、交流广泛的实际情况，以及相互交流和买卖的物品种类等。

唐代中晚期北方回鹘政权瓦解后，回鹘各部族向西迁移，一支迁到葱岭以西，称为西州回鹘；一支迁到现在的新疆吐鲁番一带，称为高昌回鹘；一支在河西走廊一带落脚，首领庞特勒在甘州设立牙帐，史称甘州回鹘。宋辽时期，龟兹、高昌、沙州、甘州等地的回鹘势力重新坐大，把控了走廊通道和要塞城池，活跃在丝路贸易中的中介商由原来的昭武九姓粟特人变成了回鹘人，唐代形成的回鹘路也得以沿用。丝绸之路各线上，除了各国的官使团队和少数欧洲、中西亚商人，大多是强势而善经营的回鹘人，一些粟特商人为寻求庇护也加入到回鹘商团。《辽史·志·卷七》地理志记载："南门之东回鹘营，回鹘商贩留居上京，置营居之。西南同文驿，诸国信使居之。驿西南临潢驿，以待夏国使……"就像唐时长安城有专供粟特人聚居的街坊一样，辽上京也设置了专门安置回鹘商人的聚居区，宋京都应该也有类似的安排。

与商贸活动伴行的，是文化交流特别是宗教的继续传播和深入交流。同过去宗教徒随行粟特商贸驼队或者单独组团结队往来于丝绸之路的情况有所不同，宋辽时期的回鹘人不仅包揽经济贸易，还积极参与和渗透到宗

上：图 5-35 回鹘文《玄奘传》
下：图 5-36 回鹘文佛教韵文诗

教活动中，他们或带领各国教徒穿越丝绸之路，或搜罗培养回鹘教徒和翻译人才，将印度佛经、汉语佛经和中亚摩尼教、景教等各种文献翻译为回鹘文，还根据需要再将回鹘文的文献翻译成其他民族文字，既扩大了本民族的语言影响力，又推动了各民族之间的相互交流。吐鲁番、库车、哈密、敦煌等地出土了不少回鹘文文献，如《弥勒会见记》《玄奘传》及佛教韵文诗等（图 5-35、图 5-36），就是明证。同时，回鹘人僧徒和摩尼教法师还经常充当西域各政权的使者，或是被当作贡品，活跃在宋辽京都和宫廷之上。中土僧侣西行取经求法虽没有唐代那样时兴，但也仍有继续，且规模有所扩大，如宋代释志磐《佛祖统纪·卷四十三》记载，乾德四年（966），宋太祖下诏募集欲去西天求法之人，应诏的僧侣达 157 人，组成团队前往印度，最远曾到达克什米尔地区，之后越过葱岭回到东土。这种由皇帝下诏、官府组织、规模庞大的求法僧团，史无前例，甚至可以说是空前绝后，由此也可见宋王朝对佛教的态度。重文抑武、提倡忠孝理学、推崇以儒为主和儒释道并重、追求平稳安定等政治思想和政策，使宣扬慈悲为善、修己度人、安抚人心、稳定社会的佛教，成为宋代统治者的选择和需求，佛教也借此发展壮大，呈现出前所未有的繁荣势头。僧尼

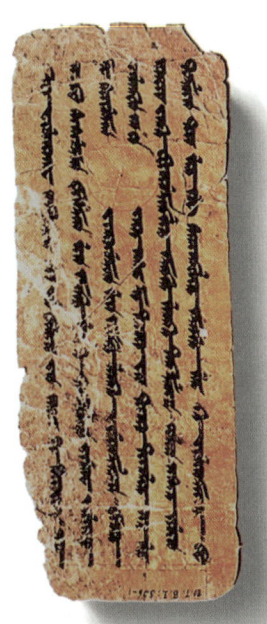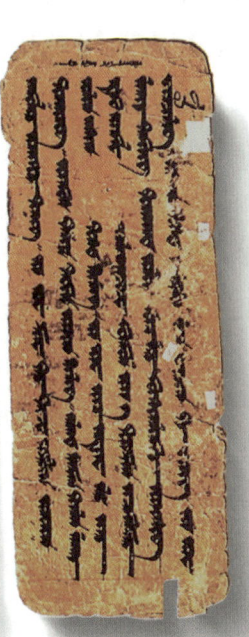

数量、寺庙建筑规模空前扩大,寺院财产财富激增,讲经、学经、译经人员及抄写、印刷经本的业务相应增加,佛教造像、绘画技艺也有了新的突破和提高。

同时,处在山水胜地或清幽之所的寺院,随着规模扩展和佛事活动增加,日渐成为各种文化的碰撞交流场所,官员、商贾、文人雅士会聚于此,佛寺名僧也出入于朝堂官府和文人客座,例如东坡居士的身旁常伴有佛印和尚的身影,派生出许多关于文学、佛学、人生、哲学的或真实或虚构的故事和传说。宗教文化与中国传统文化相互交流、双向促动,宗教的人生哲学、处世智慧渗入诗文创作,文人雅士的审美取向、山水画的意境和技法融入宗教建筑、造像和绘画之中,形成了文学、艺术、宗教、哲学的交融与创新。例如苏轼的《赤壁赋》,无论是"清风徐来,水波不兴"的环境描写,还是苏子与客"侣鱼虾而友麋鹿,驾一叶之扁舟""挟飞仙以遨游,抱明月而长终""惟江上之清风,与山间之明月,耳得之而为声,目遇之而成色,取之无禁,用之不竭"等对话,无不充盈着佛教的禅意、道教的空灵、儒家的从容与豁达。而宋代的佛教造像、壁画,佛陀观音的面容服饰端庄秀丽、清新俊逸、闲适自然,趋于人性和世俗的亲和,佛教人物故事环境描绘简约流畅、疏朗洒脱,显露出纤巧秀丽、清雅自适的文人审美情趣。(图5-37)

山丹博物馆收藏的这件三彩观音像(图5-34),就是宋代佛教造像亲近世俗化、人性化和融入山水画技法、文人审美情调的典型。观音半跏趺坐,体态优雅娴静、

图5-37 宋龙泉窑观音像

舒适自然，服饰和祥云座主要由黄白、绿、蓝三色构成，釉色平滑光洁、晶莹剔透，衣衫白里带黄、色泽清亮明艳，衣褶凹凸逼真、曲折有致、简约流畅。胸口和面部的彩釉虽然剥落，但观音面庞丰圆、弯眉修目、鼻直口小、清俊秀美的样貌依旧清晰宛然，盘结的螺发浓密堆叠、纹理自然，颦眉手足之间流露出娴静优雅、安适洒脱，显得端庄华贵、高洁神圣而又柔和亲切、平易近人，于简淡里见圣洁，秀美里见慈悲，婉约里见亲和，素雅里见情调，平实中见风韵，不失宗教神圣又具人间情味，正如梁思成《中国雕塑史》所说："观音，其姿态亦生动秀丽，竟由象征之偶像，变为和蔼可亲之人类。且性别亦变为女，女性美遂成观音特征之一矣。"不但呈现出女性美，而且是符合中国传统审美观和文人雅士眼中的女性美。

宋代丝绸之路的东西交流，虽然整体上相对繁盛，但就河西走廊诸城市而言，毕竟长期处于回鹘控制之下，后来又是西夏王朝的统治区域，受中原地区的造像技艺和塑绘风格的影响相对较弱，交流于此的塑绘作品也相对较少。从现在出土和遗存情况看，保存至今的宋代佛造像不多，宋三彩更是稀有，故山丹馆藏的这件三彩观音像，对于研究宋代河西地区的丝路发展和文化交流实况，显得弥足珍贵。

鹿鹤齐鸣、龟蛇同行的宋代仙人镜

图 5-38 宋代鹿鹤龟蛇仙人铜镜。直径 25 厘米。1986 年出土于甘州梁家墩村民院内,收藏于张掖市(甘州区)博物馆

"玉匣聊开镜,轻灰暂拭尘。光如一片水,影照两边人。月生无有桂,花开不逐春。试挂淮南竹,堪能见四邻。"诗人庾信笔下清光如水、映照四邻、明月高悬、花开如春的铜镜,从汉代的流行兴盛,到唐代的富丽华贵,至宋代又进入一种新的境界,形制和工艺有了新的突破,装饰题材和内容更加丰富,被人们广为称道的花鸟画、山水画意境也被引入其中,形成了形制多样、题材广泛、审美清雅的鲜明风格。只不过,由于宋代铜镜更趋于大众化和实用化,为了制造出既轻薄又耐摔打的铜镜,工匠们不断变革创新,降低铜锡合金的锡含量,增加铅和锌的比重,将汉唐时期的高锡镜变为高铅镜,其优点是镜体可以变薄,韧性增加,经击打,耐摔磨,

便于錾刻镂铭，还可以重新打磨、整旧如新，能够常年反复使用，而缺点是质地较为粗糙，锈色浅薄，易失光泽，不利于长期存放，故而造成了我们现在看到的宋镜没有汉唐镜光华鲜亮的外表。

张掖馆藏的这件宋代鹿鹤龟蛇仙人铜镜（图5-38），于1986年5月出土于甘州区梁家墩乡梁家墩村四社村民梁强的宅院内。直径达到25厘米的大铜镜，历经七八百年没有破损，即缘于高铅镜韧性较强的特性。大宽边，圆形钮，纹饰虽是宋代比较常见的龟鹤仙人类题材，但刻饰内容更为丰富，除了龟、鹤、道仙、侍童、花草外，还增加或突出了蛇、鹿、柿树柿果等图饰。龟和蛇的图形非常小，处在下方流水波浪纹之上、两个昂首对鸣的麋鹿中间，龟在左，蛇在右，不仔细看很容易被忽略。龟身突出了龟首抬伸、龟脚负壳爬行的轮廓特征，龟首处一缕云气飘逸上升，与钮边的云纹呼应相连；蛇则昂首盘身，尾部曲动，不细分辨会误混为花卉或云朵。两只麋鹿身形高大、体格健壮，肢体、鹿角曲线生动传神。镜钮上方是道仙人物，头梳发髻，后有背光，坐骑神兽，左有仙鹤相伴，右有道童侍立，显然是太上老君或天师级别的仙人。仙鹤长胫曲项，形姿优美。道仙周围，下有流水潺潺、波浪翻卷，中有祥云缭绕、仙气飘飘，两侧柿树枝繁叶茂、果实累累，龟蛇伏行，鹿鹤闲鸣，一派祥瑞清幽气象。

"神龟虽寿，犹有竟时；腾蛇乘雾，终为土灰。"龟和蛇，都是中国民间传说中的长寿物，俗语有"千年王八万年龟，万万年是蜕皮蛇"的说法。现在我们知道龟和蛇都不过是几十年的寿命，最长也不过是百年左右，但在古人眼里，它们却是不知寿数的神秘生物，因而被看作是长寿的象征。鹤和鹿，是古代吉祥灵瑞的珍禽异兽，鹤既代表长寿，又象征清雅高洁，常与品节高尚的隐士为伴；鹿的形象，尤其是麋鹿的出现，被认为是君主开明、国运兴旺的瑞兆（详见前文"铜麋鹿"之述），且"鹿"与"禄"谐音，"伏鹿"又可谐音为"福禄"。柿树枝叶繁茂、果实累累、成熟即红，寓意多子多孙、红红火火、事事（柿柿）如意。道家人物隐居山林，炼丹修身，追求得道成仙、长生不老。这诸多意象汇聚一镜，表达的意愿和寄托的情调一目了然：家庭要子孙满堂、红红火火，生活要福禄齐全、万事如意，生命要长生不老、寿比神仙，居住环境要山清水秀、清幽安静，精神世界要清雅闲适、超凡脱俗。这真是美好而又奇怪、理想而又矛盾的世界——既想热闹红火，又想清静勿扰；既想多子多孙，又想安闲无事；既想荣华富贵、万事如意，又想不染世尘、超凡脱俗；既想福禄相伴、健康长寿，又想修身养性、超然物外、得道升仙……世间哪得万全事，不负荣华不负心？

其实，这诸多意象的组合和矛盾的愿景，并不奇怪和可笑，因为它不是一人一时的祈愿，而是诸多群体和流派、多种文化现象的汇聚融合，是不同文化的大际会。龟、蛇及古老的天星四象或四灵神兽（青龙、白虎、朱雀、玄武），是中国星象、易爻卦象、五行方位、道教神祇及民俗文化里共有和通行的图腾物，是天象、神学、宗教、民俗的混合或通用意象，而后来演变的龟蛇同体玄武形象，不仅代表长寿无极，还成为主宰北方的天神，又暗含阴阳相生、刚柔相济的隐秘寓意。鹿，最初是被王朝和君主用来标榜政治清明、与民同乐的灵物，加之与"禄"谐音，后来又成为民俗文化中表达福禄祈愿的意象，形象美好的麋鹿还被演绎和神化为灵异奇兽"麒麟"，且成为民俗神祇和道教神祇的坐骑。鹤，也并非道仙的标配，君子、隐士、高人、异士都以之自喻、引它为伴；"鹤鸣于九皋，声闻于野"（《诗经·小雅·鹤鸣》）是清高出尘、不同凡响；"鹤立鸡群"是优雅独特、卓尔不群；"鸿俦鹤侣"是志向远大、品行高洁；"云中仙鹤"是境界高远、自由自在；"梅妻鹤子"是高蹈遁世、恬然自适；"闲云孤鹤"是孤高自傲、悠然自得；"鹤发童颜"是仙风道骨、健康长寿……鹤，在古代几乎寄托了儒、道及各流派人士的理想品质与人文风雅。柿树与柿子，枝繁叶茂、果实累累，子孙满堂、事事如意，则是平常百姓和普通大众的向往和期盼，是尘世生活的朴素理想，是人间烟火的温馨美好。作为古代制镜卖镜的手工艺人和商业作坊，除非皇室专供督造和贵族专享订制，还无法做到按个体需求任意设计制图、铸范成镜的个性化生产，只能尽量包罗万象打包处理，让帝王君主看到鹿鸣鹤叫、一派升平，让贵族土豪看到福禄双全、寿比龟鹤，让道家看到祥云仙雾、道尊现身，让雅士看到山涧流水、闲云野鹤，让普通百姓看到繁荣红火、万事如意，各寻所爱、各取所需，应当是最经济最实用也最方便的方式。而张掖馆藏的这面铜镜，便具有这种适宜于大众人群各取所需的特点。镜饰内容丰富，布局考究，繁简得体，疏密适宜，多种意象元素统一于山水画面，繁而不杂，雅俗共鉴，具有很高的人文价值和审美艺术水准。它代表了宋代铜镜在材质、题材、形制、纹饰等方面的主流倾向，体现出宋代铜镜既突出日常实用功能，又讲求工艺水平；既符合普通大众口味，又迎合文人雅士审美情趣的显著特点，为研究宋代经济社会发展、人文风俗、宗教信仰、审美趋向、文化特点等提供了重要实物资料。

经过了隋唐时期的强盛与没落，特别是经过五代十国走马灯似的政权变化和地方割据乱象，宋王朝统一中原之后，吸取隋唐末期藩镇势力拥兵自重、地方武装割据称王以及赵匡胤自己黄袍加身的经验教训，采用了削弱地方和边关兵权、抑武扬文、文官守土的政策，这是一把双刃剑，在稳定了内部政权的同时，却削弱了国防军事力量，造成了宋王朝经济繁荣富庶而军事软弱无能、边关危机四伏的局面。据有关研究和数据统计，北宋时期年财政收入最高时达16000万贯，北宋后期也达到8000万贯以上，即使是失去了半壁江山的南宋，年财政收入也达到10000万贯，远远超过了盛唐时期和后来的明清王朝。这得益于宋王朝内部政局相对稳定，政治相对清明，政策相对宽松，为经济、商业、科技、文化、宗教等各方面发

上：图 5-39 宋代山水花鸟镜
下：图 5-40 宋代人物故事牛郎织女镜

展提供了比较自由的空间,农牧业稳定发展,制瓷业、丝织业、造船航运业等空前繁荣,城市规模和服务业空前扩展,教育、科技、文化长足进步,四大发明等科技成果纷纷涌现、改进并广泛应用,社会整体出现了《清明上河图》所描绘的盛世景象,封建王朝至此达到了中国历史上最繁荣的巅峰时期,开创了"唐强宋富"的历史辉煌,正如陈寅恪先生所言:"华夏民族之文化,历数千载之演进,造极于赵宋之世。"

就文化活动来说,由于宋代文人士大夫的地位较高,其思想、品位、文风、审美影响了社会各阶层,优秀诗文纷纷涌现,大家文豪层出不穷,欧阳修、王安石、范仲淹乃至超级巨匠苏轼等横空出世,书法、绘画特别是花鸟画、山水画迅速发展,以宋徽宗为代表的精致清雅审美艺术成为潮流,如图5-39、图5-40山水、花鸟、人物即是典型的文人画风。宗教发展也进入黄金时期,道教受到统治者推崇,宋真宗、徽宗、理宗等都喜好求仙问道,炼

图 5-41 宋镜形制图

丹修身追求长寿长生之风盛行；佛教文化也迎来新的高峰，禅宗各支派和净土宗成为佛教的主流，以观世音为首的菩萨信仰和罗汉信仰产生了许多中国化的经变故事。宋代社会的这些现象，可以通过当时与人们生活密切相关的铜镜表现出来。宋镜装饰题材空前丰富，原来的饕餮纹、神兽纹等礼制性内容退居后位，民生民俗、人文情趣及高山流水、花鸟虫鱼、亭台轩榭、历史传说、人物故事、宗教题材特别是道教文化占据主流，追求清丽雅致成为时风。宋镜形制也空前繁多，由传统的圆形变生出椭圆形、方形、长方形、菱花形、葵花形、亚字形、扇形、桃形、心形、瓶形、鼎形、钟形、盾形、香炉形、带柄形等各种样式。(图5-41)这一切，都是宋代经济社会繁荣、文化氛围自由、艺术创作生命力旺盛的反映和证明。

　　见镜知容，见镜也知事知史。张掖馆藏的这面宋代鹿鹤龟蛇仙人铜镜，镜饰意象和元素内涵丰富，糅合了民俗文化、历史传统、宗教文化、山水花鸟等多种题材，构图设计精巧，树木、花卉、云水、动物等布局合理，人物造型古朴优雅，塑造细腻生动，线条形象传神，铸造工艺精良。这面铜镜代表了清丽雅致、秀色纤华的主流审美情趣，为我们了解宋代社会生活、民俗风情、文化艺术及工艺水平等，提供了信息丰富的窗口和镜像。

第五单元 结 语

　　从汉代的武威、张掖、酒泉、敦煌等"河西四郡",到隋代的鄯善、且末、西海、河源等"西域四郡",再到唐代的龟兹、焉耆、于阗、疏勒等"安西四镇",中原王朝向西拓展的脚步从未停止。通过河西走廊,将中国的臂掖不断伸长,开放的力度也不断加大。从张骞、常惠、仓慈等打通西域、经营丝路,到隋代裴矩绘写《西域图记》、打理张掖商贸互市;从炀帝西征大破吐谷浑、征服西突厥、保障走廊通道畅通、召开"万国博览会",再到"九天阊阖开宫殿,万国衣冠拜冕旒"的盛唐时期,河西走廊迎来了"凉州七里十万家,胡人半解弹琵琶"的空前繁荣,洋溢着异域风情,散发着开放气息,成为中原王朝与西域诸国的"自由贸易区"。张掖市县区馆藏的胡人牵驼模印砖、三彩胡人牵驼俑、胡腾舞铜人像、波斯银币、唐钟、唐写经等古文物,即是这一时期河西地区商贸活动频繁、文化交流兴盛的实物见证。(图5-42)

　　只是,盛世的荣华并没能长久延续,"渔阳鼙鼓动

地来,惊破霓裳羽衣曲",胡旋舞高手安禄山发动的暴乱如旋风般席卷中原,河西走廊随即落入吐蕃之手,回鹘控制了阿尔泰山一带,大食(阿拉伯)也加强了对中亚河中地区的攻势,唐王朝从此失去了对河西走廊和西域的控制,丝绸之路再次"道路梗绝,往来不通"。肃南大长岭高等级吐蕃贵族墓及出土文物,应是安史之乱后吐蕃势力占据河西地区的证据之一。宋辽时期,经济国力比较强盛的宋朝政府也没能够实现对河西走廊的有效统治,河西地区先后被甘州回鹘和党项羌所控制。由于宋王朝强大的经济、文化影响力,加之甘州回鹘、党项族统治者采取与宋王朝鼎力合作、开放吸收中原文化的积极政策,河西走廊保持了相对的稳定与繁荣。张掖遗存的宋三彩观音像、山水人物镜等,便是这一时期社会历史的侧面反映。(图5-43)

第六单元

酒壶兽头大漠情
——彪悍豪放的西夏元遗风

翻滚自如、当关守要的西夏铁拒马

图 6-1 西夏铁拒马。防御车马进攻器,铁质,直径 41 厘米,柱状臂长 17 厘米,最大臂围 20 厘米。1998 年出土于甘州区小河乡,收藏于张掖市(甘州区)博物馆

宋朝时期攻陷甘州、控制河西走廊、建立西夏政权的党项族,属西羌的一支,又称党项羌,早期活动在青海东南部和四川松潘以西山谷地带,唐时吐蕃势强,党项羌被迫迁移到甘肃东部、宁夏南部、陕西北部地区。党项羌也由许多部落组成,形成了著名的党项八部,其中以拓跋部为最强。为了加强少数民族属地管理,中原王朝常将部落首领任命为地方刺史等官职,唐末黄巢起义时,宥州刺史拓跋思恭出兵有功,被唐僖宗赐为"定难军节度使",后又封为"夏国公",赐姓李,党项拓跋氏从此有了兴发的根据地。五代中原混乱时,李姓拓跋部以夏州为中心发展为一方割据势力。到了宋代,经过李彝兴、李继迁、李德明、李元昊等几代人的努力,特别是自公元 1007 年至 1036 年的 30 年间,李德明、李元昊父子先后 6 次攻打甘州、凉州,并最终控制了河西走廊,取得了"西击吐蕃、回鹘,拓疆数千里……东尽黄河,西界玉门,南接萧关,北控大漠,方二万余里"(南宋李焘《续资治通鉴长编》引韩琦、范仲淹评述

西夏李德明之言）的辉煌战果。至此，西夏突破了被北面辽国、东面北宋、南面吐蕃和甘州回鹘、西面高昌回鹘四面围拢的态势，占据了南界横山、西通西域、东距河陇的交通要道和善水草、畜牧甲天下的甘凉地区。从此西夏的后方得以安宁，粮仓得以充实，战马得以补充，拥有了与宋、辽、金相抗衡的资本，最终将疆土扩展到包括今宁夏、甘肃、青海东北部、内蒙古西部以及陕西北部的广大区域。

李元昊攻陷甘州是在宋仁宗天圣六年（1028），这次他改变了过去先取凉州再攻甘州的战术，而是绕过凉州直捣甘州，让甘州回鹘与凉州六谷蕃部、肃州龙族、沙州曹氏等联合势力不能及时策应救援。甘州陷落后，西夏又在五六年间相继攻占凉、肃、瓜、沙诸州，完全控制了河西地区。

西夏军队的多次南进中，遭遇了甘州、凉州、肃州等地回鹘、吐蕃、龙族、鞑靼等联合势力和当地民众的顽强抵抗，张掖一带成为攻守进退的主战场，面对西夏有"铁鹞子"之称的重甲骑兵军团，素以彪悍勇猛著称的回鹘、吐蕃军队与之对抗，战况必然空前惨烈。据《宋史》记载："有平夏骑兵，谓之'铁鹞子'者，百里而走，千里而期，最能倏往忽来，若电击云飞。每于平原驰骋之处遇敌，则多用铁鹞子以为冲冒奔突之兵。""以铁骑为前军，乘善马，重甲，刺斫不入；用钩索绞联，虽死马上不坠。遇战则先出铁骑突阵，阵乱则冲击之；步兵挟骑以进。"西夏重甲骑兵军团及其作战方式，颇似现代的坦克装甲部队，回鹘守军最终没能抵挡住如此铁军的进攻，甘州城陷落，回鹘政权覆灭。

从1007年到1028年20多年间，西夏军团与甘州回鹘在甘州发生的多次攻守大战，除了一些简略的史料文字记载，大多早已消隐于历史尘埃。而1998年出土于甘州区小河乡、现收藏于张掖市（甘州区）博物馆的这件西夏铁拒马（图6-1），似乎可以让我们探视到这场旷日持久的攻守战争的惨烈与冷酷。

上：图 6-2 古代木拒马
下：图 6-3 现代拒马

　　这是一件坚硬的十字带轴形铁器，中心的正方体仿佛一座结实的金刚，从中伸出六条直挺的柱状臂，一个个粗壮结实、坚挺有力，任意三臂着地，都形成牢固的地面附着力，而迎敌的一面四臂斜交，形成简洁实用的阻隔带，中间的一臂前伸突出，如矛如枪，攻防兼备——这便是冷兵器时代的防车马进攻器铁拒马。它设置于交通要冲或城门关口，具有很强的拦截防御功能，移动方便，放置随意，翻滚自如，稳固结实，设计科学合理，铸造简洁便利，显示出高超的几何思维和军事武器制作水准。直到现在，我们在世界各地的军事要地或门防地带还能看到这种防御器的身影。（图 6-2、图 6-3）

　　这件铁拒马，究竟是西夏的攻城军团所携带，还是为甘州回鹘的守城军队所拥有，抑或是后来西夏军队阻挡蒙古铁骑所用，现在已经无从考证。因为攻守之势瞬息万变，拒马之器不会只守御一方。无论是哪一方使用过，它遗存于张掖地界，都可能见证了甘州城在这一时期的历史之役和政权之变，是反映西夏时期张掖政治社会、军事历史、地方文化及少数民族历史演变的实物资料之一。

　　1028 年甘州城被西夏军团攻陷后，甘州回鹘余部一部分退至祁连山北麓的民乐、山丹沿山一带和肃南山区，与地方吐蕃势力联合，扼守在祁连山大斗拔谷等关口要塞，阻止西夏军继续南侵；一部分向西退至建康（今高台骆驼城）、肃州继续抵抗。至肃、瓜、沙诸州沦陷后，这些甘州回鹘余部与原在这一带的鞑靼人等南越祁连山，进入青海柴达木盆地西北一带驻牧，并逐渐同邻近民

族相互融合，形成了史称"黄头回鹘""草头鞑靼"的部族势力。现在肃南的裕固族，即主要由黄头回鹘的一支演化而来。

西夏控制河西地区后，继续在河西置凉、甘、肃、瓜、沙等五州。鉴于河西在政治、军事上的特殊地位，又设置了西凉府（驻凉州）、镇夷郡宣化府（驻甘州）、番和郡（驻肃州）和甘肃监军司、瓜州西平军司、黑水镇燕军司等军政机构，以强化对河西地区的统治。甘肃监军司，取甘州、肃州首字命名，这是"甘肃"地名的初始来源。监军司的治所设于甘州的山丹，《元史·卷六十·地理志三》载："山丹州，唐为删丹县，隶甘州。宋初为夏国所有，置甘肃军。"据《西夏法典》记载，西夏中央与地方各司分为上等司、次等司、中等司、下等司、末等司、司等外等六个等级，其中河西的宣化、西凉二府属于次等司，是地方行政级别的最高品级，由此可见河西地区在西夏统治者眼中的地位之重要。

自宋仁宗天圣六年（1028）甘州回鹘政权覆灭，至南宋理宗宝庆三年（1227）西夏政权消亡，近200年的时间甘州一直被西夏王朝统治。由于结束了自中唐以来长期动荡不安的局面和旷日持久的战争，河西地区又获得了较为安定的社会环境，加之自然条件相对优越，被西夏王朝视为"天然粮仓"和后方基地，非常重视河西地区的行政管理和经营发展。在辖区内虽然形式上主张"衣皮毛""下秃发令"、创制新文字以保留党项族

上：图 6-4 北凉时期破城锤（临泽馆藏）
下：图 6-5 古代攻城车复原模型

的民族特色和民族意识，而实际上信奉和推崇当时先进的中原汉文化，奉行儒释道并行、蕃汉并行的开放文化政策，本质上走的是"外蕃内汉"的路子。同时河西地区汉魏以来的文化积淀，也为西夏文化政策的推行提供了基础和保障，西夏文和汉文并行不悖、对照互译，促进了西夏本民族文字文化的传承和发扬，也让河西地区的社会经济恢复了生机。西夏王朝还根据河西地区民众普遍信奉佛教的特点，尊奉佛教为国教，敕令修建了西夏国张掖大佛寺、崇庆寺等佛教寺院，对宣扬佛教文化、维护地方稳定和巩固统治政权起到了积极作用。（图 6-4、图 6-5）

一件坚硬、冰冷的拒马器背后，是一段曾经硝烟弥漫、战火不息的战争史，是攻守双方穷尽心力研制武器装备的军备史，是党项、回鹘、吐蕃、汉等多个民族对河西地区这一走廊通道、家国屏障和西北粮仓的攻略史，是几家欢乐几家愁、几多部族迁移漂泊的流亡史……

粗犷狰狞、凶悍威猛的西夏兽头瓦当

图 6-6 西夏兽头瓦当。灰陶质,直径 13 厘米,边缘残损。2012 年出土于张掖西来寺巷道路施工现场,收藏于张掖市(甘州区)博物馆

瓦当又称瓦头,张掖叫"瓦头子",中国古建筑屋瓦的前端部分,用来保护屋檐木构件免遭风雨侵蚀并具加固和美化装饰作用。从最初的素面无纹仅具遮蔽风雨的实用功能,到后来各种精美的纹饰图案出现,更加注重建筑装饰的审美意向,瓦当的发展体现了中国古建筑的智慧创造与美学情趣。如果说中国古建筑是立体的画面和凝固的音乐,那么瓦当即是醒目的图饰和精彩的音符。

中国瓦当的历史非常古老。随着近年来考古工作的深入和人们对夏朝都城的不断寻找和发现,特别是 2019 年在河南洛阳的一处工地,考古队发掘出一批距今约 4000 年的瓦片和城砖,颠覆了人们以往认为都城和宫殿建筑始于商周时期,夏朝宫殿可能是简陋的草房的认

上：图 6-7 莲花纹瓦当
下：图 6-8 云纹瓦当

知。如果 4000 年前已有了砖和瓦，那么瓦当可能已同时伴生或者稍晚出现，至少应当早于西周时期。到了秦汉时期，瓦当的发展已至鼎盛阶段，考古发现大量的各类精美的云纹瓦当、花草图案瓦当、文字瓦当，即是中国瓦当已达辉煌巅峰的实证。汉代以后，由于建筑结构的变化和美化装饰的需要，瓦当的保护实用功能逐渐弱化，屋檐加固和美化功能进一步加强，云纹瓦当、文字瓦当等逐步消失，莲花纹、兽面纹、菊花纹等成为瓦当的主流纹饰，到南北朝时期形成高峰，直至明清时期，除了筒瓦形状和大小有所变化、皇家建筑增加了龙纹瓦当外，兽面纹、莲花纹、菊花纹瓦当仍在延续。（图 6-7、图 6-8）

莲花纹、兽面纹瓦当的流行，与佛教的传播有很大的关系。莲花本就是国人喜爱的花卉，是古代士大夫心目中品行高洁、出淤泥而不染的君子人格象征。佛教传入之后，莲花又代表空性智慧，象征宁静、平和、不惹尘埃、自我净化、善良慈悲等，所谓"拈花微笑""一念一清净，心是莲花开"，莲花就是佛的象征。莲即是佛，佛即是莲，这种意象与中国民众的心理一拍即合，因此迅速传播开来，向大众民俗生活渗透，就像前面所述的魏晋莲花铜吊灯一样，莲花纹瓦当就自然在寺庙建筑和王室皇宫建筑中流行起来。（图 6-9、图 6-10）

兽面纹瓦当，最初也见于汉代（图 6-11），主要是青龙、白虎、朱雀、玄武四灵神兽图像，狮虎等猛兽纹瓦当则始于北魏，主要随北方鲜卑等民族和佛教一起进入

左：图 6-9 北朝青州龙首瓦当
右：图 6-10 北魏永宁寺兽面瓦当

中原。狮子，在中原文化里被认为是万兽之王，具有威震四方、去煞辟邪之神通。在佛教中狮子也是一个特殊意象，被认为是佛陀的法相之一，称为"释狮子"，用来喻指佛陀的无畏与伟大，能降伏一切邪魔，调伏一切众生。而"无上乘如狮子吼"，则指佛法或佛讲法的威仪、法音周遍法界，威力无比。同时，在印度文化中，狮子还是皇室尊贵与权力的象征。佛教及印度文化中狮子的意象，正好符合中国北方草原民族勇猛尚武、彪悍粗犷的习性特点，也与中原文化里狮子威仪无比、镇邪辟煞、护佑四方及王室皇宫以狮虎龙虬象征和衬托权力威严的认知不谋而合。于是随着佛教在魏晋南北朝时期的东传与普及，狮子的神威形象便迅速融入了中华各民族的日常生活和文化活动，尤其活跃在绘画、雕塑艺术之中。而瓦当纹饰也属于雕塑一类，兽面纹瓦当便顺理成章地迎来了发展的高峰，先后出现和盛行于北魏皇家寺院、中原皇室王宫等建筑之中。一直到五代、宋辽金时期，兽面纹瓦当都是高等级寺院和皇家建筑的主要饰件之一。

张掖博物馆收藏的几件西夏兽头瓦当（图6-6），于 2012 年甘州区西来寺巷道路施工时发掘出土，灰陶质，直径 13 厘米，边缘已残损。兽面眉弓粗壮，双眼外突，额骨凸起，两腮圆鼓，蒜头大鼻，大嘴长咧，嘴角上呲，獠牙外露，额发飞扬，威猛凶悍，一看便是狮子形象。但在眉弓之上、额头两端又长了一对粗壮有力的犄角，更显凶恶狰狞，显然是已被神化的灵兽。特别是那一对孔武有力的犄角，使雄狮造型更加威武张扬，极富夸张和想象，很容易让人想起党项人额角的两绺发辫，可以说是神化了的党项人形象或民族图腾。西夏瓦当的这种兽面，应当取材于佛教中的狮

子形象,并模仿了唐宋中原狮虎的形象,但又结合本民族崇武尚勇的特点,更加突出了兽角高耸、隆眉突眼、龇牙咧嘴的狰狞凶悍,极富北方草原民族特色。

西夏曾称雄于西北近200年,先与北宋、辽抗衡,后与南宋、金鼎立。特别是立国初期,西夏东突、西侵、南进,先于1028年攻陷甘州,后在1034年声东击西攻陷了西凉府,1036年进攻民乐县及大斗拔谷,攻占了西宁州、乐州(今青海乐都),次年攻占了西宁东南的廓州,金国退出了积石州(今青海循化、甘肃临夏一带)。至此,西夏在控制河西地区后又占领了青海河湟地区。"旗队浑如锦绣堆,银装背嵬打回回。先教净扫安西路,待向河源饮马来。"这是北宋沈括《梦溪笔谈》中记录的市井俚语凯旋歌之四,综合地域特点和北宋王朝在西北的战事情况,描写的可能是西夏攻占河西和河湟地区的凯旋场景,其中的"回回"指的是回鹘。在取得宋夏战争和辽夏战争的胜利,巩固了兴庆(今宁夏银川)之南的大后方之后,李元昊于1038年正式称帝,直至蒙古大军1226年攻陷甘州、次年攻陷中兴(银川),西夏政权在甘州近200年的统治宣告结束。(图6-12、图6-13)

如前文"西夏铁拒马"所述,西夏在占领河西地区之后,为了进一步加强地域统治,设置了镇夷郡及宣化府(驻甘州)、西凉府(驻凉州)、番和郡(驻肃州)和甘肃监军司、瓜州西平军司、黑水镇燕军司等军政机构。在甘州设置镇夷郡是宋景祐四年即1037年(一说为景祐二年),同时设立了宣化府,用意很明显,一方面是武力震慑,一方面是文教安抚,恩威并重,强化管理。后因郡府并立、机构重叠,改为甘州城司。以畜牧为主的

上：图 6-12 西夏腰牌
下：图 6-13 西夏铜印

党项族，占领农业区之后，实施农牧并重兼营，吸纳鼓励各民族从事农牧业、分封采邑、屯田、兴水利等政策措施，设立农田司、群牧司等专职机构负责农牧生产，有力地促进了甘州农牧业的复兴和地方经济的发展。

同时，西夏实行兼容并蓄的民族文化政策，促进了本民族与汉、吐蕃、蒙古、回鹘等多民族文化的交流融合。西夏尤为推崇佛教，统治区域曾"浮图梵刹遍天下"，在甘州兴建大佛寺、崇庆寺等寺庙建筑，聘用甘州回鹘僧人将汉文经书翻译成西夏文，河西地区再度兴起佛教热。

倡建和住持大佛寺、崇庆寺的西夏国师嵬咩及其师父燕丹国师，是李元昊的曾孙崇宗李乾顺及其摄政的母亲梁太后的手下，正是这位信奉佛教的小梁太后（西夏历史上有前后两位梁太后，是姑侄关系）授意嵬咩在甘州兴建佛寺（另有一说是崇宗为生母小梁太后祈求冥福而授意嵬咩修建），建成了"甘州圣宫"大佛寺。据传小梁太后还专门来到甘州大佛寺礼佛修行。同期修建在城西的崇庆寺，在甘州城西南 1 公里处，遗址今已不存。现在的西来寺巷道发掘出西夏兽头瓦当，或可说明这里也可能曾有西夏时期的佛寺或神庙。大佛寺旁边有一条羊头巷，得名来自于西夏后期的一座神庙——羊头神庙，是西夏神宗李遵顼专为其父忠武王李彦宗修建。李彦宗与桓宗李纯佑、废掉桓宗篡位的镇夷郡王李安全是同辈，李安全篡位后，齐王李彦宗在凉州起兵，扶持儿子李遵顼发动政变杀掉襄宗李安全上位。神宗在位期间,因父亲李彦宗生死均在农历羊年,自己出生和登帝位也在羊年,党项羌等草原民族又以羊为尊,以羊头为图腾,于是李遵顼宣称父亲为羊神转世,谥号忠武。神宗在大佛寺旁边(现在的青西街小学附近)修建了忠武王庙,忠武王塑像"以羊首饰冠",因此老百姓俗称"羊头庙"。如今,羊头巷之名尚在,神庙早已消失不见。(图6-14、图6-15)

西夏时期在甘州兴建的寺庙、神庙等建筑,除大佛寺历代屡有修缮,遗迹尚存外,其他多已湮灭无迹。从西来寺巷道发掘的这几件兽面瓦当,虽然残缺不全,却是研究西夏社会建筑艺术、审美观念、民族和地方历史、文化特色的珍贵实物资料。

静静地面对来自废墟深处的这组建筑构件,粗犷的灰陶浸染着历史的尘埃,威猛刚勇的兽面仿佛是一个民族的缩影。粗短的犄角,粗壮的眉弓,圆凸的大眼,鼓突的腮颊,卷曲如云的须发,无不昭示着勇武与力量;鼻头如蒜,阔口大咧,方齿直立,獠牙外露,尽显凶恶与狰狞。党项羌,一个曾经以毡帐为居的游牧民族,在强敌环伺的生存空间里,以骁勇善战和卓越智慧而立足立国,又以虚怀若谷、兼容并蓄的态度,借鉴吸收周边部族、中原汉族和西方民族的先进文化,创造出了富有自身特色的文字文化、建筑艺术,创造出了一个中国历史上具有神秘色彩的国度,不能不令人好奇和惊叹。

若醒若寐、侧睡千年的室内大卧佛

进入宽度超过 45 米、进深和高度均达 20 多米的西夏大殿，面对一眼望不到头和脚，仰视方见眉目容颜的巨大卧佛（图 6-16），顿感人的低微与渺小。

大佛头北脚南，侧身横卧于佛坛之上，身覆红色佛衣，衣纱褶皱呈鳞状披垂于腹前；双腿平伸，双脚叠放，十趾并列；上身袒胸露乳，饰瓠形纹线，中间绘一斗大"卍"字符号；左臂平放于身体上侧，右臂曲肱而枕，手掌置于莲花座枕，掌心平托脸颊；佛面饱满圆润，直鼻高挺，眉眼修长，嘴唇微启，双目半睁半闭，若醒若寐，既似无意放眼尘世，又似暗中窥视凡心，宁静安详中透出法相庄严。大佛头脚两端各有一尊侍立塑像，与佛首平齐，为佛陀弟子阿难、迦叶，两位尊者面容严肃，表情凝重；大佛背后，是十大弟子侍像，个个面带哀容，恭身肃立，由此显示彩绘卧佛是释迦牟尼涅槃像。佛坛之上大佛头脚两侧塑有形象各异的十八罗汉，大佛两侧及身后佛坛与大殿四壁之间留有瞻佛通道，四周墙壁、佛像背壁有后期历代彩绘佛经故事、唐僧西天

取经故事等壁画，与大佛顾盼呼应，形成浑然一体的礼佛空间。(图6-17)

　　大佛之大，还可以通过这一组具体数据来感知和想象：佛身全长达34.5米，佛肩高达7.5米，佛脚长达5.2米，仅一只佛耳就长达4米，能容纳8个人并排而坐，一根佛指能供1人平躺；安放大佛的佛坛高1.2米，两端与卧佛头肩等高的阿难、迦叶侍立像高达9米，背后十大弟子举哀像通高5.8米；放置大佛的整个大殿，宽度达到45.3米，进深20.6米，高为两层楼阁20.2米。毫无疑问，这座超大室内泥塑彩绘卧佛，绝对称得上亚

图6-16 泥塑彩绘释迦牟尼涅槃像。亚洲最大室内卧佛，佛身全长34.5米，肩宽7.5米，耳朵长约4米，脚长5.2米。始造于西夏崇宗永安元年（1098），建置在张掖大佛寺西夏大殿

洲之最、世界闻名。（图6-18、图6-19）

　　大佛的构造为木胎、中空、泥塑、彩绘，体现了古人在雕塑艺术方面的智慧与匠心。建造如此体量的巨型佛像，在900多年前并非易事，它的设计制作，传说来自于主导修建甘州大佛寺的西夏国师嵬咩。据《甘州府志》记载，嵬咩原是燕丹国师的徒弟，法名思能，是西夏国的一位密宗大师，他"妙领真乘，深入堂奥"，人称"八地菩萨"。西夏崇宗永安元年（1098），嵬咩来到甘州，发现了已毁的古时佛寺，于是请命在旧址重新修建西夏大佛寺。据说寺庙的大佛殿建成后，在塑造卧佛像时，工匠们不知如何制作巨大的胎体，嵬咩苦思冥想，劳累入梦，梦中得到神的启示，醒来后让工匠先用木头制作骨架，再在外面涂泥制作肌肤，最终塑成了这座

室内巨型卧佛像。（图6-20）

这一传说并非空穴来风，1966年从卧佛腹内出土了明代重建卧佛记事牌（又叫"明成化十三年记事铜牌"），铭文为："震旦国张掖郡流沙河有迦叶佛遗迹，大夏建。崇宗皇帝永安元年，嵬咩国师始创卧佛圣像，后兵燹之乱，旧像犹存，至我大明永乐年间重建盈完。于成化十三年四月初一申时地震，佛首倾颓，镇守甘肃大臣并十方檀信、合山僧官僧众人等，同发善心，各舍己赀，重建佛像，今已完成，不泯来源，俟后而矣。"

这块成化十三年（1477）记事铜牌的出现及记录的信息非常重要，一是表明弱水之畔张掖郡明代的甘州大佛寺，是西夏国修建或重建的遗迹，结合明正统六年（1441）兴建大佛寺金塔殿碑记、清乾隆十二年（1747）重

图 6-18 佛首旁阿难立像

6-19 佛足旁迦叶立像

图 6-20 卧佛木胎结构图

修弘仁寺碑等，为考证甘州大佛寺始建及重建的流变提供了证据链；二是表明寺庙中西夏大殿的卧佛圣像，确为嵬咩国师主持始建，虽遭兵燹之乱、地震之灾，但始终"旧像犹存"，明朝永乐年间、成化年间两次重建，只是对原像修复或者重绘，如今的卧佛仍为西夏时期的"真身"遗迹；三是表明卧佛无论始建或者重修，胎体内部历次均有装藏，即在佛像体内装入一些宝物以象征佛的内脏与神识，赋予佛像以生命力，结合后来卧佛内陆续出土的经书、铜镜、铜壶等古物，印证了大卧佛"头部曾塞满了经书，象征佛祖充满智慧；心脏内置铜镜，象征佛祖心明如镜；胃是一个铜壶，象征佛祖肚大量大"的说法。（图6-21、图6-22）

安置卧佛的西夏大殿，经过明清时期的屡次修复，除了结构形制保持了形貌，墙体、砖木构件等已"偷梁换柱"，而木胎泥塑的大卧佛却基本保持了西夏时初造的原样，历经900多年的岁月而传承至今，实在是一个奇迹。正因为西夏大殿大，安放的卧佛大，陆续形成的寺院大，所以寺院被称为甘州大佛寺，又称西夏国寺，后来也称弘仁寺。

上：图 6-21 卧佛腹中出土的明代漆绘描金铜镜
下：图 6-22 卧佛腹中出土的明代双龙耳套环铜壶

关于甘州大佛寺的修建，也有一段与西夏国师嵬咩有关的传说。修建大佛寺前，西夏国师嵬咩来到甘州，有一天在木塔东南面的一处土台上静坐，耳边似乎传来若有若无的佛乐梵音，起身围绕土台观察，感觉到这里似乎是某种古建筑旧址，于是找人进行挖掘。原来是一处废弃的砖石台基，继续深挖，发现砖石之中有一石函，石函中有佛祖涅槃像等遗物。嵬咩认为发现前朝寺院遗址和遗留佛像乃是天意，便请求西夏国主李乾顺同意，在旧址处重新修建西夏大佛寺。据相关考证和推测，嵬咩发现的佛寺旧址，应是始建于公元 300 年西晋永康年间的迦叶如来寺，石函及佛祖涅槃像或为当时建寺造塔时的地宫装藏，或为公元 446 年北魏太武帝拓跋焘灭佛法难中，迦叶如来寺被毁时僧人逃亡前埋在台基下的佛教遗物，至西夏时被嵬咩重新发现。（图 6-23）

关于嵬咩发现前朝佛寺佛像、建造大卧佛得到神谕的传说虽然有点玄虚，但作为佛教密宗高僧，到甘州后在废墟上发现旧有佛教寺庙遗踪、掘得前代建寺装藏石函，对嵬咩来说并不是难事。有意重建而要得到西夏国主的同意和当地民众的赞同，借助天意和神示的招牌，应当更容易促成佛寺的兴建。建造卧佛时苦思冥想、寤寐求之，日有所思、夜有所梦，在强烈的探索和求解欲望驱动下，睡梦中灵感突现，找到了用木胎解决大佛架构的方法，这也并非无中生有，而是不断思考而突然开悟的结果。

关于西夏甘州大佛寺，还有许多真真假假的民间

图 6-23 安置大卧佛的西夏大殿

传说或历史故事。据传,寺院和大殿卧佛建成后,西夏崇宗李乾顺的母亲——笃信佛教的小梁太后,常到寺内朝拜、驻留、布道场、设斋会。又传,甘州大佛寺是元世祖忽必烈的诞生之地,其母唆鲁禾帖尼,是虔诚的景教徒,曾住于甘州大佛寺并在寺内生下忽必烈。太后死后,忽必烈将母亲葬于寺内,并下令复建甘州十字寺以祭祀母亲,故大佛寺又得名甘州十字寺。其实,这则传说是对相关史料的误读或是有意演绎。《甘州府志》记载:"初,世祖定甘州,太后与在军中,后殁,世祖便于十字寺祀之。"文字意思很含糊,说在平定甘州的战争中,太后随忽必烈同行军中,去世之后忽必烈在十字寺祭祀母亲。既没有交代太后是死于甘州,也没有交代十字寺即在甘州或十字寺就是甘州大佛寺。而平定甘州的战役先后有两次,一次是 1226 年成吉思汗围攻西夏时,先攻黑水城、沙州、肃州,再取甘州,这时成吉思汗的孙子忽必烈才 11 岁,应该没有随军出征;另一次是 1260 年忽必烈与其弟阿里不哥争夺汗位时在山丹耀碑谷(东乐大口子)的决战。"世祖定甘州"应当指的是这一次战役,但忽必烈并没有亲自参加这场战役。即使太后"与在军中",作战范围也很大,从六盘、川蜀到甘州

上：图 6-24 大佛寺金塔殿石函元代玉雕纹纽
下：图 6-25 大佛寺金塔殿石函元代玉雕纹纽

都是战线，所以"后殁"的地点并不确定。世祖祭祀太后的"十字寺"，也可能是某处的一座基督教堂，因为太后信奉景教，与基督教有形式上的相近之处，而老百姓俗称基督教堂为十字寺。《甘州府志》可能只是引用了元史提到甘州的一处文字而已，而后人或坊间又演绎出相关传说。

还传，南宋恭帝赵㬎被俘虏后，曾在甘州大佛寺学佛修行20多年，最后离奇死亡。来由是忽必烈称帝后，蒙古大军大举进攻偏安一隅的南宋王朝，1276年兵临临安城下，年仅6岁的小皇帝赵㬎由皇太后带领向蒙古大军投降，被押解到元上都后，忽必烈为了安抚人心，嫁公主于赵㬎，并封他为"瀛国公"。后来忽必烈令他学佛，于是赵㬎来到甘州大佛寺研学佛经，被僧侣尊为"合尊法师"。赵㬎知道了自己的身世后，有感而发写了首《在燕京作》，诗中有"寄语林和靖，梅花几度开？黄金台下客，应是不归来"之句。忽必烈听到后勃然大怒，认为赵㬎有思念故国、悔恨不满之意，遂下令赐死。另一说法是赵㬎卷进了蒙古贵族宗亲争权夺利的旋涡，被元英宗派人杀死在甘州。（图6-24、图6-25）

这些传说，或见于《甘州府志》，或见于《宋遗民录》，或见于清乾隆十二年（1747）重修弘仁寺碑记等，有的是对民间传闻的记录，有的是对零星史料及地方人文的一种演绎，可信度尚待进一步考证。

一座边塞之地的佛教寺院，历经西夏、蒙古及元明清诸朝而传承不息，保存了西夏大殿遗迹、千年卧佛真

图 6-26 大佛寺全景图

身,收藏了明英宗敕赐《北藏经》和《大般若波罗蜜多经》真金写书、官版佛曲、墨书手抄、藏文经册等 7800 多卷经书,以及各代遗留的佛教装藏古物如波斯萨珊朝银币、元代玉雕纹纽和明代漆绘描金人物铜镜、双龙耳套环铜壶、琉璃佛珠等众多珍宝,并且衍生出离奇怪异、真假难辨的众多传说故事,足以说明甘州大佛寺的非同一般和影响力之大。

"睡佛长睡睡千年长睡不醒,问者永问问百世永问难明。"后人书写的这副大佛寺山门联,是对大卧佛外相的概括和佛性人心的探寻,也是对大卧佛历经千年岁月、见证世事沧桑的悠久历史与浑厚蕴藏的惊异与感叹。(图 6-26)

宣令诸神、诏告各方的黑河桥敕碑

图6-27 西夏乾祐七年(1176)黑河桥敕碑。青石质,盝顶形,高118厘米,宽74厘米,厚19厘米。原藏于张掖城西下龙王庙,现藏于张掖市(甘州区)博物馆

这块收藏于张掖市博物馆的黑河桥石碑(图6-27),原来藏于甘州城西10公里处黑河东岸的下龙王庙,碑文为乾祐七年(1176)西夏仁宗李仁孝对甘州境内修建的黑河桥的敕令,题名落款是宣告敕令、书写碑文、监督立碑的西夏京都和镇夷郡地方官吏官职姓名。碑为青石质,盝顶形,高118厘米,宽74厘米,厚19厘米。碑额(图6-28)和碑铭四周刻饰卷云纹和缠枝纹,碑额无字,两侧各一线刻飞天,四周祥云环绕。石碑两面均刻碑文,正面碑文为汉字楷书,包括题名落款计13行共293字;背面碑文为藏文,21行,多已漫漶不清。正面和背面碑文应是汉藏文对照,文意相同或相近。此碑虽经辗转移藏,碑体及汉字碑文却仍然基本完好。

从现代的认知来释读碑文,其中的观念煞是有趣,抄录如下:

敕镇夷郡境内黑水河上下所隐现一切水土之主、山神、水神、龙神、树神、土地诸神等,咸听朕命,昔贤

图 6-28 碑额局部图

觉圣光菩萨哀悯此河年年暴涨,漂荡人畜,故以大慈悲兴建此桥,普令一切往返有情,咸免徒涉之患,皆沾安济之福。斯诚利国便民之大端也。朕昔已曾亲临此桥,嘉美贤觉兴造之功,仍罄虔恳躬祭汝诸神等,自是之后,水患顷息,固知诸神冥歆朕意,阴加拥祐之所致也。今朕载启精虔,幸冀汝等诸多灵神,廓慈悲之心,恢济渡之德,重加神力,密运威灵,庶几水患永息,桥道久长,令此诸方有情,俱蒙利益,祐我邦家,则岂惟上契十方诸圣之心,抑亦可副朕之弘愿也,诸神鉴之,毋替朕命。大夏乾祐七年岁次丙申九月二十五日立石。主案郭那正威,司吏骆永安,笔手张世恭书,泻作使安善惠刊,小监王延庆,都大勾当镇夷郡正兼郡学教授王德昌。

显然,这不是一篇通常的建业记事碑文,而是夏仁宗在乾祐七年(1176)下发和诏告镇夷郡(甘州)境内众神祇和所有生灵的敕令。敕令中,夏仁宗以至高无上的帝王口吻,告知境内黑河上下的山神、水神、土地神等各路神灵,说黑河桥是昔日贤觉圣光菩萨慈悲为怀,怜悯黎民百姓因黑河水年年暴涨、人畜漂荡、苦于水患而兴建的,是要让所有往返民众和一切生灵免遭涉水之患、享受安全渡河的福祉,真正称得上利国便民的大好事。我赵仁孝作为大夏一国至尊,曾经亲临此桥,非常赞赏贤觉菩萨建桥的功德,倾尽恭敬虔诚而祭祀你们各路神灵,从那之后,水患再没有发生,就知道是你们悄悄接受了我的心意,一直在暗中加以护佑。现在我以万分的精诚,希望你们各路神灵慈悲为怀、广济众生,以神力和威灵护佑桥道长久、水患永息,让各方百姓生灵蒙受福利,保佑我大夏国运兴旺、

图 6-29 碑体文字面

家族昌盛,上合各方神圣之意,也可符合我的心愿,请各路神灵明鉴,不要变更违背了我的意愿。敕令后面是立碑时间和办理立碑一事的主案、司吏、笔手、监造吏及大主管镇夷郡正等官吏姓名落款。(图 6-29)

　　我们知道,立碑记事,大多是某项工程完工或功业告成后"勒石而记",用以记述纪念、昭示后世。古代建业记事的碑文很多,以帝王敕令题记的也不少,多为记事记功、劝诫世人,提及神灵时也多为敬畏、感恩、祈福。而这则黑河桥碑记却别有意趣,诏告的对象竟然是治境内的四方诸神。虽有希望诸神"佑我邦家"的意愿,也表达了虔敬祭祀的心意,但是又有"敕令"和要求在里面,显示出这位大夏国皇帝既想显示高高在上、目空一切、唯我独尊的威严,又有语气小心谨慎、措辞委婉闪烁、不敢得罪神灵的心态。同时,他把昔日菩萨建桥、利国便民的功德,巧妙地说成是自己虔诚恭祭神灵、诸神明白皇帝意愿而暗中保佑庇护的结果,仿佛是人间帝王与天界神灵对话沟通、同心共情。而这一切,都只为一个自欺欺人的目的:连各路神灵都领会和听命于皇帝,境内民众当然要俯首帖耳、不得违命了。由此可见,这位西夏皇帝不单是在显尊示威,更主要的是借神造势统治地方。

　　如前"西夏铁拒马"和"西夏兽头瓦当"中所述,西夏在占领河西地区之后,为了进一步加强地域统治,设置了镇夷郡及宣化府(驻甘州)、西凉府(驻凉州)、番和郡(驻肃州)等地方政权机构,同时设置了甘肃监

图 6-30 黑河正义峡

军司、瓜州西平军司、黑水镇燕军司等军事机构,其中甘肃监军司提辖甘州、凉州等地军政事宜。早期在甘州设置镇夷郡的同时还设立了宣化府,目的是武力威慑与文教安抚并重,强化统治区管理。"镇夷",意为镇服荒蛮夷人。不只中原统治者,在任何民族的统治者眼里,皆视其他民族及地方为夷人夷地。今黑河高台正义峡(图6-30),即由过去的"镇夷峡"谐音改名而来,以消除原有的歧视含义而赋予平安正义的新意。

从碑文中还可看出,古时张掖黑河来水丰沛,连年暴涨,水患不绝,而建修桥道是兴利除害、利国便民之举。可惜,碑记中不载何人何时建桥等具体事宜,却记录了一些传闻和虚妄之说。敕令中提到的"贤觉圣光菩萨",是河西地区民间传说中的"汉仙姑""何仙姑"或"何香姑"。据《甘州府志·仙释》记载:"汉仙姑,张掖河北人,修道合黎山,见黑河横溢,誓愿建桥,以济居民。后骠骑霍去病西征,迫于虏,抵黑水,遇浮桥径渡。追者至,俱陷,见仙姑空中。西夏主尊称贤觉圣光菩萨,即指仙姑灵迹也。"是说汉代有一仙姑,为张掖黑河之北人氏,在合黎山修道,看到黑河水肆虐横溢,立誓发愿修建了浮桥以方便民众渡河。后来骠骑将军霍去病西征，一次先头部队与匈奴主力遭遇，敌众我寡被迫撤退，抵达黑河岸边从仙姑架设的浮桥上渡河，这时匈奴大军追至浮桥，正在危急之时，桥身突然塌陷，敌兵纷纷落入水中，汉军看到有一仙女显现于空中。传说中还有后来汉武帝因仙姑救援之功，敕封其为"平天仙姑"云云。而这汉仙姑，就是西夏仁宗所称的贤觉圣光菩萨。

  这仅是《甘州府志》记录的传说，而张掖民间还有相关的多个传说版本。临泽一带流行的传说是，西汉时期张掖人氏何香姑，父亲原为郡守属下的一个武吏，因守边作战失败，带着女儿隐居在合黎山下临泽板桥一带行医度日。香姑聪颖灵慧，心地善良，自幼随父潜心学医，后来针灸药剂无所不精，经常免费出诊，为穷苦百姓治病解痛。高明的医术和行善的美德，使何香姑声名远扬，黑河两岸的百姓都来求医治病，却苦于没有渡河的道桥，涉险渡河的人常遭落水身殁之灾。善良的香姑决心架设一座连接黑河南北的桥，方便两岸通行，造福平民百姓，于是着手筹措建桥物资。当时盘踞北方的匈奴民族也常有人慕名前来就医，香姑父女的医德医术深得匈奴人敬重。一次匈奴右贤王的爱子带领手下到黑河南岸做皮毛生意，不慎落入水急流深的黑河，岸边百姓施以援手，但救出水面时已停止呼吸，幸得何香姑推拿针灸起死回生。匈奴王子谢以重金，香姑坚辞不受，而向他述说了想在黑河建桥的心愿。匈奴右贤王父子出于感恩送来许多木料，香姑号召众人捐资出力、动手修桥。可昭武城地方官心术不正，想借机从中捞取油水，对修桥善举百般阻挠，还胁迫香姑做其儿媳。为了顺利修桥，完成造福百姓的宏愿，香姑答应桥成之时与其子成婚。黑河临泽段（图6-31）的第一座木桥终于竣工了，凶恶的官吏前来逼婚，香姑了却了建桥心愿，走上木桥纵身跃入波涛滚滚的黑河。两岸百姓悲痛万分，将她葬在木桥北面柳树堡的沙坡上，修建了一座庙宇，取名"香姑寺"，用来纪念这个美丽善良的姑娘。后来，香姑寺演化成"香古寺"，也叫"仙姑

图 6-31 黑河临泽段河道

庙"。这个传说还有一个版本,是说何香姑化缘修桥,一次黑河发洪水,汹涌的浪涛眼看就要吞噬木桥,香姑急了,想以一己之力拼命拉住摇摇欲坠的桥身,这时一个浪头打过来,香姑被冲入水流而死。临泽板桥的百姓将她葬在黑河北岸的一处沙湾里修庙供奉,这便是如今尚在的香古寺。

从一个心地善良的行医村姑,到大汉皇帝敕封的"平天仙姑",再到西夏仁宗帝敕令中大慈大悲的"贤觉圣光菩萨",何香姑经历了由人到神的演变,这是民众对善良美好人性的呼唤,也是黑河两岸百姓对有桥渡河、平息水患的期盼。而汉仙姑、贤觉圣光菩萨修建的黑河桥究竟在哪里呢?从民间传说看,汉仙姑修建的浮桥在匈奴围追汉兵时已"陷落",行医的香姑筹措修建的木桥,应在黑河临泽板桥一带。从西夏黑河桥敕碑碑文看,"贤觉圣光菩萨"修建的桥,当时依然完好,夏仁宗李仁孝还曾亲自行走并祭祀过,但具体位置在哪里却没有片言只语。从相关历史资料和丝绸之路南北通道的情况分析,黑河甘州城西段、临泽板桥段、高台正义峡都曾有过渡河的道桥。(图 6-32)早期北方匈奴人南行的龙城道,以及后来西夏和蒙古人进入河西地区,也是通过这几个地段涉渡黑河。限于河道散漫宽泛和过去物质技术条件差,古时黑河路桥多为简易木桥、浮桥或石块

上：图 6-32 正义峡浮桥（今已消失）
下：图 6-33 黑河鹰落峡口，右岸为上龙王庙（图右下角）

堆砌，安全性能差，一遇洪水便可能被冲毁损坏，不能保障安全通畅，所以才有夏仁宗希望各方神灵"廓慈悲之心，恢济渡之德"来"阴加拥祐"，祈愿"水患永息，桥道久长"的敕令。了解了这一点，我们便会明白这位西夏皇帝何以煞费苦心，下发这样一道在今天看来比较荒唐可笑的敕令，也会进一步理解这位少数民族帝王向各路神祇和过往神灵的诏告，并不完全是在显示权威、愚弄百姓，其中也有非常虔诚的心愿在里面。

这块黑河桥敕碑最后出现或保存在甘州城西黑河下龙王庙，或可表明夏仁宗曾经到过的黑河桥道，也许就在下龙王庙附近。黑河甘州段在过去有上、中、下三座龙王庙，上龙王庙在黑河鹰落峡出口（图6-33）、龙渠乡木笼坝村附近，现在遗迹犹在，中、下龙王庙早已不存。中龙王庙旧址在今西环路南龙王庙电力局家属楼附近，而下龙王庙旧址有两种说法，一说是在现在新墩镇新墩村西北、黑河东岸连霍高速公路南侧，一说是在现在甘州靖安和临泽板桥交界处的昔喇渠黑河引水口、高崖水文站旁边，两处直线距离超过10公里。黑河桥敕碑是从新墩镇收集，下龙王庙及碑中所说的黑河桥，可能即在新墩镇新墩村附近。

另外，既然这块石碑是西夏皇帝祈愿神灵保佑过去已经存在的道桥平安久长所立的敕令碑，那么，现在博物馆及许多地方把它称为"黑河建桥碑""黑河建桥敕碑"，则有点名不符实，且容易引发误会。有的史料中称之为"黑水桥碑""黑水河桥敕""西夏告黑水河诸神敕"，倒是相对符合石碑主旨，所以我们选择称名为"黑河桥敕碑"。

黑水河畔的一座千年石碑，能让我们了解过去水患不息、建桥不易、民生艰难的社会现实，钩沉古时河西仙姑、贤觉菩萨架桥惠民的传说故事，探究黑河桥道、张掖龙王庙的遗迹，窥视一位西夏帝王矛盾而有趣的内心，玩味统治者的"驭民之术"，真可谓"文"有其道、"物"有其用。

口沿如莲、形体敦实的僧帽鸭嘴流铜壶

图 6-34 元代僧帽鸭嘴流铜壶。高 34 厘米,底径 12 厘米,口径 19 厘米,壶盖已失。出土于肃南裕固族自治县康乐镇墩台子村,收藏于肃南裕固族自治县民族博物馆

这件元代僧帽鸭嘴流铜壶(图 6-34),出土于肃南裕固族自治县康乐镇墩台子村,收藏于肃南裕固族自治县民族博物馆。铜壶高 34 厘米,底径 12 厘米,口径 19 厘米,壶口外撇,口沿上翘,前低后高,壶盖含于口沿内(已失),形似佛僧的五佛冠,就像影视剧《西游记》中唐僧所戴的莲花形冠帽那样,故称僧帽壶。器身造型简洁平实,束颈,鼓腹,圈足,桥形单耳,鸭嘴流,颈部竖凹线与口沿莲花纹对应成折页状,腹部饰双线纹,腹上部饰莲叶纹,与颈部及口沿纹线相呼应,整体上给人以敦厚饱满、结实耐用的感觉,具有浓郁的草原游牧民族风格。(图 6-35)

12 世纪末,中国漠北的蒙古部落逐渐强盛起来,乞颜部可汗铁木真逐步铲除了各方割据或分裂势力,在 13 世纪初实现了蒙古部落的大一统,建立起大蒙古国,1206 年被推举为大汗,即"成吉思汗"。此后,大蒙古国开始了侵吞邻国、征服世界的武力攻伐、对外扩张之路。首先,成吉思汗着手征服北部,向统治甘肃、

图 6-35 新疆巴音郭楞蒙古自治州馆藏僧帽壶

宁夏、青海和阿拉善、鄂尔多斯地区的西夏国发起进攻，于公元1205—1209年三次攻打西夏，迫使西夏纳贡称臣，之后又以西夏背叛蒙古与金结盟为由，于1227年攻灭西夏。其次，成吉思汗攻打金国，从1211年开始，到1227年他去世之时一直攻伐不断，直到他的继承者窝阔台于1234年才结束这场战争，消灭了这个曾经在北方草原上争霸称雄并先后攻灭辽与北宋的劲敌。同时，成吉思汗还完成了对喀喇契丹国、花剌子模国的收服，将伊犁河、伊塞克湖、楚河、怛罗斯河流域和锡尔河及阿姆河流域、东伊朗等区域纳入蒙古帝国的版图，并入侵波斯和俄罗斯，收获丰厚的战利品，控制了咸海至里海之间的广阔草原。成吉思汗去世后，蒙古大汗继任者窝阔台、蒙哥继续奉行扩张政策，再次西征，进攻南俄罗斯草原、俄罗斯诸公国，入侵波兰、匈牙利，出征巴格达和美索不达米亚，攻占匈牙利全境至多瑙河畔地区，大败罗马帝国联军，前锋直指奥地利维也纳，整个欧洲为之震惊。如果不是大蒙古国内部的汗位和部落权力之争，蒙古大军的铁骑或可踏遍欧洲全境。至此，大蒙古国的控制疆域达到3300万平方公里，包括了漠北、华北、东北、西藏、西域、中亚、西亚、东欧等在内的辽阔地域。

大蒙古国第三任大汗蒙哥在进攻南宋途中染病去世，其弟忽必烈与阿里不哥之间发生争夺权位的战争，忽必烈取胜夺得大汗位，却也由此造成了内部势力的分裂。之后，蒙古在被征服地区建立了"四大汗国"——钦察汗国、察合台汗国、伊利汗国和窝阔台汗国。四大汗国表面上为统一的整体，同奉忽必烈为宗主，实际上各自独立，为日后帝国的迅速衰落埋下了祸根。1271年，忽必烈下诏改国号为大元，元朝建立。元世祖忽必烈将征战重点转向东方，再度猛攻南宋王朝。1276年攻陷南宋都城临安，1279年在崖山海战中攻灭南宋流亡势力，终结了南宋王朝，完成了对中原和南

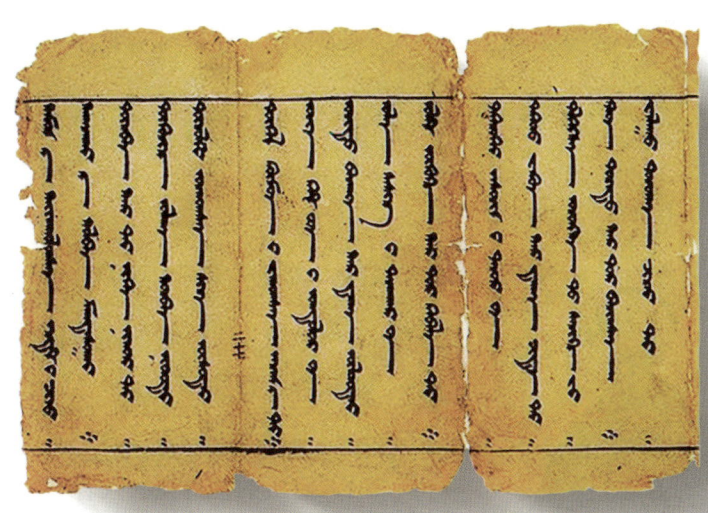

图 6-36 八思巴蒙古文

方的占领,成为中国历史上首个由少数民族贵族为主建立的全国性的统一王朝。

蒙古最后攻灭西夏的战争,发生在公元 1226 年至 1227 年。1226 年,成吉思汗率大军首先拿下镇夷郡北部的黑水城,另派大将阿答赤攻占西夏甘肃监军司和镇夷郡所在的甘州,先后拿下了甘州、沙州、肃州等要邑。1227 年成吉思汗病逝后,蒙古大军继续围攻西夏都城中兴府,末代国主李睍献城投降。西夏灭亡后,窝阔台把西夏旧地、甘肃青海涉藏地区及河西地区分封给次子阔端,阔端驻地在凉州,甘州及河西其他州地均属阔端领地。阔端在凉州期间,为了控制西藏地区,邀请佛学大师、藏传佛教萨迦派第四代祖师萨班,前往凉州商谈吐蕃归顺蒙古事宜,1247 年促成了著名的"凉州会盟"。随行到达凉州的萨班侄子八思巴,日后成为萨迦派第五代首领、忽必烈的大元国师。八思巴在统一西藏各宗派势力、创制八思巴蒙古文字(图 6-36)、推动藏传佛教在蒙古的传播、促进西藏与内地的交流等方面作出了杰出贡献。

与甘州有关的历史事件还有"耀碑谷"战役,是忽必烈与其弟阿里不哥汗位之争中的关键战事之一。蒙哥伐宋途中病逝后,忽必烈和阿里不哥在各自宗亲势力拥护下,于次年(1260)三四月相继宣布继承大汗位,之后为争夺秦、蜀地区展开六盘山大战。忽必烈成功剿灭了对方在秦陇和四

上：图 6-37 蒙古八思巴文符牌
下：图 6-38 元至正库银印

川的势力,然后亲率大军北上讨伐,在漠北巴昔乞地区交战,阿里不哥溃败北遁。阿里不哥的另一路军队由左丞相阿蓝答儿率领下于七月抵达甘州,与率部从六盘山西退河西的浑都海会合,以图力守河西地区。忽必烈攻取六盘山的汪良臣、八春等部,追至河西,与阿蓝答儿两军对峙。九月,忽必烈号令合丹(窝阔台之子)、驻守山丹州的按竺迩等率军增援,三军会合,由宗王合丹统一指挥,在耀碑谷展开进攻大战,双方鏖战近一天,在一场突如其来的沙尘暴中,合丹三军趁乱取胜,阿蓝答儿、浑都海被俘,残部少数逃回漠北。"朔方未定君臣位,关陇翻争兄弟兵。"清乾隆时张掖东乐县丞许士梁曾赋诗《耀碑谷》,所写的就是忽必烈兄弟之争及山丹耀碑谷之战。耀碑谷大战的胜利,使忽必烈控制了秦陇及河西地区,消灭了阿里不哥的西路军势力,解除了腹背受敌的后顾之忧。此后忽必烈一路北进,历时 4 年,终于赢得了与阿里不哥的汗位之争,并最终建立了元朝。可以说,耀碑谷战役是当时发生在河西走廊的规模最大的战役,它的结果,从某种程度上影响了蒙古帝国甚至是中国历史的发展走向。(图6-37、图6-38)

忽必烈建立元朝后,由于疆域面积空前广阔,开始实行一种新的地方行政制度——行省制度,在中央设立行政机构中书省、军事机构枢密院、监察机构御史台,地方上对应设立××等路"行中书省"(简称行省、省)、"行枢密院"(简称行院)、"行御史台"(简称行台)。行省下辖路,路以下承袭宋制设府、州,府、州

图 6-39 元代骑马武士铜像

下设县。1261年，忽必烈在西夏故地设立中兴等路行中书省，这是甘肃行省的前身，甘州属于中兴行省。之后几度变更，于1282年设甘州行省，1286年设甘肃行省，治所均在甘州。监察机构上，甘州属陕西行御史台的河西陇北一道，其治所也在甘州，1283年忽必烈又将陕西行省下属的巩昌（今甘肃陇西）按察司移至甘州。1295年，元朝将宁夏行省并入甘肃行省，至此，甘肃行省辖甘州路、永昌路、肃州路、沙州路、亦集乃路、宁夏路、兀剌海路等七路和山丹州、西宁州两个直隶州及西凉州、瓜州、鸣沙州、灵州、应理州等五个属州，行省治所设在甘州路。1311年，元朝在甘州设立甘肃行枢密院，总领甘肃行省军务。（图6-39）

作为游牧民族的大元帝国入主中原以后，当初并不习惯于地方行政管理，也不重视农业发展，后来有了觉悟和认识，开始注重地方稳定、农业生产和经济发展。面对河西地区连年战乱、土地荒芜、粮食歉收、水旱灾害频发、盗贼和周边民族侵扰等社会现实，采取赈济灾民、安顿流亡，诸色计户、分类编籍，整治水利、军户屯田，修城建仓、储运粮谷，畅通驿道、保护商贸，倡行佛学、兼容各教等各项措施，使甘州的社会生活和经济发展趋于稳定和回升。例如元朝名臣董文用，在任职中兴等路行省郎中期间到河西督垦，倡导兴修水利、开渠引水，还从中兴（今银川）引进稻米，改良甘州稻种，形成了日后闻名西北的"乌江贡米"。元朝还曾派遣部分收编军队到甘州屯田，并诏令西征军队留驻甘州屯田。据《元史·食货志》记载，1281年四川宣慰司都元帅刘恩率军远征斡端（今新疆和田一带），路过甘州时留驻军士屯田，在甘州黑山、满峪、泉水渠、鸭子渠（今临泽一带）等地兴修水利、开荒垦田。甘州的商业也逐渐复苏。元朝统治时期海运时禁时通，海上丝绸之路没有新的发展，游牧民族惯于马行的

从上至下：
图 6-40 元代青瓷碟
图 6-41 元代青瓷碟
图 6-42 马蹄寺元代彩塑罗汉头
图 6-43 马蹄寺元代彩塑罗汉头

特点，使陆上丝路再度复兴。钦察汗国、察合台汗国、伊利汗国等都与丝路相通，畏兀儿人、回鹘人及阿拉伯、欧洲等国官使、僧侣、商人往来活跃于丝路之上。处在河西地区中心、丝路中线节点路口的甘州，成为东西产品集散、交流和粮食、牛马、皮毛等的买卖市场。（图 6-40、图 6-41）

同时，为了协调和统治不同民族，元朝在宗教方面采取了兼容并蓄的态度和政策，出现了以藏传佛教为主，基督教、伊斯兰教、景教、道教等各行其道的包容局面，以及军政机构、宗亲、宗教相结合的政权结构。促成"凉州会盟"的萨班及其侄子八思巴，在推动中央政府对西藏正式行使行政管辖和传扬藏传佛教方面厥功至伟，河西地区深受影响。甘州在唐代由吐蕃统治近 100 年，又经西夏统治了近 200 年，本就受到藏传佛教及西夏密宗教义的浸染，佛教传承基础深厚。而元代宗教又以萨迦派为主导，因此佛教活动依然兴盛，现在马蹄寺石窟群留存的众多元代石龛石塔等遗迹便可以佐证，《马可·波罗游记》中也有反映。元代时，意大利旅行家马可·波罗与父亲、叔父三人从居延古道南上到达甘州并驻留一年。在他的眼里，甘州有宏伟的基督教堂，有许多佛殿庙宇，装饰富丽奢华、金碧辉煌，石雕、木雕、泥塑贴金等神像大小不一、千姿百态、应有尽有，出家修行的僧侣生活清苦、吃斋茹素、不近女色等。由此可见甘州地带宗教活动之盛和佛教文化的流行。（图 6-42、图 6-43）

图 6-44 台北故宫博物院藏青花藏文穿花双莲纹僧帽壶
图 6-45 西藏博物馆藏景泰蓝僧帽壶

　　肃南墩台子村出土的这件僧帽鸭嘴流铜壶,即是元代藏传佛教在张掖一带盛行的实证之一。僧帽壶口沿部分的"僧帽",顾名思义即是僧人冠帽,它前低后高,如竖立的莲瓣,极像五佛冠外沿;壶盖包于其中,既有僧帽形迹,又有藏、蒙古等民族尖顶帽的特征,让人一看即明白此为佛教元素与草原民族风格融合的产物。僧帽壶最早出现于宋元时代的涉藏地区、西夏及辽金、蒙古统治区,多为铜质,中原宋多为瓷器,是佛教文化影响下形成的民众生活实用器,与后来清代流行的僧帽直筒多穆壶一样,是草原民族盛放酥油茶的用具,所以形体敦厚、腹部饱满、结实耐用。初期壶颈较粗、嘴流略短,后来变细变长,形制也更加丰富多样,无论实用性还是艺术观赏性都更趋完美。(图 6-44、图 6-45)

　　醉里乾坤大,壶中日月长。一把不大的铜壶,流淌着充溢酥油茶香的时光,存留着一个地方和民族过往的气息,钩沉起一段销声匿迹的非凡历史。

宣示身份、通关传信的罗罗斯铜牌

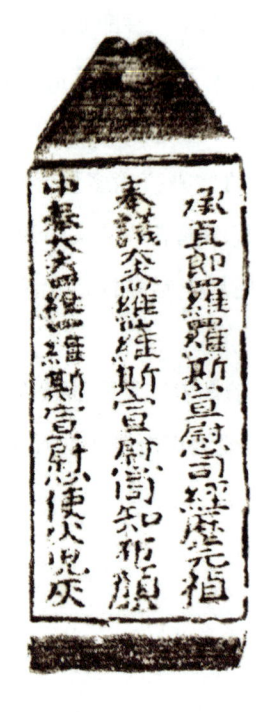

图6-46 元代罗罗斯铜牌。长9厘米，宽3.2厘米，铜质，「圭」形。国家一级文物，路易·艾黎捐赠，现藏于山丹县博物馆

我们现代人坐火车、乘飞机、进关口、出国门以及办理公私事务，身份认定凭的是身份证、护照及工作证、公函、单位介绍信等，而古人过关通驿、赴任宣令，是怎么证明"我就是我"的呢？原来，古代也有与现代身份证类似的东西，那便是符牌、传信等。符牌重在表明身份、传达指令、调动军队等，传信为通关凭证或文牒，重在准入通行，根据情况两者或单独或配合使用。不过，它们并不为一般人所拥有，而是官员、使节、商人及具有特殊使命的人才使用。

符牌的历史非常古老，最早见于史书记载的为兵符，是兵权及君权的象征。《史记·五帝本纪》记载，黄帝"东至于海，登丸山，及岱宗。西至于空桐，登鸡头。南至于江，登熊、湘。北逐荤粥，合符釜山，而邑于涿鹿之阿"。是说黄帝往东到过东

图 6-47 汉代张掖都尉棨信（张掖肩水金关遗址出土）

海，登上了丸山（今山东潍坊境内）和泰山；往西到过空桐（今河南商丘境内），登上了鸡头山；往南到过长江，登上了熊山、湘山（今湖南长沙境内）；往北驱逐了荤粥部族（即后来的匈奴），来到釜山（今河北怀来境内）与诸侯合验了符契，在涿鹿山（今河北涿鹿境内）下建起了都邑。这里的"合符"，就是验证符节。符，是古代君王和朝廷发布、传达命令或调动军队的信物，通常用竹板或金玉制成，上面刻有文字或图案，一剖两半，授权者和执行者双方各执一半，使用时两者相合以验真假，叫作合符。

《周礼》中关于符的记载更为具体："珍圭，以征守，以恤凶荒。牙璋，以起军旅，以治兵守。"珍圭、牙璋都属符牌，珍圭代表君权，牙璋代表兵权，具有至高无上、绝对服从的权力象征。最为我们熟知的，是《史记》中关于战国时期信陵君窃符救赵的故事。魏公子无忌听从门客侯嬴的计谋，让如姬偷取了魏王身边的虎符，假传君令取代前线将领晋鄙，率军解救了被秦军围困的赵国。如姬窃取的虎符，就是魏国兵权的凭信符牌。东汉许慎《说文解字》："符，信也。汉制以竹，长六寸，分而相合。从竹，付声。"符，是信物凭证，符牌即信牌之意。（图 6-47）

随着社会发展和行政管理的需要，符的使用范围和功能逐渐扩大。秦汉以前主要用于军事行动中传达命令、调兵遣将的"虎符"，隋唐及以后延伸到任命官员、赏赐功臣、通关过隘、验证身份和查验各种军政、经贸、传驿等事务所需的各类符牌，以及普通吏民通行关隘所使用的传信、棨等。符的形制也更加多样，材质有金、铜、玉、角、竹、木、帛、铅等，形状有虎符、鱼符、兔符、龟符及长形牌、圆牌、方牌等，功用有兵符、腰牌、牙牌、门符、信牌、驿符等，且随之产生了符牌和传信的使用

图 6-48 山丹馆藏汉"长社太守"虎符

规格、级别、方式等规章制度，成为古代政权管理体系的组成部分。

宋元以后，原来的鱼符、兔符、龟符等或废除或消亡，辽、金、西夏、蒙古等草原民族政权则采用更趋简洁实用、通称"腰牌"的符牌。如元代符牌主要有金虎符、金牌、银牌、海青符、夜行牙牌、牙符、夜巡令牌等，使用时无须合符查验，直接出示符牌就可以执行军命或其他公务。明清时期开始通行牙牌、腰牌，明朝的牙牌主要为朝臣使用，刻有官员的姓名、官职，有的还刻有使用范围、禁令等，与官印、私印、朝服等配合使用。如《明史·志第五十·职官三》载："尚宝司。卿一人，正五品少卿一人，从五品司丞三人。正六品。吴元年但设一人，后增二人。掌宝玺、符牌、印章，而辨其所用。"同时，朝廷还沿旧制保留一些特别的符节，如《明会要》卷二十四《舆服下》载："洪武四年五月，造用宝金符及调发走马符牌。用宝符为小金牌二，中书省、大都督府各藏其一。有诏发兵，省、府以牌入内府，出宝用之。走马符牌铁为之，共四十，金字、银字者各半，藏之内府，有急务调发，使者佩以行。寻改为金符。凡军机文书，自都督府、中书省长官外，不许擅奏。有诏调军，省、府同覆奏，然后纳符请宝。"可见，明代在重要军事行动等活动中仍沿用了古代的"兵符"制。清代的符牌与前朝有所不同，不再是虎符和各类金银铜牌，变成了银、铜关防和铜条记，区分和管理比较严格。使用银关防的只有直隶总督、巡抚和总管健锐营及八旗传事等几个级别的官吏，而比较通行的是出入门禁的腰牌、乘马牌、令牌等。腰牌的内容更加具体，已有编号、年龄及相貌特征、发牌年代等，已接近于现代的身份证，不过仍是有一定身份和差使的人所使用，不同于普通大众的"身份证"。（图6-48）

路易·艾黎捐赠、山丹县博物馆收藏的这枚罗罗斯铜牌（图6-46），即是元代使用的符牌之一。它通长9厘米，宽3.2厘米，是尖首方尾的标准"圭"形。上有一穿孔，牌面长方形边框之内铸有阳文楷书3列，释文为"中奉大夫罗罗斯宣慰使火儿灰、奉议大夫罗罗斯宣慰同知布颜、承直郎罗罗斯宣慰司经历元祯"。"罗罗斯"是对地名或民族的称呼，元代专指今四川凉山彝族等少数民族及其居住地，又名罗罗人、罗罗思、鲁鲁厮、罗罗章等。元朝建立后，元始祖在这里设置罗罗斯宣慰司。《元史·百官志第四十一》载："宣慰使兼管军万户府。宣慰使三员，同知、副使各一员，经历一员，都事二员，照磨兼署管勾一员。"符牌中的宣慰使、同知、经历，均为宣慰司官职名，火儿灰、布颜、元祯则是人名。元代在西南、西北实行土司制度，宣慰使由蒙古贵族担任，副使以下地方官吏由少数民族首领担任并世袭。符牌中的中奉大夫、奉议大夫、承直郎，是火儿灰等人担任的朝官职务名称。这块铜牌主要铸刻官职和人名，重在表明身份，便于通关、宣令等，是元代比较通行的官员符牌之一。但因是西南少数民族地区官员的符牌，数量本来就少，保存至今的甚为少见，具有重要的文物研究价值。

　　被称为"罗罗斯"的四川凉山，唐朝在此建立越巂郡，后为建国于云南的南诏国所并，置建昌府，故又称建昌、建都。元世祖至元十二年（1275）设罗罗斯宣慰司，下辖建昌等五路二十三州（今四川大渡河以南、大凉山及金沙江以西地区），治所在建昌路（今西昌）。至元十九年（1282），罗罗斯宣慰司改隶云南行省。山丹博物馆收藏的这块符牌，当属罗罗斯宣慰使在改隶云南行省前的六七年间所使用，火儿灰、布颜、元祯等人不见于其他史料。据《元史·世祖本纪》记载："乙巳，大理等处宣慰都元帅宝合丁、王傅阔阔带等，协谋毒杀云南王，火你赤、曹桢发其事，宝合丁、阔阔带及阿老瓦丁、亦速夫并伏诛，赏桢、火你赤及证左人金银

上：图 6-49 山丹馆藏唐代铜鱼符
下：图 6-50 山丹馆藏唐代铜龟符

有差。'"乙亥，谕枢密院：'比遣建都都元帅火你赤征长河西，以副都元帅覃澄镇守建都，付以玺书，安集其民。'""辛卯，改荆湖、淮西二行枢密院为二行中书省：伯颜、史天泽并为左丞相，阿术为平章政事，阿里海牙为右丞，吕文焕为参知政事，行中书省于荆湖。"根据这几段史料所记事件发生的地点、时间等推论，至元八年（1271）宝合丁、阔阔带毒杀忽必烈庶子、云南王忽哥赤后，参与揭发、处置并杀死宝合丁等而获得赏赐的火你赤、曹桢，和至元十一年（1274）担任荆湖行中书省左丞相的伯颜，可能即是符牌中所说的火儿灰、布颜、元祯等，或许因译音、异译不同而造成记载的差异。到至元十二年（1275）设置罗罗斯宣慰司时，三人

图 6-51 山丹馆藏西夏文荷叶纽腰牌

同为宣慰司官员，火你赤还担任建都都元帅，出征过长河西（今四川省甘孜藏族自治州东部）。由此推测，罗罗斯铜牌当是三人同在宣慰司执政时共同使用，也可能还随火儿灰出征过长河西。

至于这块铜牌为何出现在河西地区，是路易·艾黎从其他地方获得，还是本就收集于河西地区，已经不得而知。如果收集于河西地区，那么火儿灰等人可能后来到过这里，或者其后人们带到了这里也未可知。不过，不管它出现和收集于哪里，作为元代西南少数民族官员曾经专用且存世极少的特殊符牌，对于研究我国民族历史、元代官职结构及符牌制度等，都是极其重要的实物资料。

除了这块元罗罗斯铜牌，山丹县博物馆还珍藏有汉代兵符"长社太守"铜虎符（图 6-48）、唐代"左武卫将军传佩"随身鱼符（图 6-49）、唐"神策军"所用的铜龟符（图 6-50）、西夏文荷叶纽腰牌等珍贵符牌（图 6-51），为研究它们所处时代的政治特点、军事机制、官僚体系、典章制度及古代符牌演变历史等，提供了丰富而重要的考古信息。

"朱牌面上分官契，黄纸头边押敕符。"一张小小的符牌，可以调动千军万马、挥戈四面八方，可以驿骑如流星、关山度若飞，可以官爵辨高低、地位分贵贱，可以留下救赵出奇谋、千古留英名的传奇，也可以制造山顶千门次第开、一骑红尘妃子笑的闹剧……

第六单元 结 语

河西走廊地理位置和自然资源的特殊性和重要性,在大一统的和平时期往往会被忽视,而在政权分立、战事频发的纷乱时代才会被彰显和放大。两汉交替之际,窦融据此自保坐大;魏晋南北朝时期,五凉政权据此强军立国;唐中期安史之乱后,回鹘、吐蕃势力先后拥此自重;北宋王朝没能有效控制河西走廊,党项羌攻陷甘州回鹘,河西地区作为西夏畜牧业和农业的后方基地,为西夏提供马牛羊驼和粮食等军需、民用物资,成为西夏王朝与宋、辽、蒙古抗衡的重要保障;蒙古政权时期,河西走廊成为忽必烈与阿里不哥汗位之争的决胜之地,也是推动西藏归属中央政府管辖的"凉州会盟"之地,对忽必烈称帝、元朝的建立及藏传佛教的传播产生了重要影响;元末明初、明末清初,河西走廊都是政权最终交替的决胜战区,北元政权据此牵制明军主力直至大势尽去,清军入关后即在这里攻灭李自成起义军贺锦部的最后势力,并由此完成了对西藏局势的控制;中国人民解放军也是"明月出天山(祁连山)",通过河西走

上：图 6-52 西夏小口瓷釉瓶
下：图 6-53 西夏小口瓷釉瓶

廊进军新疆。中国历史上政权更替、王朝兴亡的无数故事，都与河西走廊的得失盛衰息息相关。

本单元选及的铁拒马、兽头瓦当、黑河桥敕碑、罗罗斯铜牌、佛教造像、建筑兽头、僧帽壶等文物，是西夏王朝和蒙古帝国统治河西走廊时的典型遗存，从不同侧面反映了张掖地区当时军事、政治、宗教、文化诸方面的社会信息和生活状态。（图6-52、图6-53）

第七单元

龟鹤蝠鹿祈延年

——明清以降的甘州遗韵

头脚反对、立卧自如的鎏金四喜铜娃

天真无邪谁堪怜?最是人类幼崽。博物馆展柜里,这件长高不过 5 厘米的童子造像(图7-1),绝对能吸引人们的眼球。

一对臀腹滚圆、胖头胖脑的童子,光头光腚,赤膊赤足,头顶盘留一撮如意髻,身着菱形祥云绣花小肚兜,腕、项佩戴童锁童镯,一手拿如意,一手握元宝,仰首屈腿,相互托举作摔跤嬉戏状,天真活泼,顽皮可爱。尤其令人称异的是,看似只有两个童子,可无论怎么旋转放置,上下左右四面却各有一个童子,或立或卧,或背或对,或脊背向外,或肚皮朝天,身体结构却非常合理,动作形态也十分自然——原来,设计者利用中心体内外弧线变化,巧妙地将其转换为四个童子的腹部和背部,而头部和手脚却两两共用,于动感中找平衡,因此形成了四童戏耍的视觉效果,真是构

图7-1 明代鎏金四喜铜娃造像。铜质鎏金,高4.5厘米,长5厘米。路易·艾黎捐赠,现藏于山丹县博物馆

图7-2 民间剪纸童子像
图7-3 张掖馆藏明代白釉枕童子像

思奇特，造型绝妙。(图7-2)

"夫妇齐眉笑，儿孙绕膝行。"童子形象，在中国传统文化尤其是民俗文化里，历来具有欢乐喜庆、吉祥如意、多子多福、和谐美满的象征意义，因此在绘画、雕塑、刺绣、剪纸等造型艺术中常常出现。无论在哪个时代，童子的形象大都是白白胖胖、圆头圆脑，面部饱满丰润，笑容天真无邪，或憨态可掬，或顽皮嬉戏，或扎牛角辫，或留如意髻，或手捧寿桃、襟绣荷花，或怀揣元宝、脚踩鲤鱼，或牵引五彩斑斓的风筝，或燃放红红火火的鞭炮……总之，中国民俗里所有象征家庭美满幸福的意象，皆可与童子关联，既"招喜"，也"善财"，既欢悦眼前，也预示未来，人见人喜，神见神爱，因此成为文化艺术特别是民俗造型艺术中常常表现的对象。而正因为常见，也就造成了千篇一律、"千娃一面"的现象。而山丹馆藏的这件童子造像，却匠心独运、别开生面，初看眼目一亮，再看心生好奇、想探究竟，一双变两对，两童成四童，设计之奇巧、结构之精美，令人叹为观止，称作"四喜娃娃"可谓名副其实。从中也可反映出明朝时期河西地区人民对和平安宁、子孙欢乐、家庭幸福、生活美满的美好向往，以及造像工艺向精巧细致和民俗生活过渡的倾向。(图7-3)

明王朝建立后，逐步统一了全国。明太祖洪武五年（1372），征西将军冯胜攻破甘州、肃州的元军，结束了蒙古自1226年进驻甘州后近一个半世纪的统治。明王朝改元代的甘肃行中书省为陕西承宣布政使司、甘肃行枢密院为陕西都

图 7-4 山丹馆藏明四喜铜娃

指挥使司，后又分设派出机构"陕西行都指挥使司"，并将治所由庄浪（今永登）移至甘州，下领甘州左卫、甘州右卫、甘州中卫、甘州前卫、甘州后卫、山丹卫、肃州卫、永昌卫、凉州卫、镇番（今民勤）卫、庄浪卫、西宁卫等十二卫和碾伯（今青海乐都）、镇夷（今高台天城）、古浪、高台四个守御千户，专门管辖河西、河湟地区军政事务。仅甘州就设五卫，连同山丹即是六卫，由此可见明王朝对甘州的重视。这是因为，甘州是明王朝以长城为依托的西北九大边防重镇之一，"以夹一线之路，孤悬两千里，西控西域，南隔羌戎，北遮胡虏"（明魏焕《九边图考》），"外通哈密，内接关辅，边陲锁钥"（《甘肃通志》），地理交通和军事地位举足轻重。（图7-4）

经历了元末战乱，许多地方已是满目疮痍、民不聊生、人口锐减，为了恢复农业生产、发展经济，明王朝推行军屯、"移民就宽乡"等政策，以图边防稳定牢固、地域人口均衡、天下长治久安。从太祖朱元璋开始至成祖朱棣的50年间，明王朝开展了规模浩大的移民运动，先后移民18次，其中洪武年间10次，永乐年间8次，涉及18个省、500多个县、880多个姓氏。作为西北边防重地的河西及张掖，自然是明王朝行政施策的关注重点，军屯民垦、移民兴农成为基本举措。首先是大力推行军屯，以屯养军，以军维稳。《洪武实录》卷二四九记载，洪武二十四年（1391），"遣陕西安右卫及华阴诸卫军官八千余人往甘肃屯田"，其中大部分调至甘州五卫和山丹卫屯垦。洪武三十年（1397），朱元璋诏命就藩甘州的肃王朱楧"督军屯粮"。《重刊甘镇志·屯田》记载，明英宗正统三年（1438），甘州巡抚都御史、户部侍郎罗汝敬曾分派甘州各卫屯田与科田的份额，可见当时不但下诏发令，还分任务、定指标，甘州各卫都有军垦、民耕的分项指标。据《甘州府志》记载，永乐年间（1415年前后），河西地区驻军7万

图 7-5 四喜玉娃

余人,屯田 350 万亩;英宗天顺年间(1460 年前后),甘州五卫的田额超过 80 万亩;孝宗弘治年间(1500 年前后),甘、凉十一卫屯军 7 万余人;嘉靖年间(1544 年前后),选精壮屯丁 2.5 万人驻甘州各卫屯田,并将屯边抛荒地予民开垦,永不起科(不纳入科田征收赋税)。由此可知,明王朝的军屯政策一直在河西地区延续不断。这种以军屯田、以卫编户、卫下设堡、堡塞一体和战时守卫、平时耕种、以军促耕、耕战一体的军屯机制,达到了"安边御虏,足食力先"的效果,有效促进了社会稳定、经济发展。(图 7-5)

其次是吸纳安置普通移民,招募管控流亡饥民、贬谪流放或犯罪人员等民屯科田。据《甘州府志》记载,洪武初年徙山西山东等地移民数十万于河西垦荒屯田,永乐年间徙京畿饥民至甘州凉州屯田就食。"欲兴屯田,必开水利。"为了完成屯田份额、增产增收,甘州各卫军民积极兴修水利灌溉渠系,"于左卫之募化、梨园,右卫之小满、龙渠,中卫之乌江、河西(黑河之西),山丹卫之白石崖等处,悉力经营"。前后兴修整治阳化渠、慕化渠、虎喇孩渠、城北渠、阿薛渠、小满渠、鸣沙渠、昔喇渠、板桥渠、西洞渠、永济渠、洪水渠、义德渠、暖泉渠、童子寺渠、白石崖渠、纳凌渠、黑泉渠等 110 多条,可灌溉 110 多万亩田地,甘州耕地达到 150 万亩。明代江西宜春人、曾任甘肃行太仆寺卿的官员诗人郭绅《观刈稻诗》云:"甘州城北水云乡,每至深秋一望黄。穗老连畴多秀色,实繁隔陇有余香。始勤东作同千耦,终庆西成满万箱。怪得田家频鼓腹,年丰又遇世平康。"就是对甘州农业景况的形象描述。

然而,从明朝人口状况和社会实际看,民众的农业收入和生活水平并没有达到"满万箱""频鼓腹"的地步。据《重修肃州新志·高台县志》相关资料统计,明洪武年间,甘州五卫加山丹卫有 20800 余户、43600 余人,而到了一个半世纪之后的嘉靖年间，甘州五卫加山丹卫再加镇夷守御、高台两个千户所，却只有17730余户、31400余人，人口数量不增反减，而且竟然减少了3000多户、12200多人。万历之后到明朝末年，明王朝更是风雨飘摇、动荡不安，甘州人口只会更少。为什么会出现这种情况？原因有以下几个方面：

一是明代西北边防一直并不安宁，河西走廊长期受到西域部族和元朝残余势力的不断侵扰。明王朝尽管在嘉峪关以西、哈密以东设立了八个卫所，称为关西八卫，但最远处也只达到新疆地区最东部的哈密，且卫所指挥使、守备多由原来投降的当地蒙古首领及部族人员担任，而哈密卫不久即被东察合台后王占领。明中期以后，这些卫所陆续反叛、裁撤，明王朝不得不放弃关西八卫，退回嘉峪关防守，嘉峪关成为明朝的西边国境。新疆东部的吐鲁番汗国日渐强盛，经常进犯嘉峪关和河西走廊，肃州、甘州首当其冲。明武宗正德十一年（1516），满速儿汗再次入侵肃州，嘉峪关失守，明王朝从此进一步向东退缩，失去了对西北地区的控制权。边境不安，百姓不稳，河西及甘州的人口自然会迁移、流亡。

二是边关失守、城池陷落后，人口被西域或北方攻掠者经常掳掠。西域蒙古部族侵扰内地后，除了抢劫牛羊、粮食和财物外，还掳掠大量汉族及其他少数民族人口为上层贵族做奴隶。明嘉靖年间曾任兵部尚书、督甘肃屯政的刘天和在《上言边计疏》中有"历年被驱掠在虏中者，常达数万人"的说法，虽有虚夸成分，却反映了河西地区人口常常被掳掠的实情。

三是科田赋税及地方官绅的盘剥，以及修筑边防长城等繁重的徭役、明末农民起义军李自成部将贺锦围攻甘州等，加速了河西地区及甘州的人员流亡和人口锐减。军屯、民垦有份额和任务，就藩的肃王、地方官吏、边防军吏及地方豪绅层层加码、巧取豪夺，加之修建长城、加固关城等征发徭役，百姓生活苦不堪言。修筑长城是明王朝加强西北关防、抵御少数

图 7-6 现代仿明四喜铜娃

民族侵扰的重要措施之一。甘肃境内的明长城,是在汉长城的基础上重新整修而成,东起庄浪(今永登),西至嘉峪关,全长 700 多公里,目前山丹至张掖段仍有部分明长城保存基本完好。除了整修长城墙体,百姓还要修筑墙壕、烽燧、城障等大量配套设施,州府及各卫所城池等也要维修加固。征召不断、繁重不堪的徭役,也成为河西地区及甘州各卫人口流失、削减的重要因素。

  由此可知,明朝时期的张掖,并不像当时一些文学作品中描绘的"塞上江南""鱼米之乡"那样一派繁荣富庶,而是总体上关塞不宁、祸乱时发、徭役不断、赋税繁重,乡土凋敝、民生维艰。处于这样的生活环境,老百姓自然会生发对平安无虞、衣食无忧、家庭团圆、儿欢孙乐、和谐美满的幸福生活的向往,期盼享受那份"最喜小儿无赖,溪头卧剥莲蓬"的天伦之乐。所以这一时期童子招财、娃娃讨喜、四童嬉乐、五子拜寿等祥瑞喜庆题材,必然会出现和习见于民俗生活用品和文化艺术作品。心思神往,想象力和创造力非凡的民间手工艺人灵光一闪,一件小巧玲珑、匠心独运的"四喜娃娃"便由此活跃在我们面前。当然,这只是我们站在藏品展柜前的一种推测,这件令人心生欢愉和好奇的四喜娃娃,究竟出自什么具体背景、由什么人在什么时间什么地点怎么构思铸造,如今已经无从知晓,只给人们留下了无尽的探求与遐思空间。(图 7-6)

端庄无比、优雅至极的释迦佛铜坐像

图7-7 明代释迦牟尼佛坐像。青铜质,高34厘米。原张掖县文化馆收集,现藏于张掖市(甘州区)博物馆

如前文"四喜铜娃"所述,由于边疆不宁、徭役不断、赋税繁重、人口稀少等,明代的甘州地区实际上并不富庶,很多地方倒是荒凉凋敝、民生艰苦,就连谪戍甘肃的将军诗人郭登在一诗中都曾感慨:"但令四海歌升平,我在甘州贫亦乐。甘州城西黑水流,甘州城北胡云愁。玉关人老貂裘敝,苦忆平生马少游。"(《送岳季方还京》)。人老衣破,边关愁云,一幅偏远荒芜的塞上景象,虽有文学夸张和情绪色彩在里面,仍不失现实生活的基底。可奇怪的是,甘州的宗教文化却依然兴盛,鬼神、道仙、佛教等信仰比较普遍,宗教建筑、造像及相关文化活动一直延续不断。据《重刊甘镇志·建置志》记载,明代甘州五卫、山丹卫及镇夷守御千户所、高台千户所辖区内,有行都司社稷坛、风云雷雨山川坛、厉坛等坛祀3座,有宝圣庙、城隍庙、马神庙、关帝庙、龙王庙、仙姑庙、三官庙、火神庙、雷神庙、启圣祠、甘泉祠、文昌祠等各类祠祀50多座,有佑善观、显应观、清源观等道观5座,有宝觉寺(大佛

图 7-8 张掖馆藏明代铁佛

寺)、万寿寺、崇庆寺、白塔寺、普观寺(马蹄寺)、宏觉寺、土佛寺、发塔寺、观音寺、文殊寺、石洞寺等佛寺 30 多座。这些祠祀、寺观,有些是前代的遗存,有些是明代重修或兴建,从统计数量看,除了各种神祀、圣贤祀和祖祀等综合计数外,佛教寺院显然最多。

一个地方的宗教文化之兴盛,与政治、经济、文化、地理环境等多种因素相关。就甘州而言,一是地处丝绸之路河西走廊节点,最先受到佛教东渐的浸染;二是历代统治者或地方割据政权倡导推广,佛教文化基础相对深厚;三是民风敦厚,人心向善,与佛教教义相契相合;四是甘州在河西地区农业经济条件相对较好,很多时期战乱相对较少,社会相对稳定,建寺、造像、译写经等活动,有一定的环境保障和经济支撑。可是,明代的甘州社会环境并不安稳,民众生活相对贫苦,为什么延续了对宗教特别是佛教信仰的热情?这可能便是心理学中的期盼心理或期待效应:人们对生活中越是需要却又十分缺乏、无法满足的东西,总是会产生许多美好的期盼、联想和想象,于是或通过某种文学艺术形式予以表达,或寄托于某种神祀、宗教,以期得到帮助来达到目标或寻求心理安慰、身心解脱,就像希望生活如意、家庭幸福而铸造吉祥喜庆的四喜娃娃,陷于苦海而想从佛教中寻求解脱。这也是为什么越是偏远艰苦地区,神祀、宗教信仰越是盛行的原因之一。(图 7-8)

对于神祀的尊奉,张掖境内莫过于对自然之风雨雷电、山川大地诸神的崇拜,特别是水旱灾害频发的年代,张掖民众对水神龙王的尊崇祭祀尤为普遍。过去张掖境内的龙王庙随处可见,且历代均有重建或新建。黑河干流、山丹河、洪水河等流量稍大的河流沿岸,都有大小不一、形制各异的龙王庙，仅甘州黑河城区段就有上、中、下三处龙王庙。《甘州府志》就辑存有多篇明清时期兴建或重修龙王庙的碑记，如明代监察御史、山东青城人牟伦谪戍甘州时撰写的《修上龙王庙碑记》，其中除了交代重修上龙王庙的缘由、形制规模、参与事功人员及敬神保土、祈雨利民的祈愿等内容外，重点对四灵之一的龙神加以颂扬。说龙神呼气成云，变幻莫测，穷游天地之间，掌管雨水甘露。旱时向它祈求，便会乌云密布、甘霖大作、千里雨足；涝时向它祷告，便会阴云四散、阳光普照、万里干爽；疫病发作、战火纷扰时向它祈祷，也常会转祸为福、顺心遂意。一位官员的认知和心理尚且如此，普通民众对龙王的崇信可想而知。

对道教的信奉和传播，在张掖境内也有一定的市场，且常与神祇信奉相互糅合。明代甘州见于记载的道教活动场所，有佑善观（元真观）、显应观、素鹤观、清源庙、元帝观等庙观，各龙王庙、青龙寺等庙宇也供奉道教神祇。明代武术家、太极拳创始人、武当派开山祖师张三丰云游甘州、羽化成仙时留下三宝的传说，一直在张掖民间流传。张三丰在民间被称为邋遢道人，传说他曾云游到河西地区，在甘州张指挥园中居留了10年。人们见他丰姿魁伟，大耳圆目，须髯如戟，寒冬腊月只穿一件单薄衲衣，有时一餐能吃升斗，有时数日一食或数月不食。一日清晨忽然不知所踪，只见张指挥家中桌柜上有三样东西：一只斗笠，一个药葫芦，一张八仙过海图。后来才知，葫芦里的药丸、斗笠上的蓑草、八仙图中的"寿"字有医大病、治怪疾、强体延寿的特殊功能。同

图 7-9 张掖北武当寺

类传说在明杨仪《高坡异纂·张三丰传》、王兆云《白醉琐言》及清乾隆时《盛京通志·仙释》《甘州府志·杂纂》等书中均有记载，可见张三丰生前云游甘州留仙物的传说流传之广，从中也折射出人们希望除病去疾、健康幸福的美好意愿。（图7-9）

佛教信仰和佛事活动在张掖境内最为普遍，佛寺多、碑记多、经卷多，是明代张掖佛教文化的突出特点，而且有些寺名、碑记及经卷是皇帝亲题或敕赐的。修建于西夏的卧佛寺，曾在明朝宣德、永乐、成化、万历年间都进行过修葺重建，宣宗皇帝朱瞻基敕名宝觉寺（后来清康熙年间敕改为弘仁寺），并留下了《敕赐宝觉寺碑记》及《成化十三年记事铜牌》《重修弘仁寺碑记》等关于大佛寺的记事史料。还有胜泉寺是成祖朱棣敕名亲题，土佛寺是英宗朱祁镇敕名亲题，马蹄刺寺是武宗朱厚照赐题（存疑），普观寺（马蹄寺）是宣宗朱瞻基"敕赐田地山场"等，各有来历和名头。同时张掖留有《东乐胜泉寺碑记》《重建发塔寺碑记》《重建土佛寺碑记》《敕赐景会寺重建碑记》等众多重建佛寺碑记，以及大佛寺珍藏的明英宗敕赐刻印《大明三藏圣教北藏经》6361多卷、金泥银粉手书600卷及其他经卷等。这些都是当时张掖境内从朝廷、官府、执事太监、地方官绅到僧尼信徒、普通民众等信奉佛教、参与佛事的记录与反映。（图7-10）

佛寺众多，佛造像也就相对较多。就材质而言，魏晋至隋唐以石雕、泥塑为主，宋之后以泥塑、木雕、铜铸居多。张掖境内留存的佛

像，元代以前的多为石雕，明清时期以铜铸、木雕为多。由原张掖县文化馆收集、现藏于张掖市博物馆的这尊释迦牟尼佛铜坐像（图7-7），即是明代众多铜铸汉传佛像中的经典作品。

佛像为青铜材质，高34厘米。佛陀头饰螺发，双耳下垂，面部宽额丰颐、方圆相宜；弧眉修长，眉间白毫凸显，双目微合，眼睑低垂，似带微笑；秀鼻高挺，鼻翼线与眉线连为一体，形成优美的轮廓；美唇丰润，隐含笑意；身着宽边莲花纹袈裟，袒右肩露一乳，双掌相叠、拇指相接结禅定印，两足交叉置于两膝呈全跏趺坐；座下为双层仰覆莲台，下大上小，束腰相对，四周莲瓣上下对称，线条规整精细。佛陀面容和蔼亲善，神情端庄肃穆，结构协调匀称，造型典雅优美，观之让人目悦神安，心平气和。

张掖市县博物馆及民办博物馆，都藏有一定数量的明代铜佛像，它们的共同特征是：佛陀和观音面部宽平，方中见圆，丰满端正，眉眼细长，五官秀美，表情略带笑意，慈善祥和，静穆柔美；躯体结构协调，比例匀称，宽肩细腰，四肢健壮，袒右肩或上身，肌肤丰润饱满而不肥腴，手势柔美优雅而不做作，坐姿舒适安详，形态庄重大方；裙裳、帔帛轻薄贴身，线条流畅洒脱，褶绉流走自然、起伏逼真、曲折生动、富有质感，边缘纹饰刻画细致入微，裙摆覆膝铺座，膝部呈椭圆形群褶，裙边曲卷形如水波，给人以吴带当风、曹衣出水的飘逸感和律动感；造像皆配莲花座，多为双层束腰仰覆莲瓣组合，一周满饰莲瓣，上下对称分布，叶瓣饱满肥厚，莲头上翻，瓣尖饰卷云纹，台座上下边缘皆饰联珠纹，上小下大，平衡稳重，造型十分规整，装饰非常考究。整体上看，明代铜佛造像采用圆雕铸造工艺，造型完美，材质优良，做工精致，或铜质原体，或通体鎏金，流光溢彩，雍容华贵，显示出极高的审美水准和精湛的工艺水平。（图7-11至图7-16）

从上至下：
图 7-11 高台馆藏明代观音像
图 7-12 高台馆藏明代六臂菩萨铜像
图 7-13 张掖馆藏明代释迦佛铜座像

造像的精细规整、用心至极，是人们对佛极尽恭敬虔诚之态度和心理的体现。苍生拜佛，大多并非为了参禅得道、顿悟成佛、度己度人，而往往是身陷困境、跪佛求生。甘州境内的佛事活动和造像拜佛的兴盛，既与明代统治者对佛教的态度和政策相关，也与明朝中后期君臣懒政、国防虚弱、国势衰微、民不聊生的时势相关。明太祖朱元璋"起自寒微"，与佛教因缘密切，既深知"务释氏而能保其国者，未之见矣"的道理，又熟谙佛教可以"阴翊王度，暗助王纲"的心术。朱元璋明白尊奉佛教并不能保全国运，却可以辅佐王朝统治民众，所以在立国初期就选高僧侍诸王，以佛教的慈悲、戒杀等礼仪教育子弟、要求臣僚、教化百姓。同时又建立僧录司、僧纲司、僧正司、僧会司等中央和地方各级佛教机构，目的在于加强僧侣管理、控制佛教势力，防止佛教与地方或民间势力相互结合引起祸乱。因

从上至下：
图 7-14 明代药师佛铁像
图 7-15 张掖馆藏明代铁佛像
图 7-16 张掖馆藏明代阿弥陀佛带座铜像

此明太祖对佛教采取的是既推崇又限制、既利用又防控的态度。而后来的一些皇帝及地方官员、底层民众不明就里，盲目倡导、随从，于是造成了寺院林立、僧尼遍布、佛教向世俗化发展的现象。到了明朝中后期，有些皇帝完全背离了朱元璋的初衷，在佛教影响下施行仁政的同时，却走向了慵懒无为、怠于朝政的歧路。从而造成了行政治理松散、军务国防空虚、外族袭扰侵略、各地农民起义，埋下了王朝衰落崩溃的祸根。因此，明朝中后期甘州境内人们对佛教的崇信、造像拜佛的虔诚以及造像工艺的精熟，并非是河清海宴、国泰民安、文化繁荣背景下的产物，而应是边境不安、民生动荡的生活环境中人们拜神问佛、祈福求安的社会形态的反映。

金书银绘、富丽堂皇的大明北藏经

图7-17 明北藏经之手书《大般若波罗蜜多经》扉画。《大般若波罗蜜多经》手书卷长1220厘米,宽37.7厘米,绀青纸质,金泥银粉写绘。国家一级文物,张掖大佛寺遗藏

甘州大佛寺的藏经闻名遐迩,藏有唐宋以来的佛经近7800卷,其中明英宗敕赐官版刻印《大明三藏圣教北藏经》6361卷,保存完整、装帧精美,书法绘画高超,是国家一级文物。而尤为珍贵的是大佛寺明代手书《大般若波罗蜜多经》600卷、清代手书《大方广佛华严经》《大涅槃经》等

图7-18 《大方广佛华严经》扉画

藏经126卷，以珍贵的绀青纸为本，用金泥银粉绘画书写，绫锦包装，绘图精致，书法工整，既是佛经法宝，又是难得的书法、绘画艺术珍品，是大佛寺的镇寺之宝，也是国宝级文物。（图7-17、图7-18）

明朝皇帝大都信佛，建寺、造像、念经等佛事活动兴盛，佛经刻印业也随之兴起，官版、私刻藏经为历代之盛，前后有五次（种）大规模的刻藏：一是洪武年间刻于南京的《大藏经》，称为《初刻南藏》或《洪武南藏》；二是永乐年间再刻于南京的《大藏经》，称为《再刻南藏》或《永乐南藏》；三是永乐年间刻于北京的《大藏经》，称为《北藏》或《永乐北藏》；四是永乐末年刻于杭州的《大藏经》，称为《武林藏》；五是万历年间开刻，于清康熙年间完成并屡次增修的《嘉兴藏》。前三种是官刻大藏，后两种是私刻大藏。这几次刻藏，除了《武林藏》散失殆尽不知数目外，其他动辄一部六七千卷，《嘉兴藏》甚至上万卷，工程巨大，卷帙浩繁。

《大藏经》，是指汇集佛教一切经典而成为一部全书的总称，"藏"有容纳、收藏之义，也称《一切经》，简称《藏经》，内容包括经、律、论三部分，经是佛的言行理论，律是佛的戒律规则，论是佛弟子对经的阐明论述，分别称为经藏、律藏、论藏，故又称《三藏经》。

明英宗朱祁镇于正统五年（1440）敕赐甘州大佛寺的大藏经，是官版刻印的《北藏》。《北藏》始刻于明永乐十八年（1420），成于英宗正统五年（1440），一部全藏收经36函，6361卷，千字文编号，因刻于北京，故统名为《大明三藏圣教北藏经》，又称《永乐北藏》，简称《北藏》。（图7-19）

明英宗敕赐甘州大佛寺《北藏》，是为了彰显其"体天地保民之心""上为国家祝禧，下为生民祈福"的浩浩"皇恩"。敕赐《北藏》到达甘州大佛寺后，当时镇守张掖的钦差王贵等人，又召集僧院和地方的书画高手，将《北藏》中的《大般若波罗蜜多经》以绀青纸为本、用金泥银粉手抄了600卷，书写规整，绘制精湛，装帧精良。卷首曼荼罗扉画，金线交织，人物云集，场面宏大，整个经书精致富丽、流光溢彩，被佛学界誉为佛国天书、佛门瑰宝。

监造金银手书《大般若波罗蜜多经》的王贵,是明正统年间的御马监太监兼尚宝监太监,同时还是一位宫廷佛学法师,法名朵尔只省巴。正统元年(1436),明英宗派王贵为镇守陕甘的钦差大臣,坐镇甘州。明代很多皇帝比较宠信身边的太监,常常在各地派遣安插亲信太监以监督地方文武官员和军政事务。王贵实际上是当时甘州的最高执事人,所以才有权有势召集地方官员、寺院僧众、书画名流、装潢高手等,斥资完成耗时费力、数目可观的《大般若波罗蜜多经》金银手书。王贵这样做一是为了迎合英宗表忠心,"上以图报列圣宠赐之洪恩";二是为了感谢祖先荫佑,"下以孝资宗祖栽培之厚德";三是为了超度父母亡灵,以"泛慈航登彼岸";四是为了自身私愿,当时他已久病不愈,实有祈求佛祖保佑自身康复的意愿。可惜王贵并没有得到佛祖的垂怜,"未竟志愿,不遂而殁",手书工程由他的副手尚宝监左少监李贵继续监造,最终完成了计60函、600卷、20多万字的金银手书,给佛学界和后世留下了一批庄严辉煌、华丽无比的《大般若波罗蜜多经》金经。王贵在甘州期间,还促成了几件建寺造像之事:一是正统五年(1440),支持僧智莹等重建山丹县城西瞭高山脚的土佛寺,修建了重楼七层大雄宝殿,内塑13丈高的土佛(泥塑)坐像;二是正统六年(1441),做主在大佛寺万寿金塔旧址上建造了金塔殿和殿内三世佛铜造像,并组织将各界捐献及原金塔地基石函宝物计2500多件,重新装藏埋于金塔殿地宫,且记事于兴建金塔殿碑记,为甘州大佛寺留下了诸多宝藏和珍贵史料。(图7-20、图7-21)

大佛寺遗藏的手书金经,除了明代的600卷《大般若波罗蜜多经》外,还有清代抄本《大方广佛华严经》等126卷。清顺治至康熙年间,甘州僧纲司刘道津、弘仁寺总理长老熊祖柄、吕方佩等人募化筹资,招募邀集书画高手名匠,以姑苏坊刻本及其他藏本为蓝本,对《北藏》经卷进行补抄,仍仿照明代手书形式,以绀青纸为本,金银泥粉书写,并对原经卷封

上：图 7-20 《解脱道论》等经卷
下：图 7-21 《大般若波罗蜜多经》

皮、函套、裹经包袱等进行了整修，康熙三年（1664）完工，形成《大方广佛华严经》60卷、《大涅槃经》42卷及《大乘本生心地观经》等其他经抄24卷，共126卷，书画、装帧水平较明代手书更胜一筹。（图7-22）

明英宗敕赐官刻的《大明三藏圣教北藏经》、王贵督造真金手书的《大般若波罗蜜多经》及其前后的众多卷纸质藏经，距今已500多年，其间经历了战乱兵燹、匪祸盗患，而至今仍完好无损，张掖大佛寺是如何保存下来的呢？这要归功于大佛寺严格的藏经保管制度和僧侣们的敬奉守护，尤其是要感谢一位普通而不平凡的佛经守护人——本觉尼姑。明清时期，甘州地区边境不安、战乱频仍，大佛寺住持和执事僧徒用12个厚重结实的木柜，以锦

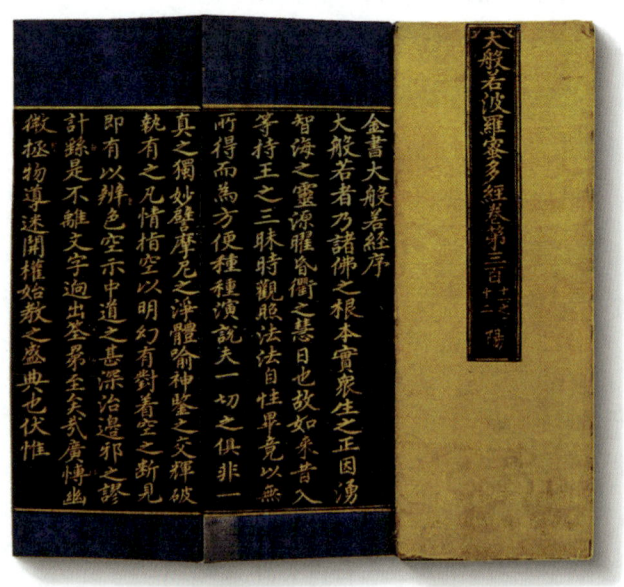

图 7-22 《大明三藏圣教北藏经》封皮、经函、裹经包袱

绢制成的内外套及包袱将这些经书裹封入柜存放，每遇危乱时便转移至密室藏匿。1937 年，日军飞机轰炸兰州，当时驻防河西地区的国民党马步芳部欲进驻大佛寺。为防不测，国民党张掖县党部委员、县佛教协会会长张声威与大佛寺住持妙显等人，组织僧众将佛经悉数转移至祁连山深处隐藏，后又秘密运回，将经橱用土坯砌封在藏经殿后部的廊柱之间。历代藏经的秘密，只有住持和几个亲信弟子知晓，并由专人接任传递守护。20 世纪 50 年代，本觉尼姑受托住进藏经殿旁的小屋看护佛经。尽管生活孤苦贫困，有时靠乞讨惨淡度日，但她始终不离不弃。直到 1975 年，74 岁的本觉尼姑因土炕起火被焚辞世，人们拆除烧残的小屋时，发现了封存在夹墙里的 12 个经橱，才明白了她坚守在此的原因。张掖大佛寺的最后一代私密守经人，因此被世人铭记。如今，张掖佛城广场、大佛寺藏经殿后院各有一尊汉白玉雕像，就是人们为纪念本觉尼姑而塑，雕像的莲花底座上，镌刻着本觉尼姑保护佛经的传奇故事。（图 7-23）

卷帙浩繁、富丽堂皇的经藏文物背后，隐藏着一个个鲜为人知的历史故事，关联着一个个普通而不平凡的

图 7-23 张掖大佛寺藏明清金银手书经册

历史人物——监造佛寺、督写金经的太监，虔诚执着的僧侣，尽心竭力的书画者，一丝不苟的工艺匠人，毕生坚守的护经人……英国史学家托马斯·卡莱尔说，历史由伟人创造。马克思恩格斯等唯物论者，也不否认英雄人物对历史发展的巨大影响。然而，一些历史的细节，却常常由普通而平凡的人书写。正是他们，在充实着故事的血脉和细节的筋肉，编织着社会生活的真实经纬，传承着一种向真向善、坚忍执着、尽心竭力、实干不懈的平凡精神。

尊奉神佛、化度众生的明清水陆画

图 7-24 梁武帝问法宝志禅师图。水陆画,清康熙年间绘制,布本,纵 140 厘米,横 85 厘米。原民乐县洪水堡弥陀寺遗藏,后由民乐县文化馆保存,现由民乐县博物馆收藏

水陆画,也称水陆帧子、黄箓神像等,是佛教寺院举行水陆法会时供奉的宗教人物画。水陆法会,全称"法界圣凡水陆普度大斋盛会",简称水陆法会、水陆道场、水陆斋会,民间也称悲济会、七斋会等,是佛教徒在寺院或某些临时场合设斋供奉佛神用以超度亡灵、拔救幽冥、普济水陆一切鬼魂的一种大法会。会场的四壁和堂上要绘制供奉的宗教人物画,也即水陆画,有佛、道、儒三教的诸佛菩萨、各方神道、人间社会各色人物等,代表法会所邀请的各界对象。

水陆法会,最初源于印度《拔救面然饿鬼出离地狱陀罗尼经》中的故事:佛祖释迦牟尼的弟子阿难,有天晚上梦到一个自称"面然"的饿鬼向他乞食,并说三天后阿难也将毙命,会像他一样坠入地狱沦为饿鬼。阿难醒后非常恐惧,向佛祖诉说求助,佛祖便传授阿难修设水陆道场、拔救面然饿鬼、为自己祈福延寿的方式和经咒。于是阿难便依言开设了水陆道场,救度所有饿鬼。这是印度佛经中关于水陆道场的起源。

图 7-25 问法图中的《水陆缘起文》

佛教东渐之后，最早在中国佛教界创设水陆道场的，据说是南朝梁武帝萧衍。民乐县博物馆收藏的这幅绘于清康熙年间的梁武帝问法宝志禅师水陆画（图7-24），所绘内容即为中原佛教水陆道场的缘起故事。图中上半部左边绘的是梁武帝与侍立臣属，右边绘的是宝志禅师（志公）与侍立弟子，梁武帝与宝志禅师对坐，各方神态虔恭，认真肃穆地问法说法；图中下半部为文字，黑底金色，书写的正是《水陆缘起文》，前面记录阿难梦见饿鬼面然、问法佛祖的印度佛经故事，后面记载梁武帝问法于宝志、亲自搜寻经典、创造仪文、开设道场一事：

梁天监二年正月十五日夜，梦一神告曰："六道四生，受大苦恼，何不作水陆大斋而救拔之？"帝问沙门，咸无知者，唯志公劝帝曰："广寻经典，必粗有缘。"乃取藏经置法云殿，躬自披览，创造仪文，三年乃成。帝建道场……天监四年二月十五日，于金山寺依仪文修设，帝亲临地席。诏祐律师宣文。（图7-25）

梁武帝夜梦神仙启示他应作水陆大斋以超度世间万物生死轮回的各种苦难烦恼，梦醒后问佛门僧人，众人皆不知水陆大斋是怎么回事，唯有宝志禅师劝告武帝，应从佛教经典入手，广泛搜寻，定会发现因缘。于是梁武帝找来各种经书，亲自阅览寻找，经过三年，最终依据佛经创造了水陆大斋的仪式规程、念诵的经文等，于天监四年（505）二月在金山寺开设了中国佛教界的第一次水陆法会。从此之后，开设水陆道场便成为佛教寺院特别是皇家寺院最为隆重的法事活动之一。与民乐县这幅馆藏图相近的画面和文字，在山西、青海和甘肃其他地方遗存的水陆画中也曾出现，说明南朝梁武帝创设中国佛教水陆法会的说法广为流传，且故事本身也成为后世水陆法会上绘制悬挂的水陆画的内容之一。

北周至隋初因战乱频繁、社会动荡，水陆仪文一度失传，至唐高宗咸亨年间（670—674）又被重新发现，水陆法会再度兴起，唐宋形成规模，元、明、清盛行。特别是每经战乱战事、皇帝登基等，朝廷和官府常会主导举办规模宏大的水陆法会，追悼超度战争中牺牲的忠臣烈士、阵亡士兵、死难民众，借以安抚民心、祈求太平。水陆法会一般要举行七天七夜，少则三天三夜，多则七七四十九天，设内坛、外坛，通过燃灯、焚香、建幡、请佛、供神、诵经、礼赞、忏悔、发愿、奉浴、斋僧、施财、放生、斋戒、放焰口等一系列繁缛仪式，祈借佛神法力超度众生出离地狱、升入天界或早日转世人间。受朝廷的影响，地方和民间也修设规模不同、大小不一的水陆道场，请佛敬神、追祭先祖、超度亡灵、祈福求安，水陆画的需求、规模达到鼎盛。晚清时期至民国年间，社会动荡加剧，新旧思潮冲撞，水陆道场逐渐衰微，水陆画失去了市场，逐渐淡出了民众的生活和历史舞台。（图7-26）

水陆画对形式和内容有相对统一的要求，而绘制的宗教及各色人物却丰富多样，有佛、道、儒三教的诸佛菩萨、各方神仙、人间社会各色人物等。根据神灵身份品级，分上、中、下三堂依次排列，上堂为诸佛、诸菩萨、三清四御、天尊天神等，悬挂于寺庙主殿或法会的主场；中堂为天王、明王、八大护法神、列曜星君、二十八宿帝君、四海龙王、十殿阎罗、城隍土地等，悬挂于主殿门前和外廊；下堂为忠臣烈士、阵亡将士、王子嫔妃、贞妇烈女、九流百家等一切亡灵鬼魂等，悬挂在配殿和外廊。上堂、中堂水陆画像是超度者，下堂是被超度者。画像人物多以群体出现，有一定的渊源和故事，四周或背景多绘五彩祥云、水波纹等，底部有主办或资助水陆法会的信士弟子署名。一组配套完整的水陆画，天神地祇、佛祖菩萨、三官五帝、雷公电母、岳渎神仙、儒圣古贤、帝王宫妃、神鬼龙兽、魑魅魍魉等，诸佛众神、千怪万异莫不毕集，可以说是天堂、

图 7-26 民乐馆藏清代旷野大将、忠臣烈士水陆画
图 7-27 民乐馆藏明代北斗星君水陆画

人间、地府三界交叉和神话、现实、魔幻融合的全像图。（图7-27）

水陆画是中国宗教绘画的一类，是佛教在中国本土化的产物，无论绘画的内容还是形制，都深受中国传统文化及绘画技法的影响。佛经中的一些神异故事，与中国古代神话、历史玄奇故事格调相近、气息相通；佛祖、观音等人物，与中国原始神灵、民间神祇、道教神仙等的功德和法力也不谋而合。加之南北朝以后中国三教合一的思想形态已经形成和流行，所以水陆画便将儒、释、道三教人物和神话传说、历史及现实社会人物等融合交汇在一起，各路人物以各自的神通和方式，满足不同人众的信仰和信奉需要。或者说，在普通大众看来，佛与道教神仙、儒家圣人及各方神祇一样，都有超度、教化、救赎众生、造福于人间的能力和功德。这也是很多佛教寺庙的壁画、水陆画中常有许多道教神仙、儒家圣人的原因之一，既反映多教融合的思想形态，又包含百家九流的民间信仰和祈愿需求。

当然，水陆画的用途，并不仅仅在于水陆法会上张贴悬挂、祭祀尊奉神灵使用，更主要的是通过这种图画方式，宣扬和传播佛教等教义精神，达到明道理、升境界的教化功用。正如南朝齐谢赫《古画品录》序中所言："图绘者，莫不明劝诫，著升沉，千载寂寥，披图可鉴。"晚唐书画理论家张彦远在《历代名画记》中也指出："夫画者，成教化，助人伦，穷神变，测幽微，与六籍同功，四时并运。"因此，寺院壁画、水陆画便将宗教经典故事、教理教义、人生观念和社会伦理道德思想等，通过具体生动的故事、直观逼真的人物形象、绚丽多彩的艺术画面来显现和表达，从而达到看图知事、看图明理的教化目的。（图7-28）

从绘画形制、构图和技法看，水陆画主要采用中国传统工笔重彩画法。精工细绘，敷彩浓重，构图规整，用笔工稳，线条勾勒细腻，色彩渲染丰富，人物描绘精致细微。佛陀的庄重肃穆，菩萨的秀丽典雅，护法明王、金刚的威猛凶悍，帝王将相的华贵矜持，名儒高僧的风雅禅意，以及信士弟子、孝子贤孙的谦卑恭敬等，形态神韵各异，画面富丽堂皇。后期受文人写意画影响，水陆画出现了少数兼工带写、粗笔重彩、水墨淡彩等技法。一些优秀作品继承了吴道子、曹仲达、张僧繇、顾恺之等佛像绘画大家"吴带当风""曹衣出水""画龙点睛""高古游丝"等优秀技法，人物造型、服饰描绘、场景渲染等栩栩如生、形神兼备、飘逸流畅、明暗相映。有些还能突破程式化套路，在构图和人物安排上，会通过真、假、虚、实、宾、主、聚、散等视点和手法，来构造人物主次、远近、疏密、虚实关系，克服水陆画呆板、单调、固化的缺点和不足。如图 7-28 民乐馆藏明代罗汉图、图 7-29 山西馆藏明末清初五星图，就是水陆画中技法比较高超的代表作品。

图 7-28 民乐馆藏明代罗汉图水陆画

　　由于水陆画主要由宫廷和民间的宗教画工绘制，有固定的绘画对象、内容、格式及行业规矩、师承关系，以及传承的秘诀和稿本，尤其是佛、道仙和诸神的形象、服装、佩饰等要符合经典的记载和仪轨的要求，不可随意变化或创造，创作的

图 7-29 山西馆藏明末清初五星图水陆画

形式和内容相对固定,这便使水陆画在比较规范和精致的同时,也造就了与生俱来的缺陷——不同时代、不同地域、不同人所绘制的神佛形象,基本都大同小异,千篇一律、千佛一面。主要通过标志性服饰、手持物或其他辅助物来区分人物,总体上缺少变化和创新。例如明代同期绘制的玉皇大帝(图 7-30)、紫薇大帝、后土大帝(后土娘娘)等,主要在背景云纹、人物男女髭须上略有变化,其他均基本相同,这也是很多人认为水陆画整体水平不高的主要原因。然而作为一种宗教绘画,自南北朝至清代历经1400 多年,从朝廷、官府到寺庙、民间,都曾高度重视、广泛流行,融合了西方佛教绘画艺术和中国传统绘画艺术特点,是集政治性、宗教性、民族性与艺术性于一体的独特艺术形式。可以说,水陆画与社会形态千丝万缕,与宗教艺术密不可分,是我们了解和研究古代社会政治形态、宗教文化、风俗习惯、生产生活及世态百相的映像宝鉴和形象史料。

水陆画有壁画、卷轴两种形制,壁画主要在寺院殿堂等固定场合。为了便于移动保存和不同场合反复使用,后来

图7-30 明代玉皇大帝水陆画

的水陆画多为卷轴,有纸本、布本、绢本等。可以说,卷轴式水陆画是一种可以移动、携带的神像,起着代替寺观殿堂内造像的作用,一般所说的水陆画,即指这种卷轴画,也称行轴。目前全国各地留存下来的水陆画数量不多,仅河北、山西、青海、甘肃等地有少量保存,多为明清时期作品。据统计,目前甘肃共有水陆画516轴,民乐县馆藏116轴,其中明嘉靖以前的有64轴,清康熙年间的有52轴,均为绢本、布本。画幅较大,画面纵134厘米至174厘米、横74厘米至94厘米,用金银粉、朱砂、石青、石绿等矿物颜料描绘,工笔重彩,画工精细,色彩绚丽,至今仍鲜亮如新。

明代中后期,西北地区边关不宁,明王朝的西部边疆缩至嘉峪关,无力保全河西地区的平稳安定。明朝末年

图 7-31 明代白虎玄武水陆画

更是匪乱四起，战事不断。一方面由于战乱频仍、灾祸不断、民生维艰，河西百姓拜佛求签、信神祈福的现象十分流行，地方官府、绅商大户、寺庙、平民宅院等布设水陆道场、大小斋会的情况普遍增多；另一方面，边关东退后，敦煌石窟等成为域外之地，一些佛像塑绘师、画工向东流落，在酒泉、张掖、武威一带谋生，而一堂水陆画少则几十幅、多则上百幅，规模大、费时长，需要众多画工或团队合力完成，这就给画师和技工们提供了用武之地，并作为独特技艺传承后代，故而形成了张掖地区特别

图 7-32 武威馆藏清代三教九流水陆画

是民乐县相对丰富的水陆画遗藏。由于水陆画的绘制传承与敦煌壁画有直接渊源，所以被学界称为"可移动的敦煌壁画"，这对于研究河西地区及中国宗教文化的流播传承和明清时期社会形态、边防军事、民俗信仰、文化艺术等意义重大。（图 7-31）

近年来，随着人们对宗教画研究和认识的深入，曾经不入传统主流画派和文人画大师法眼的水陆画，重新显现出特有的历史价值。这种融合宗教性、民俗性和地方经济社会史于一体的艺术形式，以及其延续中国工笔画和宗教人物画传统技法的艺术特点，是中国古代社会史、宗教史和艺术史中不可或缺的一帧彩页。（图 7-32）

笔点清池、独立鳌头的魁星点斗铜造像

图7-33 清代魁星点斗铜造像。通高25厘米。原张掖县文化馆收集,现由张掖市(甘州区)博物馆收藏

这件造像作品(图7-33),在博物馆中与明清时期的众多佛造像放置在一起,容易被人误为护法明王或金刚力士之类。其实,它是一个特异的另类——民间传说中主宰文墨才气的幸运之神——北斗七星之一的魁星,是与白面书生相对、相貌奇丑而才学超人的文神形象。你看它一脚斜立于鳌头之上,一脚曲折后扬,左手托墨斗置于胸前,右手握指高举作执笔状,粗眉斜立,双眼外凸,颧骨高耸,厚唇上抿,嘴角下撇,鼓额秃顶,后脑余发似角似火、直立飞扬,袒胸露乳,裤裙飘逸,显现出一副狂放不羁、桀骜不驯、才高气足、舍我其谁的派头,是天界怪异的神,也是人间狂狷的书生,人神合一,气象非凡。

魁星,是中国神话和民间传说中主宰文运的神祇,与人们常说的文昌星、文曲星相近,却又有不同的说法和渊源。通行的说法是,文昌星是星座名,位于北斗魁星之前,不是一颗星,是六颗星的总称;魁星是北斗七星(图7-34)中的第一至第四颗星,即天枢、天璇、天玑、天权，合称"璇玑"，又称"斗魁"，七星的其余三星玉衡、开阳、瑶光合称"杓"，又名"斗杓"；文曲星是北斗星中的第四颗星即天权星，也即斗杓到斗魁（即七星斗柄到斗勺）的第一颗星，而司马迁《史记》又曰："魁，斗第一星也。"这便造成了魁星、文曲星等说法上的混乱不清。另一种说法是，魁星即奎星，是二十八宿之一西方白虎宫的七宿之首，"奎"与"魁"同音，"奎"是七宿之首，"魁"的字意是第一、首位，都有独占鳌头之义，而从星相图看，奎星屈曲相钩，似文字之画，故又有文笔曲折、智慧通达之喻。于是，文昌星、文曲星、魁星、奎星代表或象征之义便趋近相通，都成为主宰天下文运昌盛的大吉星。

　　文运四星虽然在渊源和说法上有些复杂绕弯甚至交叉含混，但具体使用时却区别明显、不易混淆。譬如说一个人科举顺利、官运亨通、功成名就，或是一个地方文风浓郁、人才辈出，便是文昌星高照、眷顾；说一个人诗词曲赋精通、文学艺术才华横溢，便是文曲星下凡、转世；说一个人科举高中、独占鳌头，便是被魁星赐斗、朱笔点中，而不说魁星下凡；说一个人学识非凡、文坛泰斗、地位崇高，便尊之为奎星，像孔子就被古代帝王们尊为奎星，而不能为魁星，曲阜孔庙的奎文阁不能为魁文阁，皇帝亲写的文章称奎章而不能为魁章，不能混同。

　　魁星，民间又称文魁夫子、大魁星君、绿衣帝君、魁星爷等，传说由一位才高八斗而相貌凶丑的书生演变，是古代读书人最为敬重、至高无上的幸运神，魁星赐斗更是古代科举士子喜欢的彩头，是科举

图 7-34 北斗七星图

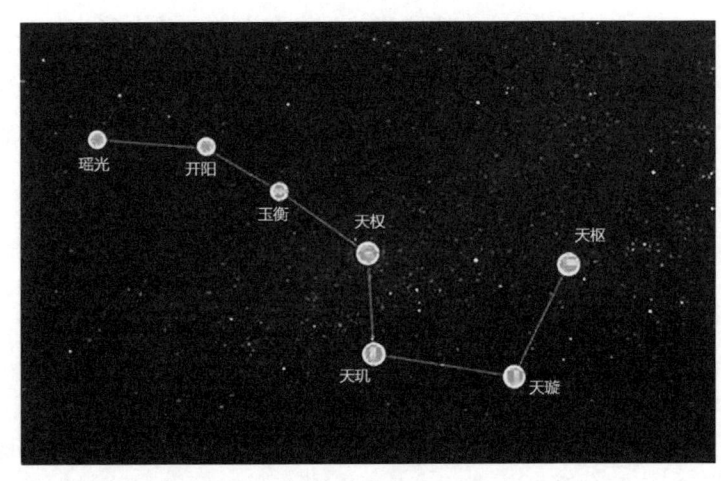

高中、文运亨通、吉祥如意的象征。关于魁星的来历，民间传说有多个版本。一种说法是，魁星原是人间的一个大才子，科举考试时连中三元（解元、会元、状元），却因相貌奇丑惊吓了皇后而被逐出皇宫，魁星愤恨无比，投身东海，玉皇大帝深感惋惜怜悯，赐魁星朱笔一支，命其掌管人间的科举文运。还有一种说法是，魁星高中进士，殿试之时，皇帝见他形容丑陋，满脸麻子，走路跛脚，于是打趣发问："为何满脸斑点？"魁星答道："麻面满天星。""为何跛脚而行？"魁星应声而答："独脚跳龙门！"皇帝龙颜大悦，钦点魁星做了状元。于是，天下读书人敬奉这个貌丑才高、不卑不亢、机智自信的书生为"魁星爷"，既为榜样，又图吉利，以祈自己也能经纶满腹、高中榜首。（图7-35）

魁星在民俗图画和造像中的形象，通常是人形鬼面、赤发蓝脸，一脚立于大鱼头（鳌头）之上，一脚后扬上翘，一手捧墨砚，一手执朱笔，取赐赠墨斗、点定文卷、独占鳌头之意，表示被魁星青睐、文运降临、科举高中。同时，魁星的这一形象还是个拼字游戏，鬼带斗即"魁"，在草书中尤为形象生动。而明末清初大学者顾炎武却看不惯这种无聊的文字游戏和世人"奎""魁"不分的无知乱象，在《日知录》中曾批驳辨析："今人所奉魁星不知始自何年？以奎为文章之府，故立庙祀之，乃不能像奎，而改奎为魁，又不能像魁，而取之字形，为鬼举足而起其斗，不知奎为北方玄武七宿之一，魁为北斗之第一星，所主不同，而二字之音亦异，今以文而祀，乃不予奎而予魁，宜乎？……今之应试而获中者，皆不识字之辈乎？"其实，民间传说和民俗信仰，地域不同、说法不一、取向有别是很正常的事，不一定能分清对错，也没必要必须辨清是非，大道攸归，各取路径，乃是民俗文化以及中华文化兼容并包的特征。当然，世人祀祈文风兴隆、文运昌盛，奎主文章，立庙当为奎文，却又达不到"奎"的标准和规格，只好改"奎"为"魁"，然又做不到天下第一，只好玩起带鬼带斗的文字游戏，造成"奎""魁"不分的混乱，顾炎武对这种现象的嘲讽倒是风趣幽默、入木三分。（图7-36）

魁星的传说和魁星信仰，是古代科举制度的产物。科举制度，最初起源于汉代取士选官的察举制和征辟制，正式形成于隋唐时期，经过宋朝的变革创新和元代的中落，于明清时期达到鼎盛。唐宋时期，皇宫大殿台阶正中石板上雕有巨大的龙与鳌，凡考中的进士要站在阶下迎接皇榜，为首的状元特许站在鳌头处，这便是"独占鳌头"的由来。魁星点斗的图画和读书人信奉魁星的风俗，在宋代便已出现，南宋官员诗人李昴英《送魁星与李子先》"金斗高跳鬼状狞，世传此像是魁星。祥光闪烁开先光，助子秋闱笔砚灵"即是佐证。到了明清时期，这种风俗和信仰更是广为流行，尤其是读书人的书房及文房用品笔筒、砚台、笔洗等，常常绘制或雕刻魁星图案，许多诗词曲文中常出现魁星点斗之类的文句。一些地方为了激励和祈祝读书人寒窗苦读、求取功名，也常兴建魁星楼，供士子们祀拜祈愿。例如民乐县民联镇太和村至今保存着始建于清乾隆年间的太和魁星楼，位于村子中心位置，为飞檐攒顶三层六角楼阁，底座石筑，外表砌砖，饰以花纹，楼身高约12米，纯木结构，翘角镶青砖雕刻龙头，翘脊饰麒麟、狮子等陶瓷兽物，六角悬挂风铃；楼阁斗檐每层悬挂"文运昌

上：图 7-37 魁星点斗侧面图
下：图 7-38 清五彩魁星笔筒

盛""斯文在兹"等祝福匾额，内壁绘饰孔子、仓颉等文圣画像；顶层上堂供奉魁星塑像或挂像，赤发蓝面，立于鳌头，左手提墨斗，右手执朱笔，形象夸张生动；藻井书"笔点清池"，攒尖宝瓶书"大启文明"，楼门楹联"出门试看三级浪，动人更上一层楼"，寓意大兴教育、发愤读书，方能文运昌盛、人才辈出。（图 7-37）

更有意思的是，连我们现在猜拳喝酒的数字令——五经魁、五魁首、五经魁首等，也源自明清时期的经科考试和魁星点斗——明代开始以《诗》《书》《易》《礼》《春秋》五经取士，每经所取第一名叫"经魁"，乡试中每科前五名必须分别是某一经的经魁，因此有了五经魁、五魁首的说法。喝酒猜拳中以此为口令，是最吉祥也最有文化内涵的祝福语，有了"五经魁"，才能"一殿元"或"殿元一个"（殿试第一）、"三星照""四鸿禧""六连高升"、驾"八骏马"、得"九长寿"、赢"满堂红"。有了满腹经纶、金榜题名，才会有其他的一切，所以"五经魁"是"拳芯子"，是吉祥如意的中心或核心。而如今我们甘肃一些地方在猜拳令中首倡不要"五魁首"，其他地方也跟着效仿，是把民俗中最重要的吉祥数去掉了，不要经魁也就罢了，连代表财运的"元宝"也不要了。（图 7-38）

明清时期科举考试的兴盛和魁星崇拜的流行，有复杂深刻的社会背景。元朝统治时期，虽然继承和吸收了中原王朝的行政制度，但对科举取士并不重视，科举制度时废时续，近 100 年的时间里只举行过 16 次科考,即所谓的"元十六考"。全国总共考取进士才1100多人,也就是说,平均6年才举行1次,平均每次选取不足70人,平均1年仅11人,可见不过是做做样子、笼络人心而已。大批士子出仕无门,只好投身于文学戏曲行当,而到元朝末期,读书人转而成为农民起义队伍或地方割据势力的幕僚。明朝初期,经过了数十年的战乱,太祖朱元璋"遂罢免科举,别令察举贤能",一定程度上荐选了一批明王朝在乱世之秋所需要的人才。王朝政权稳定之后,朱元璋意识到和平时期文臣儒士、科举人才以及科举制度对于安定天下士子、巩固王朝统治的重要作用,于是重新开设了科举考试,并经宣宗朱瞻基等改革完善,确立了相对完备的科举制度。形成了院试、乡试、会试、殿试四级考试制,开创了八股取士、南北中地域分卷录取制等方式,增加了科目类别和录取名额,内容涉及政论、军事、文化、伦理等各方面知识,吸引各地士子读书科考。同时兴办学校教育,推动了科举制度与学校教育制度的一体化,从最高学府中央国子监,到地方的县学、乡村的私塾,每一级学校教育都围绕科举考试做功课,使明代的士子读书、学校教育和科举考试达到历史之盛。

清人入关后,实行民族差别政策,满人享有荐举为官、分榜科考等种种特权。后来为了平复反满情绪、笼络人心、缓和民族矛盾、巩固统治地位,顺治帝取消满汉二榜制,沿袭明朝制度全面开科取士,大范围选拔士人入仕为官。"有清一沿明制,二百余年,虽有以他途进者,终不得与科第出身者相比。"(《清史稿·选举志》)由此转移了社会矛盾,取得了百姓对清廷统治权的认同,稳定了士子之心,让天下读书人"两耳不闻窗外事,一心只读圣贤书"。而童生、秀才、举人、贡士、进士等逐层晋级的科举之路,让读书人皓首穷经,毕其一生,不是在考试,就是奔波在考试的路上。

然而,浩浩经史,茫茫人海,漫漫长路,历朝历代能够中举的毕竟是

图 7-39 北京故宫藏魁星点斗·珊瑚雕刻

凤毛麟角，一个地处偏僻、教育落后的地方更是少有中举之人。据相关统计，清朝 200 多年间，整个甘肃士子科举中进士仅 280 人，举人也不过 1680 人，每三年一次的大考，平均每次进士仅 4 人，举人约 24 人。而像张掖这样地处边关、战乱频仍的地方则更为少见，顺治、康熙、乾隆三朝近 140 年的时间里，出进士 3 名、举人 14 名，武进士 19 名、武举人 153 名，其他时期不见记载。上榜如此稀有和难得，难怪《儒林外史》中的范进中举后兴奋发疯。同时，我们也就不难理解，明清时期的魁星信仰及魁星楼、魁星画、魁星造像为什么会风行各地十分普遍了。

现在各地遗存的魁星点斗绘画、造像虽然不少，但像张掖馆藏的这件铜像一样形神毕肖、生动形象的作品却不多见。例如北京故宫收藏的魁星点斗珊瑚雕刻（图 7-39），装饰繁缛，珠光宝气，看似华丽，实则世俗庸常，失去了魁星的神韵。再如一些常见的青花瓷绘像、民俗绘画作品，往往把魁星完全鬼怪化、妖魔化以及脸谱化，流于怪力乱神之类，缺乏个性和特色。它们不像张掖馆藏魁星点斗这样，既恰到好处地表现了魁星在民间传说中的丑，又着力塑造了其高傲自负、倔强不驯、恃才自信、文墨唯我的书生个性，达到了人神合一、张力十足、表现力极强的艺术境界。

龟龄鹤岁、福禄双全的千寿铜烟瓶

图 7-40 清代龟鹤千寿铜烟瓶。通高 29.5 厘米。原张掖县文化馆收集；现由张掖市（甘州区）博物馆收藏

纤纤作细步，精妙世无双。玉带舞天纱，仙女下凡来……看到这件铜造器（图 7-40），让人一下子联想到纤细高挑、举止优雅的古典女子。这是艺术审美中的通感现象带给我们的奇妙体验。张掖市博物馆收藏的这件清代龟鹤千寿铜烟瓶，确实能给人以一眼难忘、不忍释舍的美感：下部底座的神龟，昂首伸足，似正在爬行，动感十足，背甲盾片纹路清晰，盾沿呈正边八瓣形，腹甲上沿饰一周祥云纹，整体造型写实与抽象结合，使神龟的形象既憨厚敦实，又轻灵美观；龟背之上立一仙鹤，长腿长颈，双翼平展，背上负一精致小巧的丹药葫芦，鹤首侧向，顶有丹冠，双目圆睁，嘴部衔一桃枝，枝上结一寿桃，整个鹤形完全写实，纤细高挑、姿态优雅，以象征长寿的丹药葫芦、仙桃为配饰，简洁明了，延年益寿、吉祥如意的寓意一目了然。如果不知道它的功用，我们可能认为它仅是一件精美的工艺品。其实，它是清代风行的一种实用器——清朝达官贵人、商贾富户或地方乡绅吸食烟草的奢华铜烟瓶。鹤背上的丹

药葫芦，是装置烟丝、烟膏的小烟锅；桃枝的一端，是圆孔烟嘴；仙鹤的长颈，是中空的烟道；胸腹之处镶嵌活塞，用于清理烟道烟垢。典雅的器型，巧妙的设计，精细的构造，形象写实与抽象概括一体，文人审美与民俗美学融合，观赏性与实用性兼备，生动活泼，灵思飞扬，匠心独具，让人叹为观止。

然而，精美优雅的表象背后，是奢靡、腐朽、羸弱和衰亡。一件凝聚了工艺巧思和铸造匠心的烟瓶，成了近代世界风云变幻、中华民族饱受屈辱磨难的亲历者和见证者，也是清代甘州历史的一种幻象、一个缩影。

清王朝统治甘州的历史，是从攻灭农民起义军将领贺锦、镇压米喇印丁国栋等回族起义军而拉开序幕的。明崇祯十六年（1643），李自成攻占西安，派贺锦、田见秀攻占陕南、陕北、关中各郡县，向西攻克巩昌（今陇西）、兰州、古浪、凉州后，贺锦率军直指甘州。驻防甘州的巡抚都御史林日瑞、总兵马爌等据城固守，相持月余。除夕雪夜，贺锦与城内的少数民族兵"鞑子营"里应外合，最终攻陷甘州城。根据起义军3日不降屠城的招降令，贺锦迁怒于守城军民，破城后血腥杀戮。据《明史纪事本末》记载死亡47000人，《甘州府志》所记更是达到7万人，这些数据应当严重失实。据有关统计，明末甘州五卫和山丹卫的总体人口才3万有余，甘州府城的居民及驻军最多不过万余人，杀戮4万多便无从谈起，若说整个甘州战场双方死亡人数达到4万，或许还能勉强说通。因记事者立场取向不同，又加乱世之秋无法统计，所以产生了严重夸大甚至是编造的数据，但是贺锦在甘州杀戮过多应是事实。据《甘州府志》记载，贺锦占领甘州后，"置伪官并降人守之"，也说明并未屠城，投降的官兵可以继续做官、守城。关于贺锦是民乐四坝人或甘州本地人，以及甘州城曾经施舍贺锦的阿婆、因阿婆而免遭屠戮的万家巷等，应是民间演绎的传说或戏曲作品《天山雪传奇》的虚构，不见于史料记载，考证也不见任何依据。

上：图 7-41 张掖馆藏清代青花夔龙耳山水人物瓷瓶
下：图 7-42 张掖馆藏清代粉彩山水人物瓷瓶

次年，清军入关，李自成节节败退，贺锦也在攻打西宁时中计失败，被当地的明军守将俘杀。顺治二年（1645），清世祖趁西部空虚，派孟乔芳为总督，镇压李自成、贺锦余部并攻下甘州，张掖由此纳入清政权的统治。虽然城头变换了旗帜，但迅速建立的清政权仍然依靠旧时官军维持，地方局势很不稳定，满清贵族又实施高压、歧视政策，激化了民族矛盾，反清复明的风潮此伏彼起。仅隔3年，甘州就爆发了米喇印、丁国栋、丁成印等回族军官起义。(图7-41、图7-42)

米喇印是甘州籍回族，时为甘肃副总兵，丁国栋、丁成印等也是回族将领，据《甘宁青史略》载："有丁成印者，甘州回族也，时为标抚副将……闻清廷重满轻汉，颇为不平，又闻下剃头令，自军官始，乃与其同党谋曰：'国家强人以难堪，与其豚尾长拖，为人窃笑，何如鸿飞远走，赋我遂初！'国栋附之。"丁成印的话语，可以说是当时汉、回等民族的心声。顺治五年（1648）四月，趁清廷将要征调甘州将士前往湖南、广东镇压茅麓山农民起义时，米喇印等设宴擒杀驻守甘州的清廷官员，宣布起义，占领甘州全城。一时间河西回族积极响应，时在武威的丁国栋等也立即起义。起义军以反清复明为口号，从甘州到凉州向东挺进，连陷兰州、岷州、临洮，围攻巩昌（陇西），部众达到十万，朝野震惊。清廷急遣三边总督孟乔芳、平西大将军贝子吞齐哈等合力围剿起义军。米喇印、丁国栋等败退甘州，八月，孟乔芳包围甘州，起义军据城固守，双方

图 7-43 张掖馆藏清代双虎纹青白玉璧

相持数月。顺治六年（1649）正月，孟乔芳部将都标右游击张勇率军破城，米喇印败走永昌后被围身死。丁国栋西走肃州继续活动，至十一月肃州被清军攻破战死。甘州回族起义，历时一年零八个月，波及甘肃大半个省，对清王朝、河西及甘州地区的军政、边防、经济和民众生活影响巨大。

贺锦据甘州、米喇印回族起义等，让清王朝认识到甘州防务的重要性，尔后在明代设防的基础上做了充实和改进。攻破甘州城的张勇，被擢升为清朝甘肃第一任提督并入镇甘州，总领凉州、宁夏、西宁、肃州等河西四镇，军门下设前、后、左、右、中五营，甘州城守备增设参将，镇夷、高台、洪水、黑城、山丹各游击营和硖口、平川、梨园等各守备堡都增加了守军人数，加强了各关城要道的防守。正因如此，在后来羌族首领达兰太之子怀阿尔赖兄弟抢占扁都口至定羌庙一带的大草滩时，清廷能从容应对，张勇派遣王进宝轻松打败怀阿尔赖，收复了大草滩，这便是民间传说故事《王进宝鞭扫大草滩》的来历。康熙六年（1667），清王朝在扁都口北部的永固城设立"永固城协"，统辖大马营、黑城营、马营墩营等，进一步加强了对大草滩和甘州沿祁连山一带的防务。（图 7-43、图 7-44）

经过明末清初的多次战乱，甘州士民或遭屠戮，或逃散流亡，无人农桑。清廷采纳地方主政官员的意见，采取如下措施着力恢复生产：蠲免荒粮，鼓励屯田；制定屯田官制，守备、千总、百总等兼管屯田，落实责任制；改卫兵为屯丁，全面参与屯田；吸收流民、饥民、投诚者入籍，分给无主荒田、永业田；安置流放发配的罪犯屯田，期满留居者分配永业田；初期官府可提供牛具种子，不收、少收或分年纳粮，新垦地三到六年后起科收税，零星可垦地、边隙地、山麓地免科税等。通过这些举措，历经顺

图 7-44 张掖馆藏清代青田石荷叶洗

治、康熙、雍正、乾隆几代 150 多年的努力，甘州的农业及工商业逐渐恢复，采煤、淘金、铜锡铁铸造、木工、酒醋酿造和皮毛制作、粮油加工贩运、茶马交易等各业兴起，人口数量达到 28 万。"其都市之间，则衢衖连延，廛市周环……酒旗当垆，茶灶蜚烟。"（乾隆时甘州府教授王学潜《甘州赋》）甘州再度呈现出繁荣气象，并成为清政府征讨青海、开发新疆的前沿基地和"军需总汇之区"。康熙时期出师西藏和新疆平定噶尔丹部叛乱，雍正时期出征青海的罗卜藏丹津、新疆的准噶尔，乾隆时期出征新疆巴里坤、伊犁及南疆讨伐准噶尔余部，以及后来同治时期左宗棠出师伊犁征讨阿古柏收复新疆，都经甘州出兵，或征调军士，或调拨粮草。《甘州府志》载："甘州为进兵孔道，嗣连年进征，办理豆、面、粟、糜、牛、羊、柴草，攒运粮饷、军装，市民争相踊跃，克期趋事，较他处倍为急公。"为此，大功告竣后，清廷感念甘州民众，乾隆就曾一再蠲免甘州的地丁钱粮，如乾隆二十三年（1758）不仅免了当年的地丁钱粮，连第二年的也免了，"以奖急公"。同时，每当叛乱平息、局势稳定后，清廷即在新疆开展屯田，甘州又是重要的支援基地之一。雍正时，甘州派 500 人到巴里坤屯垦，三年一换。乾隆时，甘州派拨屯田户十多次，计 1500 多户、近 6200 人，在新疆木垒至迪化一带屯垦荒地 4 万多亩（见《甘州府志》）。（图 7-45、图 7-46、图 7-47）

兴盛不易，衰亡却总是来得太快。清代后期，列强环伺侵掠，朝廷腐败无能，鸦片战争的后果，必然波及内地和西北。利欲熏心的商人将鸦片贩卖到河西地区的同时，还将罂粟种植引入甘州地界。张掖水土肥沃，宜于罂粟生长，渐渐成了罂粟种植和贩运的隐蔽基地。地方官僚也为利所驱，听之任之甚至包庇纵容，更有八旗子弟、乌鲁木齐提督成禄，因畏惧

从上至下：
图 7-45 装饰华贵的清代牙雕烟枪
图 7-46 装饰华贵的清代铁梨木烟枪
图 7-47 装饰华贵的清代龙纹象牙烟枪

阿古柏势力不敢去新疆赴任，而龟缩在甘州高台吃喝玩乐，搜刮民脂民膏。其部下更是为非作歹，名兵实匪，鱼肉乡民。一次为催租逼粮，成禄竟诬陷为村民求情说理的乡绅为造反的匪首，并派兵包围镇远驿的一个村庄，不分男女老幼全部杀害，制造了震惊甘州、令人发指的血案。至钦差大臣左宗棠督办陕甘军务，于同治十三年（1874）准备出兵新疆而在甘州筹集粮草时，才得知了成禄的所作所为，于是上奏弹劾。可同治帝竟然包庇成禄，不治其罪，直到甘肃籍官员、御史吏部主事吴可读连续上呈"十可杀""五不可缓"的奏折，朝廷终于下令逮捕成禄。可同治仍舍不得诛杀其人，移交于亲信官员查办而欲"改监候"。吴可读再次冒死上谏，加之左宗棠等人的反对，同治才不得不杀了成禄。八旗贵族为非作歹，清廷和地方官僚贪污腐化，从"成禄难诛"一事可见一斑。

光绪二年（1876），左宗棠西征新疆过程中由兰州移节肃州，路过甘州时惊讶地发现张掖竟然广植罂粟，于是责令全面禁止，严加查办，甘州地界一时不见罂粟。可是数年之后待风头已过，张掖的鸦片种植和贩运又重新抬头。尽管不乏有识之士屡屡斗争，却因官府纵容不见成效，到民国时期更为泛滥，直至新中国成立后才彻底禁绝。（图 7-48）

上：图 7-48 清代银烟瓶
下：图 7-49 清代太平有象烟瓶

烟草从明末由沿海传入中国，清代开始流行，从达官贵人到平民百姓，吞云吐雾、寻求刺激成为一种时尚。清初有作为的几任皇帝曾下过禁烟令，但收效甚微，禁者自禁，吸者自吸。到乾隆、嘉庆年间，烟草已遍及全国，出现了卷烟、旱烟、水烟、鼻烟等吸食方法，以及烟锅烟袋、烟瓶、烟壶、鼻烟瓶等吸食工具。而原由阿拉伯人传入中国仅作为观赏和药用的罂粟，也被炼成鸦片作为烟草、烟膏吸食。英国、荷兰、葡萄牙等西欧商人更是想方设法向中国走私鸦片牟取暴利，吸食鸦片渐成风气。为补烟杆、烟瓶、烟壶之不足，又出现了专门的烟灯、烟枪。至道光、咸丰年间，鸦片祸国殃民的危害已十分明显。禁烟与反禁烟、倾销与反倾销的冲突日趋激烈，导致众所周知的鸦片战争爆发，腐败无能的清王朝一败再败，赔款割地，丧权辱国，山河破碎，加速了衰亡的进程。

（图 7-49）

张掖馆藏的这件铜烟瓶，就是清代后期甘州一带烟草及鸦片泛滥、达官贵人生活奢靡而又附庸风雅的见证。大清王朝，在精致华丽的烟瓶烟枪熏染下，并没有太平有象、龟龄鹤岁、百代千秋，而是身骨软弱、气息奄奄，在民主革命的风潮中寿终正寝。

第七单元 结语

明清时期的河西走廊，总体已失去安宁富庶的平和气象，不时陷入边患丛生、战祸不断、民生凋敝的境地。明朝中后期，原来设在嘉峪关之西的关西八卫先后丧失，边防收缩，关西沦为蒙古等民族游牧之地，关内则成为吐鲁番汗国、蒙古贵族侵扰劫掠的对象；边境不安，边民流徙，农牧、屯田各业受扰或荒废，加之修筑长城、加固关城等繁重的徭役，科田赋税及地方官绅的盘剥等，致使民生不稳，百姓生活不堪重负。而明末农民起义军李自成部将贺锦征战河西、围攻和据守甘州，清军进入陇西围攻起义军，以及清廷发动对西北准噶尔部战争、清末左宗棠进军新疆等诸多战事，河西走廊均首当其冲，或为前沿阵地，或为提供军需军力的后方基地，这更加重了河西地区的负担。明清统治者虽然也采取了军屯、移民、鼓励农牧业经济发展、宗教安抚、科举兴教等施政措施，曾出现过"穗老连畴多秀色，实繁隔陇有余香"的短期兴旺，但从总体看，关塞不宁，战乱时发，兵役徭役不断，科田赋税繁重，乡土凋敝，民生维艰，应是明清时期河西走廊的基本境况。本单元选及的四喜铜娃、佛陀菩萨造像、手写金经、水陆画、魁星点斗像、铜烟瓶等明清遗物，便是河西地区在动荡不安中拜佛求签、信神祈福，在烟枪烟瓶里寻找安慰等社会形态的镜像反映。（图 7-50）

曾经发生的故事，或化为烟尘消散无迹，或成为光芒定格为永恒，有时掩藏在不为人知的深处，有时闪耀在黑暗无边的前方，或为镜影，或为火炬，照亮我们走向未来的脚步。

图 7-50 临泽馆藏木雕影堂

后记

继"走进甘肃旅游文化"丛书之《走进张掖》等图书出版之后，甘肃教育出版社又策划出版"文物里的甘肃"丛书。刘正东老师再度邀我担纲《文物里的张掖》的编撰工作，并提出让我拿出全套丛书的参照体例和首本样稿。应之为难，却之不恭，只好勉强应允。刘老师先后寄来数本参考书籍，通过电话和微信多次沟通商议，鼓励我首先拿出了《文物里的张掖》的体例提纲和第一章节的样稿，得到甘肃教育出版社及其他市州编著者的认可赞同后，开始投入大量精力，加快了写作进程。从2023年3月出版社发出邀请提议，经过两个月的思考酝酿，5月中旬开始着笔，7月初拿出体例和章节样稿，至2024年2月底，正式完成了全书近15万字的文稿写作、300多幅图片的现场拍摄和收集整理。不到一年的时间完成全书的撰写任务，看似进度不慢，其实花费的精力和付出的心血，除了自知，或许唯有深知其中甘苦的同仁才能体会。

研究地方历史文化，从自己并不擅长的文物视角去探求，或许并不是明智的做法。之所以决定应邀尝试，或许是缘于自己原本就深爱着与历史文化密不可分的文物考古，以及响应出版社号召为宣传地方文化尽心出力的使命使然。多年来，中央电视台的《探索·发现》《国宝档案》及后来的《考古公开课》等文物考古类节目，是我只要打开电视机就会搜索浏览的保留节目，手机笔记里至今存储着不少零零碎碎的随手记录；每当外出或旅行，当地博物馆是我的首选地之一，张掖本地市县区各博物馆则是多次出入，电脑和移动硬盘里积存有上万张各地博物馆所藏文物照片。因此，一些文物的形制、类型、称谓、时代特征及与之关联的历史信息，对我而言并不陌生，这次应邀写作的机缘，让我有了更加深入一步了解这些文物的契机。而之前参观各地博物馆的经历，又使我能够观照其他地方的馆藏，遴选出既有张掖地域独特性，又能反映和涵盖社会各层面历史信息的代表性文物，以期让《文物里的张掖》独具特色且充满历史文化的张力。在谋划全书体例、结构和内容时，我试图以一个个文物个体串联起地方文史的大体架构和宏观系统，既要体现时间演进关系，又要体现社会发展逻辑关系；既要突出某一文物的特性，又要折射和反映地方和时代的共性；既要讲求相对科学的分析考据，又要有可读性和趣味性。要完全实现这样的意图并非易事。全书精选40多件（处）代表文物，旁及200多件其他相关文物，涵盖石、陶、木、砖、铜、铁、金、银和农具、武器、车马饰件、饰品、造像、镜、钟、瓦当、碑、牌、经书、绘画等诸多门类，让它们在时间顺序和条块框架下，既独立成篇，又组成序列和层级系统，力求能以小见大，映照出地方人文和历史的某个侧面，进而对文物所处时期时代有一种见微见细节、知著知概貌的认识，是《文物里的张掖》努力的方向和追求的目标。基于此，形成了该书目前的模样。家芹自献，不惧贻笑大方，唯尽心竭力，愿与文物考古方家和乡土同仁商论品鉴，共同探究历史古韵和人文风雅，为地方文化事业发展加油助力。

感谢甘肃教育出版社及刘正东老师的信任与指导，感谢张掖市文广旅游局、张掖市文物局和各县区文物局、博物馆负责人及工作人员给予的方便与帮助，感谢家人的理解与全力支持。因为你们，才会有《文物里的张掖》的完稿付梓。